班级管理与学生成长

何　芳　徐愫芬　主　编
高建凤　朱海荣　孙　逊　副主编

科学出版社
北京

内 容 简 介

本书以全人教育视角、全面发展理念论述班级管理，引导教育者以促进学生成长为宗旨来开展班级管理各项工作。本书内容共分为三篇：第一篇为"奠定班级管理基础，关注学生成长"；第二篇为"健全班级组织建设，促进学生成长"；第三篇为"提升班级管理水平，引领学生成长"。

本书体例丰富，每章正文前都有学习目标作为指引；正文中穿插案例、讨论、资料链接等板块，增强了本书的可读性和实用性；正文后附有思考与探究，包括思考题、案例分析、调查研究、实践操练等，推动学生学习方式的改进与创新。

本书可作为高等院校师范类专业学生的教材，还可作为中小学在职班主任及任课教师的教材，亦可作为关注班级管理及中小学生成长人士的参考书。

图书在版编目（CIP）数据

班级管理与学生成长 / 何芳，徐愫芬主编. —北京：科学出版社，2021.3

ISBN 978-7-03-067678-8

Ⅰ. ①班… Ⅱ. ①何… ②徐… Ⅲ. ①中小学 – 班级 – 学校管理 – 高等学校 – 教材 Ⅳ. ① G632.421

中国版本图书馆 CIP 数据核字（2020）第 270484 号

责任编辑：王 彦 周春梅 / 责任校对：王万红
责任印制：吕春珉 / 封面设计：东方人华平面设计部

科学出版社 出版

北京东黄城根北街 16 号
邮政编码：100717
http://www.sciencep.com

三河市骏杰印刷有限公司印刷
科学出版社发行 各地新华书店经销

*

2021 年 3 月第 一 版 开本：787×1092 1/16
2025 年 6 月第二次印刷 印张：13
字数：308 000

定价：48.00 元

（如有印装质量问题，我社负责调换）

销售部电话 010-62136230 编辑部电话 010-62130750

前 言

本书自 2017 年 9 月开始酝酿，历时两年半，其间数易其稿，终于在 2021 年付梓。本书在借鉴国内相关教材及最新学术研究成果的基础上，力图在内容和体例上有所突破和创新。

我们以全人教育视角、全面发展视角研究班级管理，将为学生的未来生活及发展奠定基础、促进学生全面发展作为开展班级管理的指导思想，以促进学生成长为宗旨来开展班级管理各项工作。本书内容涵盖班级管理的各个方面，不只包括班级管理的基础工作、常规工作，更包括新时代、新形势下班级管理的新问题及新领域。全书共分为三篇。第一章至第三章为第一篇，是班级管理研究的理论与实践基础，分别为班级与班级管理、班主任的职责与素养、了解与研究学生；第四章至第七章为第二篇，是作为组织的班级开展组织建设的四大方面，分别为班级管理目标与愿景、班级组织机构建设、班规的制定与执行、班级文化的营造；第八章至第十章为第三篇，是班级管理的提升领域，分别为班级活动的组织与实施、班级教育力量的协调与管理、班级管理评价。

"班级管理"是实践性非常强的课程，本书重视实践操练，设计相应环节，指导学生开展不同主题的实践操练，使学生在理论的指导下锻炼提升实践能力。

本书配有丰富的课程资源，具体请登录 https://coursehome.zhihuishu.com/courseHome/1000090839/207359 查看。

本书由枣庄学院何芳、徐愫芬总体编写、修改完成，高建凤、朱海荣、孙逊任副主编。各章的编写分工如下：绪论、第一章，何芳；第二章至第四章，徐愫芬；第五章、第六章，孙逊；第七章、第九章，高建凤；第八章、第十章，朱海荣。

本书可以作为高等院校师范类专业"班级管理"相关课程的教材，也可以作为中小学在职班主任及任课教师培训教材，亦可以成为一切关注班级管理及中小学生成长人士的参考书。由于编者理论水平的限制和班级管理实践经验的不足，本书尚存在许多不足之处，恳请各位专家、读者批评指正！

目 录

第三篇　提升班级管理水平，引领学生成长

绪论　做智慧型班级管理者　促学生健康成长

一、教育究竟是什么

谈班级管理与学生成长不能不说"教育"二字。

教育的英文单词是 education。这个单词是苏格拉底发明出来的，是三个词根的拼写，第一个"e"是向外的意思，"duc"是引导，"tion"是名词，引导出来。很显然，所谓的教育，就是把一个人的内心真正引导出来，帮助他成长成自己的样子。换句话说，教育是帮助一个学生在未来的生活中，更成功地寻求自己的幸福（注意：是他本人的幸福，不是他家的，不是他们学校的）。教育应该是倾听学生的声音，帮助他成为他自己，帮助他在未来生活中找到他要的幸福。是的，我们从小到大所接受的教育，不是为了成为一个社会机器的螺丝钉，而是为了 leadingout（引出），让我心里那个最好的自己走出来。

古希腊哲学家柏拉图说过："教育非他，乃心灵的转向。"有的人用自己的体会阐释说，教育是慢慢地、静静地、悄悄地做，不要浮躁，不要显摆，引导学生转向爱、善、智慧。这是一种"慢"的艺术，是解放心灵的过程。教育就像养花一样，一边培养，一边观察，一边静待花开，是急不得的。

教育是什么？在今天一些人眼中，其实"教育"只被理解成一个字——教，即只有"教"，没有"育"。"育"是什么？我们可以联想到孕育、哺育、养育等，这些都与生命有关。如果我们把这个"育"当成"教育"的重心，就可以想到"教育"从来都不是一个结果，而是一个过程，一个生命展开的过程。就像一棵树，从一粒种子长成参天大树，这是一个过程，而不仅仅是结果。事实上，教育是一个开放的过程，它永远面朝未来，不会结束。

之所以这样说，是因为教育是由教育的方式、目的和现在、未来世界的挑战，以及学生自身的心理状态所决定的。

（一）关于教育的方式、目的

德国存在主义哲学家、心理学家和教育家，存在主义教育思想的代表人物卡尔·雅斯贝尔斯有一个广为流传的形象说法很有代表性，他说："教育就是一棵树摇动另一棵树，一朵云推动另一朵云，一个灵魂唤醒另一个灵魂。"

法国文艺复兴后期，16 世纪人文主义思想家、作家、怀疑论者蒙田说："教育不是为了适应外界，而是为了自己内心的丰富。"古希腊有个哲学家叫西塞罗，他说"教育的目的是让学生摆脱现实的奴役，而非适应现实"。

泰戈尔说过，"教育的目的应当是向人传送生命的气息"。教育之"育"应该从尊重生命开始，使人性向善，使人胸襟开阔，使人唤起自身美好的"善根"。每个学生内心都埋藏着一粒沉睡的种子，教育的任务就是用心去唤醒不同学生内心成长的那粒种子，让它们都能破土发芽，开出最耀眼、最与众不同的花朵。

《圣经》里有一句话："你必点燃我的灯。"教育就是要点燃学生那盏灯。做了几十年的教师，哪怕有一个学生的灯被你点燃，你也是可以骄傲的，何况可能点燃更多学生的灯。从这个意义上说，教育者其实就是"点灯者"，就是点燃那盏灯的人，教师的伟大的工作就是擦亮火柴，因为讲台下面那些眼睛就是那些还没有被点亮的灯。

爱因斯坦说，用专业知识教育人是不够的，专业教育可以让人成为有用的机器，但是不能成为和谐、发展的人。

（二）关于现在、未来世界的挑战

现在的学生是未来世界的主人翁，未来世界对教育趋势的要求是什么呢？

第一，从理性到感性。著名未来学家丹尼尔·平克说，引领未来的能力有六种：设计感、故事感、整合事物的能力、共情能力、娱乐感、探寻意义的能力。简单地说，活得很好的人应该是这样的：有品位，会讲故事，能跨界，有人味儿，会玩儿，而且有点自己的小追求。

第二，从规划到创造。未来给孩子最大的伤害，莫过于在所有需要做决定的时候不让他做：小学不让他选，大学不让选，媳妇不让他挑，房子不让他选，工作帮他找好了。于是到他35岁那年，真正面临职业变化的时候，他什么都不懂，因为他自己一次都没有做过选择。所以在今天，一个比较恰当的人生态度，是规划比适应更重要。我们应该鼓励学生们，制订一个三到五年的计划，然后有极强的跨界整合的能力，保持好奇，拥抱变化，在恰当的时候，可以创造自己喜欢的事业。

第三，一定要让学生拥有幸福的能力。在一个不是每个人都能成功的世界，一定要让学生拥有使自己幸福的能力。所谓幸福是有意义的快乐。爱因斯坦成功地创造了一个能发挥自己优势的工作方法，有些人可以把兴趣变成自己的工作，还有些人可以找到工作背后的意义感。应该有让学生学会使自己幸福的能力，让自己成功的、不成功的时候，也能幸福。

（三）学生自身的心理状态

当今学生的心理状态已经不同于上几代人的心理状态了，具体表现在以下几点。

第一，当今的学生背负着沉重的情感负担。有些学生背负着六位亲人的希望和寄托，如何回报亲人使得他们疲惫苦闷、焦虑不堪，这是很多成年人不能感受和体会到的。

第二，当今的学生对话语权要求很高。现在有些学生没有兄弟姐妹，在家里直接跟大人对话，不存在"大人说话，小孩别插嘴"的老规矩，自主意识和民主平等意识前所未有，这是社会的进步。

第三，当今的学生知识面和见识面宽广。当代社会老师权威性受到挑战，不像以前，家里如果没有一本书，老师就是百科全书。现在在大城市，有的学生读初中的时候，已经走过半个地球了。老师在教室里面讲加拿大，学生说："我在加拿大待过很长时间，老师你去过没有？"面对这样的提问，只能说教育者本身要提高自身素养了。

第四，当今的学生总体上更善良、更懂礼貌。小学生很善良，原因是他们有爱。一个浸润在爱中、在一个物质丰厚的时代里长大的人一定善良，一定有爱心，他的道德判断水平要比以前物质匮乏时代的人高多了。

第五，当今的学生对个性化生活要求非常高。上几代人小时候被教育成"你是大海里的一滴水，你是沙漠里的一粒沙"，现在的学生是"我来过了，雁过留声，你们怎么可以不知道我来过？"，充分满足学生的个性展现，而不是被理解成所谓的"逆反心理"，是必须面对的课题。

第六，当今的学生很纠结。孩子来到这个世界上，家长对他太好了，寄予很高的希望，如同有人比喻的，自己飞不远却想让自己的蛋飞得很远。高要求只有对自己，不能对别人。孩子非常清楚自己的目标在哪里，可是心里也很清楚，自己目前是没有这个能力的。他难道不纠结吗？

教育的含义、方式、意义、目的，以及未来世界的挑战和学生自身的心理状态搞清楚了，班级管理的总基调就把握住了。教育和管理两者孰轻孰重？哪个根本、哪个衍生？哪个服从服务于哪个？搞清了关系才能科学施教。教育与班级管理是"皮"和"毛"的关系，皮之不存，毛将焉附？当然强附上去的毛肯定是牵强的。对教育以及班级管理来说，班级管理当然要与先进科学的教育理念相结合，否则其存在的价值就会大打折扣。

二、教育的根本目的

2019 年 2 月，中共中央、国务院印发《中国教育现代化 2035》，提出了推进教育现代化的八大基本理念：更加注重以德为先，更加注重全面发展，更加注重面向人人，更加注重终身学习，更加注重因材施教，更加注重知行合一，更加注重融合发展，更加注重共建共享。同时还指出，创新人才培养方式，推行启发式、探究式、参与式、合作式等教学方式以及走班制、选课制等教学组织模式，培养学生创新精神与实践能力。

党的二十大报告指出，要办好人民满意的教育，全面贯彻党的教育方针，落实立德树人根本任务，培养德智体美劳全面发展的社会主义建设者和接班人。

上述表述充分尊重了作为教育对象的活生生的个体人及其灵魂塑造的个性化特殊性要求，而不是把教育对象当成工厂生产线上的产品那样用一个标准或模子去规范和复制，这就是尊重教育和管理的规律。一切教育管理只有尊重这一规律才能有利于人才的培养，并且实现教育的现代化，否则都是空谈。

美国诺贝尔奖获得者占据了全球诺贝尔奖获得者总人数的三分之一以上。美国科学家认为，美国之所以能造就这么多的诺贝尔奖得主，主要原因有两个：一是科研经费充足，二是美国鼓励竞争和创新的学术气氛较浓。这第二条正是我们所关注和欠缺的。

在教育管理方式上，我们并无厚"美"薄"中"之意，只是觉得各有所长，按照杨振宁的说法即"美国的教育绝对不是比中国的中学、小学、大学的教育好"。由此引发我们这样的思考：中国的教育专家高估了管制和纪律的作用，低估了自由和权利的价值；高估了整齐共性的作用，低估了个性张扬的价值；高估了知识训练的作用，低估了创造精神培育的意义。那么学习好的标志到底是什么？

不可否认，教育质量和科技实力有关联，甚至可以说有很强的关联，但不是唯一的关联。影响一个国家科技实力的因素有很多方面。教育质量只是其中一个比较重要的方面。需要指出的是，普通教育提供的是"常人"教育、"常态"教育，而不是"天才"教育、"非常态"的精英教育。学校只担负一个使命，即培养普通人；不担负培养"天才""超人"的责任。学校并不担负培养诺贝尔奖得主的责任……不是为培养科学天才，也不是为培养文学家、艺术家而存在的，学校只担负一个责任，就是让一个普通人成为在精神上健全的人，成为文明社会的正常人。从这个意义上说，学校教育就是应该以人为本的，而且应该以普通人为本的，尤其是基础教育。学校教育，其实提供的是一条中间线的教育，它不是按照智商最高的人的标准设立的，而是按照普通人的智商设立的，所以，在学校教育中，快乐是一个重要的元素。教育应该成为学生，同时也应该成为老师快乐的过程，否则是难以一棵树摇动一棵树，一朵云推动一朵云，一个灵魂唤醒另一个灵魂的，也难以"点燃学生那盏灯"，更难以唤起自身美好的"善根"。

按照英国教育家弗雷德·诺思·怀特海说的"学生是有血有肉的人，教育的目的是激发和引导他们的自我发展之路"，教育的根本目的是"人"，必须警惕学校办学目标的异化。每个学生都是独一无二的，出生环境、天性、禀赋、兴趣等都不相同，教育者的眼中如果没有这种差异，而是用同一把尺子要求学生，教育无疑是一场灾难！

三、教育管理原则

教育和班级管理之间的关系很重要，也很微妙，需要审慎地把握和实施。

具体而言，教育管理与班级管理应该是为培育人健全和谐成长服务的。教育不是就管理而管理，不是把人规范成单一规格的产品，而是引导学生实现精神成长与变革，懂得追求精神上的完善与丰富，知道如何幸福地度过自己的一生，这才应是我们教育管理工作追求的最高境界。这样的教育管理才是灵动的，才是充满灵性与生机的教育活动。从这个意义上来说，班级管理应着眼于促进学生的健全和谐成长，即从学生的成长与发展出发来探讨教育管理的价值取向。如果教育管理工作没有把学生的和谐发展与健康成长作为立足点或目标，而只是"管理与规范"学生的行为，甚至管理中的某些方式、内容扭曲了学生的天性与发展，误导或阻碍了学生的全面和谐成长，这种管理就失去了真正的价值与意义。

我们认为：着眼于怎样促进学生的健全和谐成长，即从学生的成长与发展出发来探讨教育管理的价值取向的班级管理，应坚持以下教育管理原则。

（一）尊重学生的天性

宇宙和世界具有内在的法则，整体上是和谐而完整统一的，这个法则在自然界是规律，在人文界则是理性秩序。人有理智，可以分享理性，因此，可以理解自然世界的规律和人文世界的内在秩序。我们应尊重人的天性，即以尊重人的本性为出发点，教育管理的目的不能是指向个人之外的某个因素，而是要关注人的本性和谐、健康地发展。卢梭《爱弥儿：论教育》开篇就提出："出自造物主之手的东西，都是好的，而一到了人的手里，就全变坏了。"在卢梭看来，真正的教育必然是适应人的自然本性的教育，自然的教育必然保护儿童善良的天性，使人的身心得到自由的发展……裴斯泰洛奇站在自然主义教育观的立场上，认为教育应适应人的自然本性，发展人的天赋和力量，使每个人的各种内在力量和能力得到最大限度的发展。他说："为人在世，可贵者在于发展，在于发展每个人天赋的内在力量，使其经过锻炼，使人能尽其才能，能在社会上达到他应有的地位，这就是教育的最终目的。"福禄贝尔认为，在每个儿童的身上潜伏着"自动"的本能，教育的目的就在于为儿童这种"自动"的本能提供使其得以流露的自由的、自动的和自觉的条件。他提出，教育是一种内在的本性向外展开的活动，它必须顺应儿童，发展本性，适应儿童的性格、能力和生活的情境，保护儿童柔弱的力量，引出儿童内在的潜能。因此，教育管理的目的也是这样，就是要顺从学生的自然本性，使人的天赋、才能得到和谐发展。

（二）坚持人文，追寻理性

理性是人成为人的关键所在，是人区别于动物的根本特征。因此，使人的理性灵魂得以完善是教育的出发点和归宿，只有发展理性的教育才是最好的教育。专注于发展理性精神的教育，不仅可以使人实现人性的优秀，获得个人的德性和幸福，同时也是一种为社会培养良好公民的最好方式。

每个人的健全发展既包括人性内在的心智和心灵的整体发展及完善，也包括参与社会生活的知识的丰富和能力的发展。现代生活的多元化，不仅要求个人实现内在精神的丰盈和完整，也要求个人在社会生活中实现自我价值，在政治、经济、科学、健康、文化等社会领域能胜任工作，为自己和社会的共同利益的实现承担责任。因此，教育既要为人性品质的完善提供人文教养，又要为培养能够胜任各种社会职业的人提供实用的教育；既要重视培养人在现代社会中生活、工作必需的专业知识与技能，又要发展人完整的精神。严格地说，这两个方面并不是矛盾的，人的精神的健全发展、品质的完善，是在人参与各种各样的社会生活中完成的，真正追求人性高尚和完善的学习与日常生活、工作中的专业能力的发展是分不开的。片面的实利主义导致教育的扭曲，片面地追求实在利益的教育，会忽视人文教育，会给人的精神的健全发展和社会文明的建构带来很多问题。事实上，由于人文价值的奠基性，人文主义的教育可以统合实利的、科学的、技术的教育，既培养人文精神，也培育为社会谋福祉的经世致用的专业才能。因此，我们的教育管理工作要注重引导学生实现人格或灵魂上的完善与优秀，发展健全、完整、卓越的精神，即我们所有的教育管理工作都必须有益于学生的精神健全发展。

（三）注重"公民身份与责任"教育

重视培养"公民"及其所承担的社会责任。社会取向论者普遍认为，个人必须作为国家公民而存在，必须承担社会责任，扮演不同的社会角色，服务于国家利益。德国教育学家凯兴斯坦纳对培养个人主义、使学生发展缺乏社会性的教育进行了批判。他主张国家公立学校的目的，也就是一切教育的目的是培养有用的公民。他认为，个人是绝对属于国家的，每一个人都要作为国家的公民而存在，不论其政治信念、宗教信仰和道德观念如何。为此，教育就是要以社会为取向塑造社会人的性格与职业技能。

虽然在教育思想史中，个人取向的教育目的与社会取向的教育目的截然不同，但从教育哲学的规范角度来看，个人与社会的关系并不是对立的，个人依靠社会发展其品格与能力，实现自我价值，成就其完整精神。同样，社会通过个人的思想与行动的贡献而发展和进步，个人与社会相互关联、相互促进，而不是相互对立和相互冲突。个人发展与社会发展只有在相互促进的理性指向上才真正具有价值。

（四）遵循教育实践

教育作为一种社会实践，是培养人的社会实践活动。教育管理工作理应以人的发展与不断提升为实践目标，这不仅促进个人福祉，更促进公共福祉。这就需要在日常公民品质的培养中实现；而公民品质的培养与个人取向的教育目的是统一的。因此，在这个意义上，个人取向的教育目的与社会取向的教育目的是统一的。教育提高每一个人基于人性健全发展的公民品质，把人的个性品质的健全发展与社会所需要的核心素养的建构统合起来。这样，每一个受过教育而实现理性、德性和个性卓越发展的公民，都在公共生活中实现个人福祉和公共福祉的统一。

教育是人类重要的实践之一。教育实践是培育优秀人性的活动，指向人性的完整和完善。教育不能被单纯看作培养人的某些特定素质的过程，也不是只为经济、政治和文化服务的活动。或者说，在实践哲学意义上，教育不是技术操作式的生产，而是价值实践。如果现实中教育是一种着力训练和发展人的工具性职能的方式，那么，这种教育仅仅培养人的某些可以被使用的功能性素质，把人作为手段或工具加以培养，这种面向工具人培养的工具化教育，追求的只是教育之外的实利目标。人的发展是教育的内在目的。这一目的是第一性的，是终极性的，是自足、独立、完备的目的，社会目的或外在目的都是建立在这一终极目的的基础之上的。人的精神受到启蒙、陶冶、培养和发展，从而使得人的精神得以更新，人得以成长，这是教育之为教育的根本。尽管人类期望教育实现其他的目的，如获得实用知识、职业技能、专业能力等，但这应从属于人的精神整体的、健全发展的目的。

（五）坚守终身教育理念

杜威曾提出：儿童的潜能展开、生长发展、经验改造、兴趣提升所决定的具体教育过程就是教育目的。为此，他创造性地提出教育的目的——教育即生长。他指出，既然实际上除了更多的生长，没有别的东西是和生长有关，所以除了更多的教育，没有别的东西是教育所从属的。

既然教育的目的是更多的生长，那么我们的教育管理工作就应当从学生终身成长整个过程的视角出发，去探索我们的教育管理工作。教育即生长，管理促生长，如果班级管理只就管理来谈管理，那么就具有静止的性质，它始终是一种固定的、欲达到和占有的东西，它会使教师和学生所从事的活动变成为获得某个东西而采取的不可避免的手段，这样，教育管理活动不仅失去了自身的意义，而且不利于学生的终身全面和谐发展。

总之，教育管理工作是一项立德树人的伟大工程，涵盖着人的发展历程。因此，班级管理工作就应该从守望与促进学生向更高贵、更丰富、更健全的精神状态发展过程出发，向着"使学生懂得如何幸福地度过自己一生"的最佳境界前行。要做到这一点，就须把班级管理工作当作一种专业来对待，只有深入思考、研究，做一个智慧型管理者，才能促进学生健康成长。

千秋基业，人才为本。党和国家高度重视人才工作，强调当代中国，我们比历史上任何时期都更接近实现中华民族伟大复兴的宏伟目标，我们也比历史上任何时期都更加渴求人才。培养造就大批堪当时代重任的接班人，是直接关乎党和人民事业后继有人的根本大计。推进党和人民的事业向前发展，实现中华民族伟大复兴的中国梦，人才越多越好，本事越大越好。全体教育工作者要全面贯彻党的教育方针，坚持用新时代中国特色社会主义思想教育人，坚持用党的理想信念凝聚人，坚持用社会主义核心价值观培育人，坚持用中华民族伟大复兴历史使命激励人，真正办好无愧于党和人民的教育事业，落实立德树人根本任务，抓好后继有人这个根本大计，培养好社会主义事业的建设者和接班人。

第一篇

奠定班级管理基础，
关注学生成长

第一章　班级与班级管理

第一节　班级与班集体

班级是现代学校教育制度的产物，它的产生有特定的历史原因。自从班级授课制产生以来，学生在学校的大部分时间是在班级中度过的，对学生的管理也主要是通过班级来实施的。因此，班级对学生影响至深，班级管理对学生的成长具有至关重要的作用。

一、班级的内涵与特征

近代意义的班级组织产生于 17 世纪，1632 年，捷克教育家夸美纽斯在《大教学论》中予以系统论证，但到 19 世纪中叶，班级组织才得以普及。我国的班级组织形式始于 1862 年清政府开办的京师同文馆。早期的班级组织仅仅是"批量生产"的教学工具；而在现代学校教育中，人们越来越关注班级对学生成长与发展所产生的影响。

（一）班级的内涵

班级是学校为顺利开展教育教学活动、确保学生全面发展目标的实现而划分出的学生单元，以及与为其配备的相关教师所共同构成的一种组织。班级是一个复杂的小社会体系，是学校行政体系中最基层的行政组织，是学校进行教育和教学活动的基本单位，是个体社会化的基本单位，是学生集体的基层组织。

1. 班级是一种组织

所谓组织，是人们为某一目的而形成的群体，是确保人们社会活动正常协调进行、顺利达到预期目标的体系，如党团组织、工会组织、企业、军事组织等。简言之，组织是对人员的一种精心安排，以实现某些特定的目的。它通常具有三个特征：首先，每个组织都有一个明确的目标，它反映了组织所希望达到的状态；其次，每个组织都是由人员组成的，组织借助人员来完成工作；最后，所有的组织都会发展出一些或更具传统色彩或开放灵活的精细结构，以便其中的人员能够从事他们的工作。在现代社会生活中，组织是人们按照一定的目的、任务和形式编制起来的社会集团。组织不仅是社会的细胞、社会的基本单元，而且可以说是社会的基础。

班级无疑是一种组织。班级组织有着明确的目标——从事教育活动，实现学生的全面发展；班级组织一般由几十位学生及相关教师构成，无论成员在班级中的实际地位如何，都会意识到"我是这个班的"；班级成员构成了多重的人际关系，有着一定的职位安排；班级有一定的规章制度，通常还会被安排一个特定的名称及教室。这些都表明班级具有组织的共同特征，使之区别于一般的社会集群。

资料链接

班级组织的社会属性

班级是什么？从社会学的观点来看，一般有三种理解：第一，班级是一种特殊的社会群体，主要以沃勒为代表；第二，班级是一种特殊的社会体系，主要以美国教育社会学家帕森斯为代表；第三，班级是一种特殊的社会组织，国外学者中主要以 J. W. 格策尔斯和 H. A. 西伦为代表，国内学者中主要以吴康宁为代表。

1. 班级作为一个社会群体

教育社会学研究表明：班级首先是一个受班级制度及其宏观社会关系制约的现实的社会群体。它是一个以儿童、青少年学生为主体的社会群体，其形成和发展是由一定的社会分工和特定的社会职能所决定的。

2. 班级作为一个社会体系

所谓体系，是指两个或两个以上的因素彼此之间相互依赖与相辅相成的一个紧密的整体。社会体系乃是由两个或两个以上的人产生比较稳定的交互关系所构成。美国教育社会学家帕森斯在系统考察美国中小学班级的基础上，从社会行为理论分析框架出发，把班级明确地作为一种社会体系来进行分析，他按照教育社会学的观点，把班级看成一种社会系统，这一社会系统具有如下特征：①它包括两个人或两个以上人群的交互作用；②一个行动者与其他的行动者处在一个"社会情境"中；③行动者之间有某种互相依存的一致行为表现，此种表现是由于彼此具有共同的目标导向（或共同的价值观念），以及彼此在规范与认知期望上的和谐。他认为，班级既是一个由师生组成的正式组织，又是一个学生群体，每个学生成员的个人情感、认同感与归属感都影响着班级正式组织的活动。能否把个体的行为与组织的行动统一起来，取决于教师的指导，而教师的指导又与他的价值取向有关。

3. 班级作为一个社会组织

在国外，将班级看成是一个社会组织的学者主要有格策尔斯与西伦，他们认为，从另一个意义上来看，学校本身或学校内部的单个班级，就其本身的名义来说可以认为是一种社会组织。通常有两种因素影响班级社会组织中的行为：一种是体现着社会文化要求的制度因素，表现为社会对个体的角色期望；另一种是受个体生理因素影响而形成的个人因素，表现为个体的需求倾向。因此，班级社会体系中个体的行为变化也必然沿着两个方向发展：一是约束个人倾向使个体行为与社会文化的要求相适应，达到"人格的社会化"；二是调整社会的角色期望，使一般的社会化要求与个体的性格特征、能力倾向相适应，达到"社会角色的个性化"。

研究表明，鉴定和判断班级组织形成的主要条件如下：①集体目标与社会需要相一致，并促进集体成员的个性发展；②集体的共同活动获得自决的性质，每个成员都能在某一领域积极表现自己；③学生在班级的关系体系中地位是有利的，每个人都能扮演成功的角色；④集体的规范、价值观成为学生的行动指南，具有参照性；⑤学生集体自治机构健全，具有独立实现组织目标、实行自我管理的功能；⑥初步形成以集体意识为核心的自觉、统一的社会心理共同体。

（资料来源：齐学红，2011．班级管理［M］．武汉：武汉大学出版社：3-6．）

2．班级组织由学生和相关教师共同构成

广义上讲，班级由学生及其相关教师构成；狭义上讲，班级的构成主体为学生。

（1）学生

学生是班级的主要成员，狭义上讲，班级就是学生的组织。班级学生有着共同的特征，即都是具有主体性、发展性的受教育者；同时，班级的学生又是千差万别的，各自有着独特的个性，有着不同的文化背景。在不同的社会发展时期、不同的国家、不同性质的学校中，班额有所不同，少则几人，多则上百人。

（2）班主任

班主任也是班级成员。班主任同班级学生"同呼吸、共命运"，共同参与班级活动，共同接受班级制度的制约，共同实现班级组织的目标。但是，班主任又是一名承担着社会责任的教育者，要在班级中时刻保持专职教育者的理性。

（3）任课教师

任课教师从某种意义上讲也是班级成员，他们和班级学生在某门学科的教与学上有着共同的目标。但是，任课教师通常会承担两个甚至多个班级的教学，因而会同时属于不同的班级。

（二）班级的特征

1．社会性

人的活动的首要特征是社会性，无论活动指向客观对象还是指向个人或集体，都不能脱离人的社会生活和社会关系。单个人的活动是包括在整个社会关系系统中的，离开了社会关系，人的活动就不复存在了。活动也不是抽象的、孤立的个人生物性本能活动或适应行为，而是受一定社会历史条件制约的，体现着特定社会关系的现实人的活动。班级不是一个封闭的体系，而是社会的一部分，不可避免地具有该社会的政治、道德、美学等思想。班级中的活动既反映着社会对受教育者的培养要求，又反映着社会环境的渗透和影响，只不过前者带有更多的自觉性，后者带有更多的自发性。在班级活动中，学生要和教师、同学打交道，这都构成了学生的社会关系。

2．教育性

教育性贯彻在班级的任何发展阶段。如果说夸美纽斯在 17 世纪首创班级授课制时更多地强调班级只是作为一种"大生产"的组织在提高教学效率方面的价值的话，那么，在现代学校教育中，人们更多关注的乃是班级作为学校教育的单位对学生社会性发展的影响，这也充分说明教育性是班级的主要特点。

班级的教育性不仅仅表现在促进学生社会化方面，也表现在促进学生个性化方面。在社会化的过程中，个性化与社会化是相容的。社会化不是以牺牲自我发展、自我表现为代价的。学习社会的文化，掌握社会的价值观念和道德规范同个人的学习兴趣、需要从来不是完全对立的。班级促进学生个性化，主要表现为提高和强化个体各种心理特征的成熟程度和水平，为培养独立健全的个性奠基；培养个体具有不同特色的需要、动机、兴趣、信念、性格、能力等品质。班级对个人的教育影响通过模仿、感染、暗示、从众、认同等社会心理机制实现。强调班级能够促进学习的个性化，就是要使人们充分认识到学校培养的不是社会机器，而应是全面发展的、具有个性的、充分、自由、和谐发展的人，这是教育的根本目标。

3. 学习性

班级的建立不仅是为了实现某些外向性指标，如提高教学效率、便于学校管理等，更是学生自身奠基性学习的需要。班级中学生的首要属性是"学习者"，其基本任务是学习。学生学习是为将来进入社会生活做准备的"奠基性学习"。在现代社会中，青少年学生的奠基性学习，尤其是社会文化的奠基性学习不可能在个体独处的空间里完成，必须在群体生活环境中进行。班级组织正是为青少年学生提供了一种在校期间群体生活的基本环境。在班级中，学生学习的内容既有社会为其安排好的如教学科目的显性课程，也有如班级组织中的各种规范、角色、人际关系等的隐性课程。我们所讲的构成班级要素的课程主要是指显性课程。

4. 不成熟性

班级与其他社会组织的最大区别之处在于它是非成人组织。作为班级组织主体的学生正处于身心发展的过程中，尽管这一发展水平因学生的年龄而异，但就其整体来说，学生是社会成员中的未成熟者。因此，班级不可能进行完全的自我管理，必须在一定程度上依靠成人的力量。

学生的自主意识是班级实行自我管理的基础。学生的自主意识一般随着年龄的增长而逐步增强。尽管学生并非成人，但自主意识可以说是学生的一种近乎天性的社会性要求。不少研究表明，即使是小学一年级的学生，自其入学那天起，就已开始谋求学校生活中的独立自主。从这个意义上讲，应当说学生对于班级组织的运行有一种近乎天性的自治倾向。学生并非成人，因而在学校中对教师难免会存在着一定程度的依赖意识，尤其在学生凭借自己的力量解决问题受挫时表现最为明显。经验表明，在中小学教育的整个过程中，学生的这种依赖意识是不会完全消失的，只不过依赖的程度会因年龄的不同而有所不同。

二、班集体

（一）班集体的概念和特征

班集体是按照班级授课制的培养目标和教育规范组织起来的，由具有明确的奋斗目标、坚强的领导核心及良好纪律和舆论的班级学生所组成的活动共同体。

班集体不是学生的简单集合，不会自发形成。班集体是班级群体发展的高级形式，其形成需要全班学生和班主任及各学科教师的共同努力。

班集体一般具备以下特征：

1）明确的奋斗目标。

2）健全的组织机构和坚强的领导核心。

3）严格的组织纪律和健全的规章制度。

4）健康的舆论和良好的班风，集体成员之间相互平等、心理相容的氛围。

5）有共同组织的活动。

6）学生个性的充分发展。

7）学生具备良好的自我教育能力。

以上前五项是班集体的基本特征，后两项是优秀班集体的更高追求。

（二）班集体的发展阶段

1. 组建期：松散群体阶段

班级组建之初，从形式上看是一个班级，其实是由一个个孤立的个体合在一起的松散组织。这时，班级的核心和动力是班级的组织者——班主任，其主要任务是组织和团结集体。班主任的工作主要集中在通过选拔和培养学生干部、确立班级奋斗目标、制定班级行为规范、开展班级活动等，调整学生的动机、规范学生的行为、促进学生的交往与接触，在班级中形成一些小的正式群体和非正式群体。这时集体对班主任有较大的依赖性，如果班主任不注意严格要求，班级就会变得涣散。

2. 核心初步形成期：合作群体阶段

在这一阶段，师生之间、同学之间有了一定的了解，产生了一定的友谊与信赖，班级凝聚力开始出现，大多数学生在班集体中获得了归属感。班级的组织功能较健全，班级的核心和舆论初步形成。形成期是班主任培养班级骨干的重要时期。班集体初步形成的主要标志有四个：一是有一支能主动协助班主任开展工作的班干部队伍；二是班级大多数成员能参与班级活动并愿意为班级活动出力；三是在班级中形成了相互关心、相互合作的关系；四是班级规范和班级舆论初步形成。在这一阶段，班主任工作转入引导，通过引导使班级正确行为规范进一步内化，并促使班级正确舆论的形成。

3. 发展成熟期：集体阶段

处于这一阶段的班级具备了班集体的基本特征，有明确的、共同认可的奋斗目标，形成了坚强的核心，学生已有了较强的自我教育能力，形成了良好的舆论氛围和民主团结的风气等。在成熟的班集体中，有健康向上的奋斗目标，有团结高效的干部队伍，有正确一致的集体舆论，还有高度的自主性和凝聚力。在这一阶段，班主任的工作主要是通过集体对学生进行教育和自我教育，集体也开始成为真正的教育手段。

第二节　管理与班级管理

一、管理的含义

管理是一种普遍存在的社会现象，任何组织都需要管理。期望以最少的时间、人力、物力、财力来达到集体目标的有效群体活动，都离不开管理。管理是一个协调工作活动的过程，是同别人一起或通过别人使工作活动完成得更有效率和更有效果的过程。管理过程是一组进行中的决策和行动，具体包括以下四项基本职能。

1）计划：确定目标、制定战略、开发具体计划以协调活动的过程。

2）组织：决定需要做什么、怎么做、谁去做。

3）领导：指导和激励所有的个人或团队，有效地沟通以及解决冲突。

4）控制：监控活动以改进组织的绩效。

由此可见，管理的核心在于对现实资源的有效整合。

二、班级管理的界定

正确理解班级管理的概念，对于搞好班级管理工作具有重要价值，是班级管理的认识性前提。班级管理，有人主张称之为"班级经营"，英文用 classroom management 表述。不同学者对于班级管理提出了不同界定。例如，班级管理是班主任按照学校计划和教育目标的要求，充分利用和调动班级内外的力量，进行班级教育任务的组织、指导、协调、控制等各种活动；班级管理是指班级教育管理者带领班级学生按照教育管理规律的要求，为了更好地实现教育教学目标和班级工作目标而进行的一系列活动。

班级管理具有以下基本含义：①班级管理是有效教学的基础；②班级管理融合了教学、道德、总务、辅导的教育功能；③班级管理是师生间人际互动的历程；④班级管理是一个动态的过程，不仅包括维持班级秩序，而且包括建立新的班级秩序；⑤班级管理需要有理论与实务的整合。

班级经营是教师或师生在教室社会体系中，遵循一定的准则规范，在师生互动情境下，适当而有效地处理班级中的各项业务，以建构良好的班级气氛，发挥有效教学的效果，达成全人教育目标的历程。

在实际工作中，一些班主任把班级管理等同为班级事务的处理，以完成学校布置的活动为目的；或将班级管理视为"看管"的代名词，以稳定纪律、督促学生学习为目的，甚至仅仅追求"太平无事"。

> **讨论：**
> 结合以上概念界定的分歧，你认为究竟应如何理解班级管理？它的目标、内容、手段应该是什么？

（一）班级的管理者

西方文献中的班级管理，主要是指与教学活动相关的课堂管理，因为很多西方国家的小学教育采用的是全科教师制，即一名教师（classroom teacher）负责一个班的多门主要学科的教学并承担一部分与我国"班主任"类似的工作。在国内文献中，对于"谁是班级管理者"有着不同的观点：有人认为班级管理者即班主任，有人认为是所有相关的班级教育者。

依据班主任角色规定，班主任无疑是班级管理的主要责任者。但从广义上讲，班主任、学生集体与班委会、任课教师及家长委员会都是班级管理者。除班主任外，学生集体一旦形成就会变成巨大的教育与管理力量，而班委会是其中的领导核心；班级的每一位任课教师都在各自学科的教学过程中实施着管理职责；有些班级中建立起来的由家长代表组成的家长委员会也是班级管理的重要参与者；合理有效的班规（集体公约）会促进班级管理从"人治"走向"法治"。总之，各主体之间密切配合、协调一致，才能有力推动班级及其成员的发展。

（二）班级管理的目标

班级管理是实现组织目标的手段。班级是一个"自功能性"组织，实现班级全体学生的全面发展是其最终目标。同时，建立完善的班级组织——班集体，既是班级管理的直接目标，也是实现班级管理终极目标的手段，因为"教育了集体、团结了集体、加强了集体，以后集体自身就会成为很大的教育力量"[①]。

（三）班级管理的内容

班级管理的内容是指对班级中的各种管理资源（包括人、事、时、地、物）进行处置。在"人"方面包括知人善任，发掘学生专长及有效应用家长人力资源等；在"事"方面包括对班级一切事务的处理，如常规管理、教学活动、班级事务、亲师合作、不当行为的辅导处理、沟通管理等；在"时"方面包括对学生在校学习生活时间的保障和对自己千头万绪工作的有效安排；在"地"方面包括班级情境布置、学生座位编排、教室学习角的布置等；在"物"方面包括教具、教材的安置与使用，班级物品的保管，班级图书的使用等。班级管理所要整合的资源不但包括班级活动顺利开展的条件性资源，而且包括素材性教育资源，以及班级内外各种对学生发展产生影响的资源。

三、班级管理的功能

（一）有助于实现教学目标，提高学习效率

班级组织产生的根本原因是为了更有效地实施教学活动，因此，如何运用各种教学技术手段来精心设计各种不同的教学活动，组织、安排、协调各种不同类型学生的学习活动是班级管理的主要功能。

（二）有助于维持班级秩序，形成良好的班风

班级是学生全体活动的基础，是学生交往活动的主要场所，因此，调动班级成员参与班级管理的积极性，共同建立良好的班级秩序和健康的班级风气是班级管理的基本功能。

（三）有助于锻炼学生能力，学会自治自理

班级组织中存在着最基本的人际交往和社会联系，存在着一定的组织层次和工作分工。因此，班级管理的重要功能就是不但要帮助学生成为学习自主、生活自理、工作自

[①] 马卡连柯，1981. 论共产主义教育［M］. 4版. 刘长松，杨慕之，译. 北京：人民教育出版社：406.

治的人，而且要帮助学生进行社会角色学习，获得认识社会、适应社会的能力，而这对于促进学生的人格成长是极其重要的。

资料链接

"五步"做好小学生责任教育

对现在很多小学生来说，索取是常态，给予却是陌生的，有些学生根本不知道责任为何物。帮助学生增强承担责任的意识，培养负责任的行为，养成负责任的习惯，是学校教育不可推卸的责任。那么，如何对学生进行责任教育呢？我做了如下探索。

第一步："热身"运动，渗透责任。

对于小学生来说，责任是个很抽象的概念，所以首先要让他们明白什么是责任。我先给学生创设多看多听的环境，我把它称作责任教育的"热身"运动，目的是不断对学生进行心理暗示。例如，在校园里设置标语——"责任会让你更完美""评价他人不如主动承担""责任就是在恰当的时候做恰当的事"；在教室里张贴温馨提示——"此刻，集中注意就是你的责任"；在操场上设置标语——"这里，保持环境整洁就是你的责任"；在楼道里张贴提示——"嘘……此处，不追逐打闹、不大声说话就是你的责任""这儿，注意安全就是你的责任"。我还利用班级展板展示责任教育手抄报、校园广播播放名人责任故事等形式，让责任教育先入耳、入眼。

第二步：班会讨论，认识责任。

做完"热身"运动，下面就要让学生去探索和发现责任。为了让学生更好地认识责任，我首先引导他们发现自己需要扮演哪些角色，学生纷纷回答："儿子""哥哥""姐姐""孙子""组长""学生"……这时，学生发现："原来我这个年龄段竟扮演了这么多角色！"这些角色分别对应些什么事情呢？在热烈的讨论中，学生认识了责任，明白了责任就是自己的角色、身份要求自己最应该做的事情，如："作为学生，完成作业是我的责任。""作为值日生，打扫卫生是我的责任。""作为哥哥，保护弟弟是我的责任。""作为公民，传递美、表达善、追求真是我的责任。"

第三步：自我反省，发现责任。

虽然学生已经知道了自己所要扮演的角色，可他们未必真的知道自己该干什么。比如，学生都认可自己是"班级的小主人"，可只有爱思考的学生才会在班级中找到自己应该做的事情，不爱动脑筋的学生还是不知道他们该做什么。他们不是不愿承担责任，而是根本不知道该干什么。所以，责任教育的下一步就是启发学生的大脑，让他们发现与角色相关的目标，明白"教室的主人应该做什么，校园的天使应该做什么"。

这一步的核心要求是让学生的大脑动起来，乐于发现角色的责任，就像发掘宝藏一样。这个过程本身就是对学生很好的教育。我让学生每天发现并记录一件自己或别人在生活中承担责任的事例。在这样的过程中，让学生认识到承担责任也是一件很有"水平"的事情，如："我发现今天校门口的交通很顺畅，那是交警叔叔和家长义工及时到岗指挥交通的结果。""我发现今天家里特别干净，那是妈妈劳动了一天的结果。""我发现今天教室里桌椅摆放很整齐，那是××同学认真值日的结果。""我发现今天我的书包特别整洁，那是我认真收拾的结果。"

学生们只要打开眼界、拓展胸怀，从多个角度思考自己承担的责任，就能展现出承担责任的行动力和智慧。

第四步：填写责任卡，体验责任。

为了帮助学生更好地体验责任，我设计了责任卡，要求学生每天填写。例如："我是一个学生，我今天完成了作业，这是我的责任。""今天我是值日生，我很早到校，打扫了教室，做好值日是我的责任。""我是班级的一员，是班级形象代言人之一，重视自己的言行是我的责任。""我是语文课代表，收齐今天的作业及时拿给老师是我的责任。""我是妈妈的女儿，晚上回家，自己认真完成作业，自己洗澡，自己的事情自己做，体谅父母是我的责任。"

在责任体验活动中，给学生设置的"角色"越小、越具体越好。例如，"好学生"这个角色就太泛化，可以设置优秀领操员、优秀值日组长、优秀课间保洁员等角色。在填写责任卡的过程中，我引导学生从身边做起，从触手可及的责任做起，在看似不起眼的小事中培养他们的责任感。

第五步：设置责任钟，担当责任。

为了让责任实践体验活动更好、更深入且持续地开展下去，我设置了可爱的"责任钟"，要求学生根据自己日常生活中的日程安排，确定一件或两件事坚持做下去。这样既能帮助学生培养做事负责任的好品质，又能帮助他们养成好习惯。

责任钟的内容可以这样设置："早上起床后，自己穿衣、收拾好床铺，吃完早餐，我的责任是不让父母多操心。""上学、放学路上，我遵守交通规则，我的责任是爱惜生命。""课间，我在楼梯、走廊、过道上行走时，不追逐打闹、不推拉，靠右行走讲秩序，我的责任是维护校园文明。""上课时，我认真听讲，不乱讲话、不做小动作，我的责任是维护良好的课堂环境，自己收获知识。""放学按时回家，不在路上玩耍，我的责任是不让老师和家长担忧。""今天我值日，我早早来到学校认真打扫好卫生，我的责任是认真完成今天的值日工作。"

这样的责任教育从"关爱身边人，担当身边事"做起，提高学生在学校发展、班级管理、成长成才中的责任意识，进而让他们学会自觉维护集体的利益，关心班级，关心学校发展，珍视学校声誉、班级荣誉，主动肩负班级管理、学校建设的责任。把学生提升到一个主动思考、主动行动的层次，老师也会感觉"学生更好教了""孩子更懂事了"……

（资料来源：刘文红，2016."五步"做好小学生责任教育［J］. 班主任（12）：20-21.）

四、班级管理的模式

班级管理的模式一般有以下几种。

（一）常规管理

班级常规管理是指通过制定和执行规章制度去管理班级活动的一种管理方式。规章制度是学生在学习、工作和生活中必须遵守的行为准则，它具有管理、控制和教育作用。通过规章制度的制定，可以使班级各项工作有章可循、有条不紊，通过规章制度的贯彻，可以培养学生良好的行为习惯以及优良的班风。

（二）平行管理

班级平行管理是指班主任既通过对集体的管理去间接影响个人，又通过对个人的直接管理去影响集体，从而把对集体和个人的管理结合起来的一种管理方式。

（三）民主管理

班级民主管理是指班级成员在服从班集体的正确决定和承担责任的前提下，参与班级管理的一种管理方式。其实质就是发挥每个学生的主人翁精神，让每个学生都成为班级的主人。

（四）目标管理

班级目标管理是指班主任与学生共同确定班级总体目标，然后转化为小组目标和个人目标，使其与班级总体目标融为一体，形成目标体系，以此推进班级管理活动，实现班级目标的一种管理方法。

🔗 资料链接

不要迁怒到整个班

画面一：

早上检查家庭作业，班主任发现有好几位学生语文、数学作业没有完成，大怒："回家怎么做作业的？全都马马虎虎，看看你们这帮学生，到底想不想学习啊？真让人失望！"

画面二：

早晨检查卫生，地上没扫干净，垃圾没倒，班主任大发雷霆："看看，卫生都没人管，这个班级像什么样！"

画面三：

课前，学生吵吵闹闹，教室里一片混乱，两个同学还在打架。听到学生的报告，班主任进来把讲台一拍："像什么样子！课间都不要出去玩了，全班罚抄课文！"学生们嘟囔着："又不是我们的错，干吗罚我们抄？"学生不服气，也委屈。

以上的画面中有你的影子吗？或许这样的画面你并不陌生，或许也曾发生在自己身上。特别是身为班主任的你，听到老师们私底下抱怨"教这个班真没劲""某某班不行，没有几个像样的学生"这些令人丧气的话，更让你这个班主任脸上无光，于是就有了班会课、晨会课上一次次的批评、训话。但是，这一次次的批评、惩罚，结果怎样呢？作业不做或不认真做的反而越来越多了，班级卫生也是一塌糊涂，纪律更让每个老师摇头。

班主任往往会因为几个学生的错误迁怒于全班同学，把个别问题全面化。迁怒的后果一方面对于个别学生来说，由于批评的面比较广而起不到真正的作用；另一方面，让集体受到了伤害，使全班学生产生消极的心理。老师或许无意伤害班集体，但不经意间却给学生传递了这种消极的信息，这就会影响全体学生对集体的自我认知，时间长了，必然会形成消极的集体心像。有了这样的消极评价，无形中给班级贴上了"差班"的标签。

政治学家威尔逊和犯罪学家凯林提出了一个"破窗理论"。这个理论认为，如果有人打坏了一个建筑物的窗户玻璃，而这扇窗户又得不到及时维修，别人就可能受到某些暗示性的纵容去打坏更多的窗户玻璃。久而久之，这些破窗户就给人造成一种无序的感觉。结果，在这种公众麻木不仁的氛围中，犯罪就会滋生、发展。很多时候，当一样事物完美的时候，大家都会用心去维护它，一旦它出现了残缺，大家就会加速地破坏它，认为反正是坏的东西，再破点也无所谓。同样，在班级管理中也存在这种现象。如果学生们从班主任的言语中得到信息"我们这个班是差班，管不好了"，这种暗示就会直接影响到学生对班集体的认知，它具有角色行为的导向作用，强化了学生的消极情绪，容易形成破罐子破摔的心理。

心理学里还有一个教师期望效应，相信大家也知道。美国心理学家罗森塔尔和助手来到一所小学，以赞赏的口吻将一份最有发展前途学生的名单交给了相关老师，并叮嘱他们一定要保密。几个月后，奇迹出现了，这些学生的成绩有了较大的进步，而且各方面都很优秀。其实，名单上的学生是随机挑选的，只是在这个过程中教师的期待对学生的行为产生了影响。班集体也有其自身的生命，如果你传递的是一个积极的期望，就会促使其向好的方向发展；如果你传递的是一个消极的期望，则会加速其向坏的方向发展。

因此，班主任要切记，在批评学生的时候，不要一篙子打死一船人，要有针对性。对一些个别问题，应就事件本身进行理性的分析，并指出改进的方法，千万不能迁怒于整个班级。班主任要给予学生积极的期盼。在班级管理中，要让班集体意识到自己的社会角色是好的。贴上了这样的标签，学生就会按好的标准去要求自己，约束自己的行为，从而向更好的方向发展。

（资料来源：张万祥，2006. 给年轻班主任的建议［M］. 上海：华东师范大学出版社：21-23.）

第三节　班级管理理论

一、班级管理理论的发展

（一）传统班级管理理论的孕育

班级管理的理论是随着班级的产生而产生的。班级一词最早出现于 16 世纪法国的居耶纳中学、德国斯特拉斯堡的文科中学等学校。率先正式使用"班级"概念的是文艺复兴时期著名教育家埃拉斯莫斯。16 世纪中叶，西方国家在评价学校时，依据年龄与发展阶段把学生分成了"班级"，并以此作为优秀学校的标志之一，这是班级逐步成为学校组织制度化、结构化的基础。

到了 17 世纪，捷克教育家夸美纽斯总结了前人和自己的教学实践经验，在《大教学论》一书中提出并论证了"班级授课制"的理论。夸美纽斯将儿童划分为班级，为不同班级提供不同的课程，进行不同的教学管理。"班级授课制"为班级组织管理研究奠定了理论基础。

（二）现代班级管理理论的发展

班级管理的理论研究是在现代班级制度建设与发展的过程中进行的。20 世纪的现代班级制度和班级管理模式是"现代工厂制度和车间管理模式"的翻版，班级的形态恰如工厂的"车间"（workroom），班级管理的标准化正是根据现代工厂管理的车间标准制定的。

这种以学年和班级为基本组织形态的现代学校，期望把同龄学生塑造成具有同等学力的现代企业所需要的人才。这种现代班级组织具有以下具体规定性的特征：①同一学年的班级学生采用相同的学习进度；②同一学年的学生使用相同的教材；③一定规模的班级适用于任何课程的教学；④一定空间的教室适用于任何课程的教学和学生身心的发展；⑤对学生的学业和学力做出强制性的要求；⑥教师成为班级学生的代理父母，行使父母的管理和教育角色。

（三）班级管理理论的"后现代"转向

班级管理的理论发展是没有终极的，在知识经济的"后现代社会"里，班级管理的理论要求教师必须有活化教育理论、强化专业活力、内化批判思考、启动人文关怀、勇于维护正义、整合运用资源、开创广泛沟通、适当调适情绪、妥善处理危机，以及乐于终身学习等方面的能力。因此，"后现代"班级管理的成败取决于教师是否能树立全新的班级管理理念及重新定位班级管理的行为和方法。

从"后现代"班级管理的理论视角看，我们需要对现代班级管理模式进行全面的批判、反思和质疑。首先，就班级管理目标而言，班级管理的目标已经有所转移，由早期强调行为与秩序的管理回归到重视教学目标的达成。其次，就班级管理主体而言，"后现代"的班级管理理论已不再强调纯粹由教师以强力手段来控制学生的行为，而是强调教师与学生的关系，教师是一种"中间存在"（in-between），倾向于师生间互动关系的培养。最后，就班级管理方法而言，班级管理的方法由以往的教师权威与经验累积的应用，转变为讲求系统化、组织化、客观化、人性化的班级管理精神与管理原则。

二、班级管理的相关理论

班级组织具有社会性、教育性，班级管理虽不同于其他组织管理，但说到底也是一种管理，因此，社会心理学、教育学、管理学的相关理论能够为班级管理提供指导。

（一）社会心理学理论

社会心理学是研究人们如何看待彼此，如何互相影响、互相联系的科学，它有助于我们更深入地理解人们的心理和行为。这里，仅选择从众与逆反、群体影响、冲突与和解三方面的社会心理学理论进行简要介绍。

1. 从众与逆反

从众（conformity）是指根据他人而做出的行为或信念的改变。从众有时是坏的，有时是好的，有时却无关紧要。从众可以表现为许多形式，其中顺从和接纳为两种主要表现形式。因外在力量而表现出的从众行为叫作顺从（compliance），而由明确的命令所引起的顺从可称为服从（obedience）；真诚的、内在的从众行为，即不仅在行动上而且在信念上与社会压力保持一致叫作接纳（acceptance）。当群体由三个或更多个体组成、凝聚力高、意见一致且群体领袖地位较高时，从众的程度最高。人们在公众场合，尤其在没有做出公开承诺时，也很容易从众。从众与服从是一种普遍的社会现象，但也会表现出文化和时代的差异。

虽然人们渴望被群体接纳，但又非常看重自己的自由感和自我效能感，不想和他人太相似。在群体中，人们最可能意识到自己的与众不同之处。同时，如果社会压力过于明显，以至于威胁到个体的自由感时，人们还会用逆反（reactance）来证实自己的自由度和独立性；当群体的所有成员同时表现出逆反时，其结果便是反叛。

从众与逆反现象在班级管理中也常常能看到。在我国，从众在更多的时候是受鼓励的。例如，学校要求穿校服以示团结一致，集会时要求整齐划一，重视集体凝聚力与良好班风的形成等。但是，我们也要关注从众的负面影响，如盲目服从不合理的规定、课堂中途上厕所和课间打闹等不当行为的扩散等。在班级管理过程中，可以利用从众心理来建立和发展班级组织、教育学生个体，但也要警惕从众的负面效果。同时，还要充分尊重个体的自由感，以预防逆反及反叛的出现。

2. 群体影响

所谓群体（group），是指两个或更多互动并相互影响的人，群体成员会把自己群体中的人看作"我们"而非"他们"。在群体中，评价顾忌、分心（注意他人和注意任务之间的矛盾冲突）和纯粹的他人在场等因素，都会引发个体的唤起状态，同时，唤起能提高个体完成简单任务的成绩，即产生社会助长作用（social facilitation），但唤起又会降低复杂任务的作业成绩。另外，当个体作业成绩能被单独评价时也会出现社会助长作用；反之，则会发生社会懈怠（social loafing），即个体在群体中的努力程度低于单独工作时的努力程度，出现责任扩散。不过，当任务具有挑战性、吸引力，具有引人入胜的特点时，或群体成员的关系更为密切、对群体更认同时，懈怠程度会有所减弱。当个体处在规模较大的群体中且身份隐匿时，可能产生去个性化（deindividua lization），自我觉察和自我约束减弱，从而对积极或消极的直接情境因素的反应性增强，如球迷骚乱。

群体内的互动，如讨论，通常会强化成员最初的观点和共有的倾向，即群体极化（group polarization）。然而，友善的、凝聚力强的群体以及从自己的喜好出发做决策的支配型领导又恰恰是培养群体思维（groupthink）——为了维护群体和睦而压制异议——的温床。

群体影响理论提示班级管理者，在相信团队精神会鼓舞士气、团结会产生力量的同时，还要关注社会懈怠、去个性化等现象的负面效应；既要认识到群体内积极倾向的精神交流会有利于心灵的健康，又要注意到群体的互动会使个体的观点极端化、群体的凝聚会导致对异议的排斥。

3. 冲突与和解

当两个人、两个群体发生交往时，可能会因为个人需要而使某个目标产生冲突（conflict）。冲突通常是令人不愉快、感到受威胁的，但缺乏冲突的关系或组织可能是死气沉沉的。冲突体现了参与、承诺和关心，如果能被理解和解决，它可以促进人际关系的变化和发展。

当人们将个人利益看得比集体利益更重要时，很多社会困境就会出现，解决的办法如下：确定规则以限制利己行为；将群体分为较小的单位；让人们能够充分地沟通；改变激励机制使合作能得到更多的回报；倡导利他的行为规范。竞争、感到遭遇了不公正、对对方的动机或目标有误解，都会使冲突频发或变得更加严重。

（二）马卡连科的集体教育理论

苏联教育家马卡连科是集体教育思想的代表人物。"在集体中、通过集体并为了集体而进行教育"是马卡连科集体教育理论的核心内容。

马卡连科认为"教育的任务就是要培养集体主义者"，而完成这个任务需要"建立合理的集体"并"建立集体对个人的合理影响"。在他看来，"集体并不等于一群人，而是一个有目的地组织起来进行活动的机构，是一个有活动能力的机构"，而且应成为"社会的有机体"。"只有建立了统一的学校集体，才能在儿童的意识中唤起舆论的强大力量，这种舆论的力量，是支配儿童行为并使它纪律化的一种教育因素。"因此，"集体不仅是教育的客体，而且是教育的主体"。

要培养良好的学生集体，必须有坚强的教师集体。"一个教师集体，要有统一的工作方法，要不但能集体地为'自己的'班级负责，而且能为整个学校负责。如果没有这样团结一致的教师集体，那么所谓正常的学校教育工作是很难想象的。"马卡连科还总结出了许多行之有效的集体教育的途径和方法，如"追求远景"的教育方法和"传统"的教育方法。他指出，"培养人，就是培养他获得未来快乐的前景的道路"，"如果集体的成员把集体的前景看作个人的前景，集体越大，个人也就越美、越高尚"。他同时指出，"培养传统、保持传统是教育工作中最重要的任务"，"任何东西都不能像传统那样能够巩固集体"。

（三）苏霍姆林斯基的自我教育理论

苏联教育家苏霍姆林斯基认为，自我教育在整个教育中占据举足轻重的地位，促进自我教育的教育才是真正的教育。自我教育需要通过学生精神生活的所有领域去进行，自我教育的核心在于增强学生个人的精神力量。

变好的愿望是自我教育的基础和动力，教育者的职责就在于要把学生的各种愿望和要求引向正确合理的轨道，最终懂得个人愿望要与社会利益协调一致。变好的愿望起始于正确的自我认识。"人生的真谛确实在于认识自己，而且是正确地认识自己。""自我教育正是从这里开始的。这是人们各种思想感情微妙地交织在一起的焦点：责任感和纪律性，对自己的严格要求和自觉性，对生活的欢悦情趣和对邪恶的不妥协精神，自尊心和真正的人类的尊严——所有这些都是和认识自己这个问题息息相关的。""多年来我一直在想：教育的效果最鲜明地体现在什么地方呢？到什么时候我才有权说，我的努力产生了结果呢？实际生活证明，教育最重要、最显著的效果体现在，要使一个人开始思考自己是怎样的人，自己身上有哪些优点和缺点。"

自我教育要从小开始，"应该从童年到少年早期，从 7 岁到 10、11 岁就开始教一个人学会自我管理，学会一定的本领，如果需要的话，学会'强迫自己'"。"少年时期有充实的精神生活和丰富完美的道德理想，这是人的个性的根源和本质……一个人早在少年时期就应该体验和感受到，只有为人类的幸福而斗争，生活才是美好的。在少年的心灵中树立道德理想就是使少年认识人类创造的道德财富。形成道德理想本身就是一种充满对道德美的赞赏之情的、对生活的目的及自己的命运进行思索的精神活动。在少年的心灵中激发这种精神活动是教师众多精细、复杂的任务之一。"

（四）陶行知的解放儿童创造力与学生自治理论

陶行知是我国伟大的人民教育家。他告诫人们，当我们真诚地加入儿童队伍中时，便会发现小孩子不但有力量，而且有创造力。教育是要在儿童自身的基础上，过滤并运用环境的影响，以培养加强发挥这创造力，使他长得更有力量，以贡献于民族和人类。要把儿童的创造力解放出来，必须解放小孩子的头脑和双手、解放小孩子的眼睛和嘴、解放小孩子的空间和时间。他指出，创造力最能发挥的条件是民主，而民主应用在教育上有三个最要点：教育机会均等、宽容和了解、在民主生活中学民主。因此，学校应注重学生自治。学生自治是学生团结起来，大家学习自己管理自己的手续。从学校方面来说，就是为学生预备种种机会，使学生能够组织起来，养成他们自己管理自己的能力。学生自治的好处如下。①学生自治可作为修身伦理的实验。自治能为学生提供知行统一的操练机会，可以养成对于公共事情上的愿力、智力、才力。②学生自治能适应学生之需要。因为我们与学生经验不同，环境不同，所以合乎我们意的，未必合乎学生的意，有的时候学生自己共同所立的法，比学校里所立的更加近情，更加易行，而这种法律的力量也更加深入人心。③学生自治能辅助风纪之进步。按照旧的方法，学生有过失，都责成少数职员监察纠正，所以一人司法，大家避法。要想大家守法，就须使个人的行为对大家负责。④学生自治能促进学生经验之发展，因为道德的发展在于不断自己解决问题，问题自决得越多，则经验越丰富。

但是，自治如果办得不妥当，也会出现一些弊端。因此，应注意：全体学生和学校都要把它看作一件大事；应有学校认可的手续；施行前必须营造充分的舆论；所立之法要清楚、简单；选择好的学生领袖；学校与学生始终抱持协助贡献的精神，同时对自治采取试验的态度，不断改进。总之，学生自治是学校里一件重要的事情。我们若想得到美满的效果，须把它当件大事做，当个学问研究，当个美术去欣赏。

（五）科学管理理论

科学管理（scientific management）理论的提出者是弗雷德里克·温斯洛·泰勒（Frederick Winslow Taylor，1856—1915 年）。科学管理的初衷是采取有效的管理手段来避免因随意的、经验式的管理而导致的工人怠工，从而提高生产率。

科学管理理论概括起来主要包括以下四个方面。

1）对工人工作的各个组成部分开发出科学的方法，用以替代陈旧的操作方法。

2）科学地挑选工人并安排恰当的工作，同时对工人进行培训，提高技能和进取心。

3）促进工人间的相互协作。

4）管理人员和工人都必须对各自的工作负责。

泰勒将科学化和标准化引入管理，坚持竞争原则和以人为本原则。竞争原则体现为给每一个生产过程中的动作建立一个评价标准，通过培训使每个工人都必须达到这个标准，并通过奖励，刺激工人不断超越，从而实现生产效率的提高；以人为本原则体现为科学管理是适用于每个人的，是以工人在实际工作中的较高水平为衡量标准的，因此既可使工人不断进取，又不会让他们认为标准太高或太低。科学管理的重要突破是它对雇主和雇员双方的利益一致性的认识。因此，科学管理的实质是在管理上实现了一次思想革命——既是工人在对待他们的工作责任，对待同事、雇主态度上的一次完全的思想革命，又是在管理方面对他们的同事和对所有的日常工作问题责任所进行的一次完全的思想革命。

当前，我国的班级管理大多仍是经验型管理。泰勒作为一名工程师，潜心研究每项工作的最佳方法以改进生产效率的精神是首先值得班级管理者学习的。班级管理首先要进行精神革命，即要让教师和学生意识到双方的利益是一致的——学生读书不是为了老师，老师教书也不仅是为了学生，要把学生的成绩、老师的事业有机结合到一起。坚持竞争原则和以人为本原则同样需要被引入班级管理，学生中要引入竞争，班级管理也要以人为本。当然，还要用一些科学化、标准化的手段来进行班级管理，以提高学生的学习效率和教师的教学效率。

（六）群体发展阶段与高效团队理论

群体的发展一般会经历五个阶段：形成阶段、震荡阶段、规范阶段、执行阶段和解体阶段。

1. 形成阶段

人们因分配或因希望得到其他利益（如地位、归属感等）而加入群体。这一阶段的特点是极大的不确定性，成员们常常是"摸着石头过河"，以了解哪类行为方式能被群体所接受。当群体成员开始把自己视为群体的一分子思考问题时，这一阶段就算结束了。

2. 震荡阶段

这是一个凸显内部冲突的阶段。群体成员虽接受了群体的存在，但会抵制群体对个体的控制，进而在由谁控制上发生冲突。在这一阶段结束时，群体内部出现了比较明朗的领导层级，群体成员在发展方向上也达成了共识。

3. 规范阶段

此阶段群体表现出内聚力，群体结构比较稳固。

4. 执行阶段

此阶段群体结构发挥着最大作用，并得到广泛认同；群体的主要精力放在完成当前的工作任务上。

5. 解体阶段

此阶段群体为解散做好准备。善后工作取代高工作业绩成为群体关注的头等大事，群体成员的反应各不相同，或为取得的成就心满意足，或可能为失去群体中所获得的和谐与友谊而郁郁寡欢。

管理学还对高效团队的一般特征进行了研究，得出高效团队的特征包括清晰的目标、相关的技能、相互的信任、统一的承诺、良好的沟通、谈判的技能、恰当的领导、内部和外部的支持。

群体发展阶段与高效团队理论为班级管理者判断班级形成状态、规划班级发展目标和过程提供了理论依据。

（七）学习型组织理论

美国的彼得·M.圣吉在其著作《第五项修炼——学习型组织的艺术与实务）中提出了"学习型组织"的概念，强调突破线性思维方式，革新管理的观念与方法。书中提出的学习型组织的五项修炼具体如下。

1）自我超越：即深刻了解自我的真正愿望，并客观地观察现实，对客观现实进行正确判断。这需要培养耐心、集中精力，对待学习如同对待自己的生命一般。它是学习型组织的精神基础。

2）改善心智模式："心智模式"是根深蒂固地存在于每个人或组织中且通常不易察觉的思想方式和行为模式，它影响人或组织对世界的了解及采取行动时的许多假设或评价等。改善心智模式需要把组织看作转向自己的镜子，需要发掘并审视内心世界的潜在能力，有效地表达自己的想法，并以开放的心灵容纳别人的观点。

3）建立共同愿景：组织能够在今天与未来环境中寻找和建立起能一直鼓舞人心、凝聚成员的共同理念。

4）团队学习：团队学习的有效性不仅在于团队整体会产生出色的成果，还在于其个别成员的成长速度也比采取其他的学习方式快。团队学习的修炼从"深度会谈"（dialogue）开始，即所有成员说出心中的假设，让想法自由交流，真正实现团队成员一起思考。

5）系统思考：组织也是一种系统，也会受到细微且息息相关的行动的牵连且行动本身也彼此影响着，身在其中的成员可能很难察觉。因此，组织及其成员要形成系统观察、系统思考的能力，从而正确行动。系统思考的修炼是建立学习型组织最重要的修炼。

班级本来就是一个教育型组织，因而更有基础成为学习型组织，但要真正成为学习型组织，同样需要经历这五项修炼，班主任及其他教师起着关键性的引导和示范作用。

？ 思考与探究

1. 如何理解"班级是一种组织"？
2. 班集体的基本特征有哪些？
3. 班级管理能够发挥哪些功能？
4. 设计一个小型调查，以理解班级和班级管理的特性。
5. 借鉴相关理论，对自己了解的中小学某班的班级管理进行评析。

第二章　班主任的职责与素养

学习目标
1. 明确班主任的工作职责，掌握班主任的地位和作用，了解班主任的权利。
2. 了解班主任素养相关论述与研究，掌握小学班主任的基本素养。

　　班主任是受学校委托、按照学校的教育要求和班级教育目标、全面负责和主持一个班级各项工作的教师。班主任一般由具有较高的思想觉悟、优良的道德品质、较强的管理能力和丰富的教书育人经验的教师担任。

　　《中共中央　国务院关于进一步加强和改进未成年人思想道德建设的若干意见》（以下简称《若干意见》）明确规定："要完善学校的班主任制度，高度重视班主任工作，选派思想素质好、业务水平高、奉献精神强的优秀教师担任班主任。"为了贯彻落实《若干意见》的精神，2006 年 6 月，教育部颁布了《教育部关于进一步加强中小学班主任工作的意见》（教基〔2006〕13 号），指出："中小学班主任是中小学教师队伍的重要组成部分，是班级工作的组织者、班集体建设的指导者、中小学生健康成长的引领者，是中小学思想道德教育的骨干，是沟通家长与社区的桥梁，是实施素质教育的重要力量。中小学班主任工作是学校教育中极其重要的育人工作，既是一门科学，也是一门艺术。"两个文件充分说明了班主任工作在学校教育中的重要地位和作用，并就班主任的职责和保障等提出了指导性意见。2009 年，教育部又出台了《中小学班主任工作规定》，明确提出，"班主任是中小学的重要岗位，从事班主任工作是中小学教师的重要职责。教师担任班主任期间应将班主任工作作为主业""班主任是中小学日常思想道德教育和学生管理工作的主要实施者，是中小学生健康成长的引领者，班主任要努力成为中小学生的人生导师""中小学每个班级应当配备一名班主任""班主任由学校从班级任课教师中选聘。聘期由学校确定，担任一个班级的班主任时间一般应连续 1 学年以上"。《中小学班主任工作规定》强调了班主任在学校中的重要地位，为做好班主任工作提供了多方面强有力的保障。上述文件明确规定了班主任的工作职责、工作内容和基本规范，是做好班主任工作的重要指导性文件。

第一节　班主任的职责与权利

一、班主任的工作职责

　　班主任的工作职责可从学校教育工作的内容以及班主任的工作对象两个方面加以理解。

（一）从学校教育工作出发的工作职责

从学校教育工作的全局出发，班主任的工作职责具体包括以下几部分：对学生进行思想道德教育，教育学生完成学习任务，教育指导学生完成学校规定的劳动、体育活动，关心学生课外生活，进行班级日常管理，组织班级科任教师开展班级教育活动，学生思想品德评定与奖惩，联系家庭和社会力量做好学生教育工作，等等。

《教育部关于进一步加强中小学班主任工作的意见》提出，"中小学班主任与学生接触较多，沟通便利，影响深刻，肩负着育人的重要职责"。

1. 教育引导工作

认真落实学校德育工作的要求，积极主动地与其他任课教师一起，利用各种机会开展思想道德教育，引导学生明辨是非、善恶、美丑，从身边的小事做起，逐步树立社会主义荣辱观，确立远大志向、增强爱国情感、明确学习目的、端正生活态度、养成良好的行为习惯。

2. 班级管理工作

加强班级的日常管理，维护班级良好的教学和生活秩序。坚持正面教育为主，对学生的点滴进步及时给予表扬鼓励，对有缺点错误的学生要晓之以理、动之以情，进行耐心诚恳的批评教育。做好学生的综合素质评价工作，科学公正地评价学生的操行，向学校提出奖惩建议。努力营造互助友爱、民主和谐、健康向上的集体氛围，形成有特色的充满活力的班级和团（队）文化。加强安全教育，增强学生的自我保护意识和能力。

3. 组织开展班级活动

指导班委会、少先队、团支部开展工作，担任好少先队辅导员，组织开展丰富多彩的团队活动；积极组织开展班集体的社会实践活动、课外兴趣小组、社团活动和各种文体活动，充分发挥学生的积极性和主动性，培养学生的组织纪律观念和集体荣誉感。

4. 关注学生全面发展

教育学生明确学习目的，端正学习态度，掌握正确学习方法，养成良好学习习惯，增强创新意识和学习能力。了解和熟悉每个学生的特点和潜能，善于分析和把握每个学生的思想、学习、身体、心理的发展状况，科学、综合地看待学生的全面发展，及时发现并妥善处理可能出现不良后果的问题。注意倾听学生的声音，关注他们的烦恼，满足他们的合理需求，有针对性地进行教育和引导，为每个学生的全面发展创造公平的机会。

5. 组织、协调工作

班主任是学校教育第一线的骨干力量，是学校教育工作最基层的组织者和协调者。履行好班主任的职责，必须树立正确的教育理念，遵循中小学生身心发展的规律，运用科学的教育方法，善于利用各种教育资源。班主任老师不仅应该努力协调好各任课教师的工作，做好班级的管理和建设工作、学生的教育和引导工作，积极支持少先队、共青团、班委会开展班级活动，还应该成为沟通学校、家庭、社会的纽带，及时了解学生在家庭和社区的表现，引导家长和社区配合学校共同做好学生的教育工作。

除了上述常规工作外，还有大量工作是学校临时安排的各种活动，以及学生的突发事件。这就需要班主任统筹安排，分清主次和轻重缓急，有条不紊地开展各项工作。

（二）从工作对象出发的工作职责

班主任作为学生全面发展的引领者，其工作职责定位于促进班级全体学生成为富有个性、素质全面的人。从班主任的工作对象出发，班主任的工作职责可分为两个方面：一是从班级个体学生出发的工作职责，二是从受教育对象集体出发的工作职责。要求班主任面向全体学生，而不是少数学生；同时，对个体学生的教育引导不应是孤立进行的，而应放在班级集体中进行，遵循个别教育与集体教育相结合的原则。

对于班主任工作职责的认识是基于班主任的工作对象既是一群人，又是这群人中的个别人。班级教育工作是个别教育与集体教育的结合。无论是着眼于个体的工作职责，还是从集体出发的工作职责，根本的着眼点是"人"。人既是个别的，也是集体的。班主任开展集体教育，根本目的还是要造就富有个性的人，而富有个性的人，即作为社会的人，也只有在集体中才能成长起来。

1. 个体发展指导

以个别学生为对象的教育工作称为"个体发展指导"，具体内容包括五个方面：①思想品德发展指导；②个性心理健康发展指导；③学习指导；④闲暇生活指导；⑤不同类型学生的个别指导。

2. 集体教育工作

以学生集体为对象的教育工作，具体包括五个方面：①班集体建设；②班级活动；③班级日常管理；④班级评价工作；⑤班主任工作研究，包括班主任工作的科学性与艺术性，班主任的自我修养与专业发展等。

《中小学班主任工作规定》（教育部 2009 年 8 月颁布）（节选）

第三章　职责与任务

第八条　全面了解班级内每一个学生，深入分析学生思想、心理、学习、生活状况。关心爱护全体学生，平等对待每一个学生，尊重学生人格。采取多种方式与学生沟通，有针对性地进行思想道德教育，促进学生德智体美全面发展。

第九条　认真做好班级的日常管理工作，维护班级良好秩序，培养学生的规则意识、责任意识和集体荣誉感，营造民主和谐、团结互助、健康向上的集体氛围。指导班委会和团队工作。

第十条　组织、指导开展班会、团队会（日）、文体娱乐、社会实践、春（秋）游等形式多样的班级活动，注重调动学生的积极性和主动性，并做好安全防护工作。

第十一条　组织做好学生的综合素质评价工作，指导学生认真记载成长记录，实事求是地评定学生操行，向学校提出奖惩建议。

第十二条　经常与任课教师和其他教职员工沟通，主动与学生家长、学生所在社区联系，努力形成教育合力。

讨论：

请依据《中小学班主任工作规定》中"第三章　职责与任务"的内容，总结概括中小学班主任的职责与任务有哪些。

🔗 **资料链接**

一次升旗改变了我

小学时代，我是一个典型的问题学生，不仅学习成绩不好，而且还经常扰乱课堂纪律。在所有老师眼中，我就是十足的坏学生。班主任将我安排在班级的一个角落，老师们上课的时候都不提问我，学习好的学生也不理我，只有几个淘气的学生和我玩。那时候，我很苦闷。干脆就破罐子破摔，上课的时候，我以捣乱为最大的快乐。因为我不想让他们学习，也希望他们能够像我一样。

一直到了三年级下学期，我们班来了一位新的班主任。这个新班主任可能是不了解我的缘故，她总是将目光停留在我的身上片刻，虽然仅仅是片刻，可是却能够让我感受到一种不同。虽然并不是很温暖，可是感觉和以前的老师不一样。所以我没有太放肆，而是乖乖地坐在角落里看热闹。上课的时候，我不发言，有时候还会睡觉。

有一天，她把我叫了出去，我想肯定是自己犯了什么错误。老师的办公室我经常去，所以并没有紧张。她让我坐到椅子上，这让我感到有些受宠若惊，到办公室都是挨训的，怎么还能够有如此的待遇呢？我感到很奇怪。这时她对我说："下周一，咱们学校要举行一次升旗仪式，班级里要出四个护旗手。我看你个子比较高，应该不错，你可要知道这代表的是班级的形象啊！希望你能够认真对待！"我简直不敢相信自己的耳朵，可是她的话语又是那样真切而清晰。顿时，我的心中涌起一股暖流，一种从未有过的幸福感陡然而生。那一刻，我突然觉得自己的天空一下子亮了起来，再也不像以前那样黯淡无光啦。我跑着回到了教室，他们还以为我被老师教训了一顿，可是万万没有想到老师让我当护旗手，这跟以前相比简直是天壤之别啊。我深知这个责任的重大，这可是很多班干部做梦都想做的事儿，可是老师却让我去做，分明是对我的信任。她对我实在是太好了，我终于可以在同学们面前自信一把啦。

我的心中装满了惊喜，再也没有心思睡觉了，上课的时候，我也不再影响他人。在我的盼望中，升旗的那一天迈着缓慢的步子走来了。我果然出现在了国旗的旁边，手握着国旗被全校师生瞩目，我感觉自己的身上洒满了阳光。我的心中幸福极了，真希望时间能够在那一刻停止，虽然时间没有停止，可是我的记忆却永远地定格在了那一刻。一连几天，我都仿佛是做梦一般，怎么都没有想到自己能够出现在那么庄严的地方。从那以后，每次触碰到老师的眼神，我都能够感受到其中蕴含的温暖。有了这种温暖，我不再自卑，也不再调皮，而是用听话与学习来回报她。

放学后，我不再像以前那样到处玩，而是把精力用在了学习上，虽然落下了很多，可是我有信心赶上去。下课的时候，我不出去玩，不会的题就问同学和老师。看到我的进步，老师还给我调换了位置，告别了那个角落回到前面的座位，顿时有一种幸福的感觉在心中涌动。我彻底摘掉了问题学生的帽子，各科老师开始关注我，提问我，为了能够回答上他们的问题，我就必须认真听讲。功夫不负有心人，经过不懈的努力，我终于告别了最后一名，而且成绩不断上升，名次也不断地向前。在小学毕业的时候，我已经成为班级的学优生啦。

是那次升旗给了我温暖和自信，让我永远告别了自卑与无所作为，然而最应该感谢的就是我的班主任。如果没有她，也就没有我的今天。花开花落，云卷云舒，后来我考取了一所理想的大学，然而那个升旗的故事却一直留在我的心间。

（资料来源：姜淑杰，2016. 一次升旗改变了我［N］. 大河健康报，2016-06-14（16）.）

二、班主任的地位和作用

（一）班集体的直接组织者、教育者和管理者

班主任是班集体的培育者，对班集体的形成和发展起着重要作用。儿童从入学开始，就从家庭进入了班级，班级风气的好坏对小学生成长的影响是巨大的。一个良好的班集体就是一种教育力量，对于培养小学生的集体主义思想、良好的品德和行为习惯，发展他们的智力、能力和个性，促使他们身心和谐健康发展等，都有着十分重要的意义。然而，良好的班集体不是自发形成的，它是班主任创造性的发挥和辛勤培育的结果。没有他们的辛勤劳动，就不可能有良好的育人环境。

（二）学生身心健康成长的引路人

小学班主任是儿童知识的启蒙者、智力的开拓者、心灵的陶冶者、健康成长的监护人。小学生一入学接触到的第一位教师就是班主任，和学生接触最多的也是班主任。班主任的工作是细致的、具体的。小学生正处在长身体、长知识的阶段，处在思想品德逐步形成的时期，是成长的关键时期，因此，要求班主任不断学习新知识、研究新情况、解决新问题，倾注满腔热情来引导他们步入人生的征程。

（三）管理队伍的中坚和先锋

学校教育工作的目标是要把学生培养成为有理想、有道德、有文化、有纪律的社会主义建设者和接班人，学校要全面贯彻执行国家的教育方针，实施学校教育工作计划，开展教育教学工作，组织各种活动等，都是要通过以班级为单位来实现的，而班级的组织、教育、管理又非班主任莫属。学校工作计划的实施，必须通过班主任把全体学生组织和发动起来，把班级各方面的力量统一起来，从班级的实际出发，抓好班级的思想教育、课堂教学以及组织开展各种活动。班主任是学校工作计划的执行者，是落实学校各项规章制度的实施者，是学校思想品德教育工作、组织管理工作以及校内外开展有关教育活动的组织者和指导者。

实践证明：班主任是保证学校教学秩序正常化的基本力量。班级工作搞得出色，则班级朝气蓬勃，学校的各种规章制度都能自觉执行，各项任务都能积极完成。班主任的工作保证了学校计划的实施。离开了班主任，学校要实施教育计划，促进学生德、智、

体诸方面的发展，几乎是不可能的。因此，学校工作一大片，抓好班主任工作是关键。

（四）班级各种影响因素的协调者

班主任是沟通学校教育和家庭教育的桥梁。班主任要充分利用家长会、家长学校、家访、家长听课日、接待家长来访等形式，密切学校和家长之间的关系，注重学校教育和家庭教育的双向交流，形成教育的合力。一名学生、一个班集体的健康成长，是各种教育力量协调配合的结果，既有班主任的教育培养，也有任课教师、少先队组织、学校、家庭以及社会有关方面的影响作用。在各种教育力量中，班主任是组织者、协调者，是联系任课教师的纽带，是沟通学校、家庭、社会的桥梁。

🔗 资料链接

精神关怀：班主任专业化的核心内容

哲学家雅斯贝尔斯认为，"教育过程首先是一个精神成长过程"。在现代教育中，班主任是班级工作的组织者、班集体建设的指导者、学生健康成长的引领者，承担着教育管理学生的复合型角色，但是，作为学生的精神关怀者是其最重要的角色。"精神关怀"更深刻、更准确地反映了班主任教育劳动的意蕴，体现了班主任以人为本的教育理念，表达了班主任对学生的情感和态度。因此，精神关怀应当成为班主任专业化的核心内容。

一、班主任精神关怀的内涵探析

教育是促进人的发展的一种社会活动。教育虽然不可能解决所有的精神问题，但教育对人的精神关怀是非常必要的，也是非常有效的。通过教育的开发和完善，构造一个更加完善的人类精神生活体系，使人的存在状态更加符合人的本质。在班级授课制的背景下，班主任对学生的精神关怀有着非同寻常的意义和十分丰富的内涵。

（一）班主任精神关怀的逻辑起点

人的本质是精神，人不仅是一种客观存在，而且是一种精神的存在。人的精神存在是一个相对于物质存在而言的人的主观存在和意识存在，即对存在的意识状态、对生命的意义和价值的主观理解、感受、向往与追求，是人不同于物的根本标志，也是人不断超越物质世界，包括超越人自身的动力因素。"精神"的最终立足点或归宿应该是个人的精神生活，即与物质生活相对应的精神进化和满足。所谓精神生活，是指人在处理自我、他人与人类关系过程中的思想倾向、情感态度和价值意识。

人的所有行为都是由需要所驱动的。按照美国心理学家马斯洛的需求层次理论，人的需求从低级到高级顺次排列为七个层次：生理需求、安全需求、归属和爱的需求、尊重的需求、认知需求、审美需求、自我实现需求。物质和精神是人的需求的两个极端，需求的层次越低，就越趋向于物质；需求的层次越高，就越趋向于精神。人的高级需求的出现往往以低级需求的满足为条件。高级需求一旦产生，就可以改组、超越、压倒低级需要。教育必须提升人的需要层次，即由低级的生物需求向高级的精神需求发展，只有这样，人才能过上有尊严的生活，才能有效地解决当前人类精神发展中遇到的种种问题，才能使人的精神沿着一条正确的渠道不断进化。

人与人之间所体现的差异往往就是精神的差异，从而，我们能够将人群区分为一个一个的人。个人是人类整体生命的基本载体，个人是人类生命的基本单位，也是精神的源头。没有具体的个人，也就没有所谓的"精神"。个人的精神主要包含三个基本层面。一是心理和情感。这是人的精神存在的基础。人的精神存在正是在这些基本心理状态下不断向高级方向发展。同样，如果人的精神存在出现问题，最基本的问题就是心理问题。二是道德和意识。这是人在与他人交往过程中逐渐发展起来的高级的心理状态，它表明的是个人与他人交往的精神能力。一个人道德生活的和谐和自我意识的平衡，是其精神处于良好状态的标志。三是审美意识和信念水平。这是个人精神存在的核心，表明的是人的精神发展所达到的高度，是人的自我认识的升华和境界。一个人在审美意识上所达到的水准，表明了他的精神发展所达到的程度，是人的自由所达到的状态。信念与理想相联系，信念如果不是理想的状态，就只能说是一种需求。正因为信念是理想的，才需要人们付出时间和汗水，那种即刻能够满足的需求只能说是欲望。对精神世界的向往和追求更体现了人的发展水准，其本质标志就是个人的信念水平。

班主任教育劳动的主要目的是育人，教育劳动的主要内容是关怀学生的精神生活、促进学生的精神成长。"精神关怀者"的角色很贴切地表达了班主任的劳动性质。对学生的"精神关怀"是以人为本教育的本质规定，是教育人性化的重要体现。它准确地反映了班主任教育劳动的性质：班主任所从事的是以心育心、以德育德、以人格育人格的精神劳动；班主任应具有对学生充满关怀、爱护的感情，以精神关怀培养学生的关怀精神。所以，"精神关怀者"体现了班主任教育劳动的性质和特点。

（二）班主任精神关怀的基本内容

"精神关怀"是班主任的首要任务和根本要求。班主任要全面地关心学生，但必须以对学生的精神关怀为核心。每一位老师都应当关怀学生的精神生活，班主任是学生的主要精神关怀者。从制度规定的班主任的职责说，班主任尤其要给学生以精神关怀。学生精神生活的丰富，生命价值的实现，永葆生命的活力，需要班主任深切地去关怀、去引导。

"精神关怀主要是关怀学生的心理生活、道德情操、审美情趣等方面及其成长与发展，即关怀他们的精神生活质量和精神成长；关怀他们当下精神生活状况和他们未来的精神发展。"[①]

1. 纵向上的班主任精神关怀

班主任的精神关怀从纵向上讲，包含着对学生的现实关怀和终极关怀两个维度。

（1）现实关怀

学生在学校学习、完成"社会化"的过程，为进入社会拓宽生存和发展的空间。班主任要切实转变教育观念和教育态度，对待学生要从对待物的方式转到对待人的方式。学生不是盛知识的容器，也不是盛美德的口袋，而是精神的主体、情感的主体，因此，对学生要以对待有思想、有感情的人的方式，给予真切的关心。班主任不仅要关心学生的学习成绩和生活状况，更重要的是关心他们的内心世界，关心他们的情感、情绪和精神生活。同时还要注重培养他们的学习能力、社会适应能力和自主创新能力。

---

① 班华，2004. 专业化：班主任持续发展的过程 [J]. 人民教育（15）：9-14.

（2）终极关怀

终极关怀是对现实关怀的超越和升华。作为"精神关怀者"的班主任，应当从对学生的现实关怀延伸到对学生的终极关怀。终极关怀的基本含义就是强调人应该具有完美的人格，高尚的心灵，应有理想、有信念、有信仰，能够真正地超越一切世俗功利的束缚，达到真善美的崇高人生境界。班主任不仅要关心学生当前的精神生活，关心他们当前的心灵自由和精神生活质量，而且要关心学生未来的发展，关心他们的升学、择业，选择什么样的发展方向，思考走什么样的生活道路更适合，能够使他们的心理潜能得到更充分的发挥。

2. 横向上的班主任精神关怀

班主任的精神关怀从横向上讲，体现在生命关怀和人文关怀两个方面。

（1）生命关怀

敬畏生命是精神关怀的伦理起点。关怀学生的核心是对学生生命的关注。关怀生命以提升个体的生命质量为宗旨，服务于个体的生命成长和发展，关注个体生命存在的价值，真正做到一切为了学生，为了一切学生，为了学生一切。生命是生活的基础，生活是生命的显现，离开生活的生命关怀是苍白无力的。关怀生命就应当关注生活，关注生活就是关爱生命。关怀生命就应当关心学生的幸福。教育的本质是服务。为学生的终身幸福服务，是教育的崇高使命和终极目的。著名教育家乌申斯基说得好："教育的主要目的在于使学生获得幸福，不能为任何不相干的利益而牺牲这种幸福，这一点当然是毋庸置疑的。"只有真正做到关怀生命、关注生活，提高学生的生命、生活质量，班主任工作才能增加亲和力，富有感染力。

（2）人文关怀

人文关怀是立足于人的尊严、独立、自由的个性，给人的生存和发展以关注，旨在提高人的生活质量，提升人生的意义和价值。人文关怀就是关注一切人，关注人的一切。班主任对学生的人文关怀，就是要坚持以学生为本，以学生的发展为本；就是要尊重学生的情感需要，立足于学生是一个知、情、意、行并重的生命个体，把学生培养成为一个思想完满、体格健全的人。从感性的层次来说，就是培养学生对他人的理解、尊重、爱护和容纳；从理性的层次来说，就是培养学生如何处理自己与社会及环境之间的关系。

二、班主任精神关怀的具体要求

精神关怀的内容很广泛，关心、理解、尊重、信任是班主任精神关怀的基本表现，也是学生基本的精神需求，因此，班主任应当在关心、理解、尊重、信任学生的过程中，注重学生的个体差异，关注学生的精神需求，唤醒学生的主体意识，促进学生的全面发展。

（一）尊重个体差异，培养兴趣特长

学生个体是有差异的。尊重学生的个体差异，采取有效的对策与方法，是班主任精神关怀的前提和基础。苏霍姆林斯基认为，最主要的是在每一个孩子身上发现最强的一面，找出他作为人发展根源的"机灵点"，做到使孩子能够充分地显示和发挥他的天赋素质，达到他年龄能达到的卓越成绩。教育成功的艺术在于善于察觉"学生的天赋"，发现学生的个体差异，以便确定其施展智力和创造力的领域。在班级教育过程中，班主任尊重学生的个体差异，主要表现在以下三个方面：一是关注学生个体差异，发现学生的特殊才能和"闪光点"，如人际交往的艺术、和谐相处的技能等方面的特点并予以针对性的培养和引导；二是对有不良行为倾向的学生和学习习惯不好、情绪不稳定的学生，帮助其分析原因，予以适当的帮助和矫正；三是帮助不同的学生找到"表现自己"的领域和方面，发现自己的长处，并且促成其达到某种"完善的高度"，让他们认识自我，树立自信心，让每个学生都能找到自己个性和才能发展的独特性和成长点，从而调动和引发学生内在的学习动力和兴趣。

（二）关注精神需求，追求崇高境界

人有物质层面和精神层面的生活，但是人生的本质并不在于物质生活，人的物质生活永远服从于一定的生活目的或意义。而精神又是在物质基础上产生的，不能离开物质只讲抽象的精神完善与超越。另一方面，虽然物质可以给人某些精神享受，但是又不是所有的物质享受都可以产生精神的作用，相反，过度的物质享受反而使越来越多的人失去了精神的家园。因为精神只能是教育的产物，只有从精神上进行关怀，才有可能产生教育效果，精神关怀是一种真正意义上的教育关怀。

现代社会的高度分工和市场经济的功利主义逻辑，使人过分以社会的需要来塑造自身，因此，教育不是成"人"的教育，而是成"才"、成"器"的教育。由于这种教育只教人掌握"何以为生"的本领，而放弃了引导受教育者对"为何而生"的思考，整个世界潮流就是强调技术知识教育，把发展的重点放在技术教育上，人文学科被边缘化，造成了人文精神的贫乏和人的内心的脆弱，社会能不断培育出技术精湛的工程师及各行业的专业人才，他们却未必见得能为整个社会发挥功能，他们未必能为社会负起必要的责任。青少年在此社会转型时期出现的道德失范、心理失衡等问题，本质上就是独尊技术知识教育、缺乏精神关怀教育的恶果。因此，只有将以工具价值为主体的技术教育与以学生需要为前提的精神关怀相结合，才能培养出新时期所需要的合格公民。班主任的精神关怀要引导学生实现从功利物欲到精神境界的升华，使学生执着于崇高、真诚和友善的精神追求。

（三）唤醒主体意识，启发道德自觉

学生主体意识的觉醒是学生提升思想品德境界和全面发展的重要前提。班主任对学生的精神关怀不只是向学生灌输一些思想道德方面的知识，或将一些外在的社会道德规范强加给学生，而是注重唤醒学生的主体意识，不断激发学生的主体发展欲望，使之自觉地将外在的社会规范、要求内化为自身的成长、发展需要，从而在内心获得一种提升境界、完善人生的动力。班主任的精神关怀体现在培养学生健康心理、丰富学生精神世界的过程中，也体现在帮助学生不断地过滤人格品质中那些依附性、被动性、狭隘性等消极因素，提高其品德修养和整体素质，启发其对学习和生活持一种积极参与和主动创造的态度。通过精神关怀，学生可以深刻地认识到，在与客观世界的关系中，充分发挥人的主观能动性，突出人的主体性是塑造独立人格的关键。因此，班主任要想实现对学生的精神关怀，就要充分发挥学生的主观能动性，给予学生更多的自由选择和创造机会。

　　班主任对学生的精神关怀能激发学生道德需要的丰富和发展，使学生通过自身德性的提升和完善来体验精神上的幸福感。随着社会的进步、物质生活的丰富和人类精神的提升，人们对于道德的需要已超越了原有的生存价值和功利价值层面，而上升到了精神价值层面，人们越来越以德性完善作为人生的最高目标，作为一种理想和信仰，把德性作为获得自我肯定、自我完善、自我发展的对象物，从各种道德的追求和道德活动中得到精神上的满足和享受，获得一种精神的超越。班主任的精神关怀就是要不断地提高学生对于道德的认识，不断地促进道德对于个体享用和发展功能的充分实现；就是要使学生从内心体验到，从道德中可以得到愉快、幸福与满足，得到自我的充分发展与自由，得到唯独人才拥有的一种最高享受。

　　（四）加强正确引导，促进全面发展

　　人有心灵和躯体两个层面。当一个人经常能够以精神为核心而达到心体合一的平衡状态时，他就是一个具有良好品格的人，也就是一个道德高尚的人。在良好品德的基础上，在充满爱心的心灵指引下，我们就能在个人成功欲和造福他人这个更高目标之间实现平衡。当心灵能够处于主体的位置上，躯体则处于对象的位置上，彼此以精神为核心而授受合一时，人的精神就能主宰躯体的本能欲望。同样，只要学生的品德高尚，与家人、同学和老师的关系良好，那么他们步入社会后，在进行知识、技能开发的时候，他们就拥有了对社会创造巨大利益的潜力。这种人不会纵容自己的个人野心去剥削他人，不会滥用公共资金或从事其他欺骗活动。不管人们是用双手或头脑来劳动，还是与人合作或共事，良好的品德都有助于对人类社会做出更为崇高的贡献。一位伟大的音乐家并不仅仅是一个在创造性表达方面技艺高超的人，而是一个能够用艺术振奋他人精神的人。因此，了解学生的精神需求，对其进行正确引导，实施精神的关怀至关重要。

　　班主任应当把精神关怀放在优先地位，应当更加重视精神的关怀和培育，这样才能使学生理智地使用自己所学的知识和技能造福社会、家庭和个人，成为全面发展的人，并能够以诚挚的感情对待他人，为他人负责。他们的行为表现出自我控制，因而能够拒绝诱惑，不顺从自私而行的冲动等。他们能够一贯地实践为他人负责的原则。他们的言行一致，能够按照自己的价值观而活，从而使其成为个人的美德。反过来看，一个品德不良的人其心不够坚强，无法坚定地站在主体的立场，由于缺乏自我控制力，这样的人使自己主体的欲望凌驾于良心之上，成为主体的奴隶。因此，提高学生的整体素质，促进学生的全面、和谐、协调发展，是班主任精神关怀的根本所在。

　　（资料来源：黄正平，2007. 精神关怀：班主任专业化的核心内容[J]. 苏州大学学报（哲学社会科学版）（5）：116-119. ）

三、班主任的权利

　　（一）享有普通公民和教师应有的一切权利

　　作为一名普通公民，班主任享有《中华人民共和国宪法》所赋予公民的一切权利，诸如平等权、政治权利与自由、宗教信仰自由、人身自由以及社会经济与文化教育方面的权利。妇女还享有与男子平等、同工同酬等权利。

　　作为一名教师，其权利在《中华人民共和国教师法》（2009 年修正）中有明确保障：

1）进行教育教学活动，开展教育教学改革和实验；

2）从事科学研究、学术交流，参加专业的学术团体，在学术活动中充分发表意见；

3）指导学生的学习和发展，评定学生的品行和学业成绩；

4）按时获取工资报酬，享受国家规定的福利待遇以及寒暑假期的带薪休假；

5）对学校教育教学、管理工作和教育行政部门的工作提出意见和建议，通过教职工代表大会或者其他形式，参与学校的民主管理；

6）参加进修或者其他方式的培训。

（二）班主任的特有权利

班主任所享有的权利体现在以下几方面。

1. 班级管理与教育的权利

管理班级、教育班级学生、引导学生健康成长，既是班主任的职责，也是班主任所享有的特定权利。管理班级与教育学生需要采取多种手段，班主任应以尊重学生、正面激励为主，但针对现实中因对"尊重学生、维护学生权利"的误解而产生的教师尤其是班主任不敢管学生、不敢批评教育学生、放任学生的现象，《中小学班主任工作规定》还特别强调，"班主任在日常教育教学管理中，有采取适当方式对学生进行批评教育的权利"。

2. 参与学校管理的权利

班主任是由学校选聘的，必须接受学校的管理，遵守学校的规章制度。同时，他们又分担着学校的教育责任，是学校教育第一线的骨干力量，是学校教育工作最基层的组织者和协调者。也正因为班主任与学生联系最紧密、最了解学生的发展需求，他们不仅有权依据《中华人民共和国教师法》对学校教育教学、管理工作和教育行政部门的工作提出意见和建议，而且他们的意见和建议能更多地反映学生及家长的心声。因此，"学校在教育管理工作中应充分发挥班主任的骨干作用，注重听取班主任意见"（《中小学班主任工作规定》），班主任也要尊重自己的权利，积极参与学校的民主管理，成为班级学生的"代言人"。

3. 进修、培训的权利

每一位教师都享有参加进修、培训的权利，但是，以往班主任得以进修、培训的机会与平台却很少。《中小学班主任工作规定》指出，"教育行政部门和学校应制订班主任培养培训规划，有组织地开展班主任岗位培训"。"教师初次担任班主任应接受岗前培训"，"教师教育机构应承担班主任培训任务，教育硕士专业学位教育中应设立中小学班主任工作培养方向"。实际上，2006年8月，教育部就正式启动了全国中小学班主任培训计划，规定从同年12月起建立中小学班主任岗位培训制度，而且培训要坚持以各级政府财政投入为主，多渠道筹措中小学班主任培训经费，要设立中小学班主任培训专项经费，不得向教师个人收取培训经费。这些都意味着班主任的进修、培训权利从此得到了政府的有力支持。

4. 享有公正报酬与待遇的权利

《教育部关于进一步加强中小学班主任工作的意见》指出："要提高中小学班主任的地位和待遇。班主任工作是中小学教育中特殊重要的岗位，中小学校要在教师中营造以从事班主任工作为荣的氛围。要将班主任工作记入工作量，并提高班主任工作量的权重。各地要根据实际，努力改善班主任的待遇，完善津贴发放办法。要适当安排班主任的教学任务，使他们既能上好课又能做好班主任工作。"《中小学班主任工作规定》则具体对班主任应享有的工作报酬、待遇与奖励予以了明确："班主任工作量按当地教师标准课时工作量的一半计入教师基本工作量。各地要合理安排班主任的课时工作量，确保班主任做好班级管理工作。""班主任津贴纳入绩效工资管理。在绩效工资分配中要向班主任倾斜。对于班主任承担超课时工作量的，以超课时补贴发放班主任津贴。""教育行政部门建立科学的班主任工作评价体系和奖惩制度。对长期从事班主任工作或在班主任岗位上做出突出贡献的教师定期予以表彰奖励。选拔学校管理干部应优先考虑长期从事班主任工作的优秀班主任。"

资料链接

《中小学班主任工作规定》（节选）

（教育部 2009 年 8 月颁布）

第四章 待遇与权利

第十三条 学校在教育管理工作中应充分发挥班主任的骨干作用，注重听取班主任意见。

第十四条 班主任工作量按当地教师标准课时工作量的一半计入教师基本工作量。各地要合理安排班主任的课时工作量，确保班主任做好班级管理工作。

第十五条 班主任津贴纳入绩效工资管理。在绩效工资分配中要向班主任倾斜。对于班主任承担超课时工作量的，以超课时补贴发放班主任津贴。

第十六条 班主任在日常教育教学管理中，有采取适当方式对学生进行批评教育的权利。

第五章 培养与培训

第十七条 教育行政部门和学校应制订班主任培养培训规划，有组织地开展班主任岗位培训。

第十八条 教师教育机构应承担班主任培训任务，教育硕士专业学位教育中应设立中小学班主任工作培养方向。

（资料来源：中华人民共和国教育部，2009. 教育部关于印发《中小学班主任工作规定》的通知［EB/OL］.（2009-08-12）［2020-10-26］. http://old.moe.gov.cn/publicfiles/business/htmlfiles/moe/moe_2800/201001/xxgk_81878.html. ）

第二节 班主任的素养

一、班主任的基本素养

《中小学班主任工作规定》要求，选聘班主任应当在教师任职条件的基础上突出考查以下条件：①作风正派，心理健康，为人师表；②热爱学生，善于与学生、学生家长及其他任课教师沟通；③爱岗敬业，具有较强的教育引导和组织管理能力。

班主任首先是一名教师，必须具备做一名教师的基本素养。另外，班主任不仅是普通教师，还是班级的组织者，是班级管理的主要负责人。由于其工作的重要性和专业性，班主任迫切需要提升自身的素养。

综合来看，班主任的基本素养大致归结为以下几个方面。

（一）班主任的政治、思想和道德素养

1. 政治素养

政治素养反映在班主任的政治方向、政治态度、政治立场上。在以经济建设为中心的社会主义建设中，班主任承担着教育和管理新一代社会主义事业接班人的重任，只有具备了较高的政治素养，才能认真执行党和国家的政治路线、方针政策，把学生培养成为社会主义事业的合格接班人。

2. 思想素养

思想素养反映在班主任的人生观、世界观、价值观和方法论上。中华优秀传统文化源远流长、博大精深，是中华文明的智慧结晶，其中蕴含的天下为公、民为邦本、为政以德、革故鼎新、任人唯贤、天人合一、自强不息、厚德载物、讲信修睦、亲仁善邻等，是中国人民在长期生产生活中积累的宇宙观、天下观、社会观、道德观的重要体现，同科学社会主义价值观主张具有高度契合性。班主任要具备爱国主义精神和民族自豪感，坚定文化自信，要明确自己的社会责任，具有坚持真理、勇于为人民服务的献身精神。良好的思想素养能够激发班主任的工作热情，使之积极投身于教育事业。

3. 道德素养

道德素养反映在道德认识、道德情感、道德意志和道德行为上。班主任的道德素养集中体现在班主任的职业道德上。班主任只有对自己的本职工作的重要性、工作对象和工作内容有深刻的理解和认识，才能产生强烈的责任感，进而在班级管理的实践中做到为人师表、以身作则、热爱学生、诲人不倦，才能像人民教育家陶行知所说的那样，捧着一颗心来，不带半根草去，才能有较大的人格魅力。

（二）班主任的文化知识素养

1. 扎实的专业知识

班主任要业务精，应该是一个响当当的任课教师，这样学生才能信其道，更尊其师。班主任要主动建构新型的知识结构，因为学生总是喜欢业务知识丰富、教学能力强的教师来担任班主任。班主任如果能把自己所担任的课教得生动活泼、引人入胜，就会得到学生的尊敬和信任。因此，班主任对教学专业知识和管理学知识要有深入的研究和领悟，以便高屋建瓴、深入浅出地教育和管理学生。

2. 丰富的一般文化知识

苏霍姆林斯基强调："你的知识、你的求知渴望和阅读爱好，就是你个性教育力量的强大源泉。"[①] 班主任要不断提高自身的文化修养，当今的学生思维开阔、求知欲强、涉猎广泛。班主任必须应对学生的知识水平和范围的挑战，不断丰富自己的一般文化知识，努力成为百科全书式的、博学型教师。

3. 实用的教育学、心理学和管理学知识

班主任要有较高的教育理论素养。教育学和心理学都是与学校教育工作密切相关的

---

① B. A. 苏霍姆林斯基，1981. 给教师的一百条建议 [M]. 周蕖，王义高，等译. 天津：天津人民出版社：161.

实用学科，班主任要善于把教育学、心理学和管理学的理论知识应用到班级教育和班级管理中。只有对教育学、心理学和管理学的有关理论知识进行深入的理解和掌握，才能在自己的教育、教学和管理实践中，自觉地遵循和运用教育、心理和管理的规律，也才能取得最佳的教育、教学和管理效果，促进学生的全面发展和个性发展的统一。

（三）班主任的能力素养

1. 组织和管理班级的能力

班级组织和管理能力体现了班主任作为一个班级的组织者和领导者所应具备的能力素养。班级组织和管理能力包括计划能力、组织实施能力、常规管理能力、开展活动能力、思想工作能力、判断能力、指导能力以及协调能力。班主任是班级管理的总导演，必须有能力组织和指导班级的各项活动。这就要求班主任认真学习关于管理科学的理论知识，特别是班级管理的基本原理，并把管理的理论知识转化为班级管理的能力。

2. 观察和了解学生的能力

班主任对自己的工作对象了解和研究的深入程度决定着管理工作的成效，班主任要善于从学生日常行为的偶然、细微表现中发现学生的个性特点和本质，善于洞察学生的思想，全面掌握学生的学习和生活情况。班主任如果能及时观察学生的思想动向，发现学生的问题，也就等于掌握了教育和管理学生的契机。要观察和了解学生，要求班主任时时做有心人，掌握科学观察的方法和技能，真正掌握班级教育和班级管理的主动权。

如果班主任在观察、了解学生的基础上，能够更好地理解学生，不过于看重"成人"的架子或教师的"尊严"，与学生形成亦师亦友的多重关系，班主任的管理与教育就会更加贴近学生，赢得学生的主动参与和支持。

3. 创新能力和表达能力

班主任工作的艺术性在于班主任工作是一项具有很强创造性的活动。班主任要针对班级实际情况，灵活地运用教育和管理规律，创造性地组织班级各项教育和管理活动，使班级具有自己的特色。班主任需要高超的语言表达能力，包括口头语言表达能力和书面语言表达能力，成为班级管理的语言大师。班主任的语言要言之有物、用语恰当、简洁明了、形象生动、引人入胜，以提高班级管理的效果。

（四）班主任的身心素养

1. 强健的身体素质

身体是工作的前提条件，班主任作为一个班级的组织者和管理，既要对学校领导负责，又要管理好几十名学生，不仅要与学校各部门和人员联系、协调，还要与校外各种组织、机构和人员联系和交往。面对如此繁重的教育、教学和管理任务，班主任必须具备良好的身体素质。为此，班主任不但要加强体育锻炼，提高身体素质，而且要加强营养，注意饮食卫生，还要注意适当休息，培养乐观、向上、豁达的心理。

2. 良好的心理素质

班主任的心理健康对学生的心理健康具有积极的促进作用和榜样示范作用。班主任要有广泛的兴趣，一切有效的工作往往都需要以某种兴趣为先决条件；班主任要有顽强的意志品质，面对困难和挫折，要不畏艰辛，克服困难；班主任也要有良好的性格，在与学生的交往中，运用人格魅力潜移默化地影响学生；班主任还要善于自我调节，关爱自己，防止过度劳累，在心理压力大和心理失调的情况下，善于控制自己的冲动、经营自己的情绪，有自我教育、自我约束的能力，掌握科学的心理调节方法，做到自我激励。

二、班主任素养相关论述与研究

班主任素养是众多学者关注的热点问题，除了以上比较全面、系统的论述外，不同学者从不同角度、不同理论基础出发，提出了很多关于班主任素养的独特观点。

有学者力求在班主任这一特殊角色要求上有所突破，指出班主任不仅要具备作为一个合格教师的专业素养，还要具备从事班级管理所需要的专业素养。其中，作为一个专业化的管理者的素养包括以下两个方面。

1）管理者的一般素质包括掌握管理理论和形成管理能力，后者又具体包括领导能力、交流与交往能力、应变能力、信息能力、研究管理的能力。

2）班级管理者的特殊素质包括人文素养和个性素养。人文素养具体包括对人类史的深刻了解、对人类精神发展的深刻了解、对个体的身心发展的深刻了解及自身要拥有博大的情怀；个性素养则概括为情感丰富、沉稳理性。

有研究者借鉴管理学的胜任特征理论和研究方法来探讨班主任的素养，得出以下结论。

1）优秀班主任的胜任特征模型中人格特质优异，即优秀班主任的人际关系、责任感、独立性、自律性、敢为性等正向人格特质都较一般者更优秀；同时，优秀班主任的心理健康水平高。

2）在职业兴趣特征方面，具备胜任特征的优秀班主任在社会型、企业型和艺术型维度得分较高，表明优秀班主任具备较强的班级管理和艺术活动组织能力；同时还拥有研究能力、人际交往能力和处理具体事务及从事技术性工作的能力。

3）班主任胜任特征模型中智能特征包括五大因素：知识技能、个人效能、成就欲、组织管理、人际关系。教龄、学历、职称对班主任教师胜任特征也有一定影响。

有学者对小学优秀班主任的素质结构进行了实证研究，发现小学优秀班主任素质可分为五个方面。

1）人际交往倾向：包括尊重他人、宽容性、换位思考、耐心、合作精神、公平公正和诚实正直。

2）个性魅力：包括上进心、自信心、情绪稳定、兴趣广泛、责任心、爱岗敬业和公德意识。

3）团队管理能力：包括组织能力、激励能力、协调能力、选人育人能力、因材施教能力、计划能力、说服能力和情绪觉察能力。

4）认知能力：包括理解能力、信息搜寻能力、灵活性、反思能力和创造能力。

5）知识经验：包括教育理论知识、教育信念和经验性知识。

该研究还发现，耐心、责任心、情绪觉察能力、诚实正直、兴趣广泛等项目是相关的中学班主任实证研究中所没有的，这显示了小学班主任需要具有与中学班主任不同的素质。

著名班主任李镇西老师通过自身25年的班主任工作实践提出："优秀的班主任，应该具备童心、爱心和责任心：童心使我们能够和孩子融为一体，爱心使我们能'把整个心灵献给孩子'（苏霍姆林斯基），而责任心则能使我们站在人生和时代的高度，着眼于儿童的未来、社会的未来，培养出'追求真理的真人'（陶行知）。同时，优秀班主任还应该是'专家''思想家'和'心理学家'——这里，我之所以将这三个称谓都加上引号，是想表明并强调，也许我们的班主任一辈子都成不了真正意义上的专家、思想家和心理学家，但这不妨碍我们给自己的事业定一个终生努力的奋斗目标：专家，能够使我们在学科教学或其他专业技能上（而不仅仅是单纯的道德上）征服学生的心，并给他们以积极的影响；思想家，能够使我们随时反思自己的工作并以鲜活的思想点燃学生思考的火炬；心理学家，能够使我们不知不觉走进学生的心灵，同时让学生不知不觉向我们打开心灵的大门。"[①] 看得出，李老师不仅提出了班主任的关键素养，还对班主任的素养层次进行了区别。

好老师没有统一的模式，可以各有千秋、各显身手，但有一些共同的、必不可少的特质，即要有"理想信念、道德情操、扎实学识、仁爱之心"。这一"四有"好老师的标准要求，为思考班主任素养提供了重要指导。

🔗 **资料链接**

班主任核心素养的构建

班主任核心素养构建的价值前提是以人为本的教育理念，要把学生身心发展作为一切教育工作的出发点，学校其他工作都应服从和服务于人才培养目标。为此，需要从以下四个方面构建班主任的核心素养。

1. 领袖型人格

在教育观念和教育关系改变的同时，班主任的角色内容从事务性工作回归到关注学生发展、主动引领学生发展的专业化发展道路上。班主任不应再是班级事务性工作的亲力亲为者，而应该成为班级学生发展和班集体建设的引领者，为此，班主任需要具备领袖型人格，善于团结各种教育力量，包括学校与社区、学生、家长、学科教师和学校管理团队等，共同为学生发展创设条件。班主任自身可能未必全知全能，但要善于进行人与人之间的沟通与合作，要有大局意识和全局意识，能站在教育的高度，从学生终身发展的角度，看待学生发展过程中遇到的各种问题，帮助学生化解各种矛盾和问题；善于审时度势，恰当处理各种突发事件和问题。

2. 学习型品质

班主任工作对象的多样性、工作性质的不确定性、社会环境的复杂性，决定了班主任必须始终把自己定位为学习者，不断向书本学习、向同行学习、向学生学习，更重要的是在班级教育实践中学习，使自己成为班级教育与管理的行家里手。班主任面对的虽然是一个班级的学生，但背后却受到复杂的家庭因素、社会因素的影响，尤其是在互联网时代，学生所受到的影响是良莠不齐的，也是难以掌控的。为此，班主任要不断提高自己的媒体素养，指导学生学会学习、学会选择。在教育内容上，班主任应从仅仅关注

---

① 李镇西，2008. 做最好的班主任［M］. 桂林：漓江出版社：31-32.

学科教学以及班级的事务性工作，拓展到思考社会人生、关注人性以及人的全面发展，不断拓展自己的教育视野，实现从教书匠到教育家的转变。

3. 课程开发者

同学科教学资源的开发一样，班主任应树立课程开发意识，站在班级教育工作的角度，自觉成为班级教育课程的开发者。例如，有的班主任长期做班会课的课程资源开发，将高中三年的班会课进行主题化、系列化的建设；有的班主任则注重班级活动、班级文化的建设，并自觉将之纳入学校德育课程体系中。善于整合利用各种教育资源，意味着班主任要自觉地成为研究型人才，从学校行政管理体制下的被动执行者转变为班级教育的主动建设者和学生发展的引领者。

4. 教育家情怀

同知识能力相比，未来班主任最需要培养的是教育家情怀，包括对教育本质的深入理解，对教育事业的热爱，对学生的理解、尊重与关爱，以及对自己教育理想信念的坚守。在此基础上产生的教育信念，可以激发班主任极大的工作热情，使他们全身心地投入这项平凡而伟大的事业中，进而将自身的潜能、学生的潜质，以及教育的作用充分发挥出来，使教育事业焕发其应有的人性魅力，进而丰富和充盈教师的教育人生。

总之，上述对未来班级的发展走向和班主任核心素养的构建，并不是空穴来风，而是建立在现实层面一些好的经验和做法的基础上的，包括国外一些学校和班级的做法。这些做法代表了未来班级的发展走向，是对当下升学主义取向的教育现实和班主任一人负责制弊端的有益克服和消解，为我们呈现了未来班级发展与变革的可能空间。

（资料来源：齐学红，2017. 未来班级发展走向与班主任核心素养构建［J］. 教育科学研究（2）：19-21，30.）

思考与探究

1. 班主任的工作职责有哪些？
2. 试分析班主任的地位和作用。
3. 你认为班主任的基本素养包括哪些？
4. 谁是你的重要他人？请按重要程度列出 3~5 人，并写明理由。

第三章　了解与研究学生

学习目标

1. 理解全面了解学生的意义、原则，掌握全面了解学生的内容。
2. 掌握全面了解学生的途径与方法。
3. 了解小学生的一般特点，能够根据小学分阶段学生特点开展学生管理工作。

教育对学生的身心发展起主导作用，而教育学生是以认识学生为基础的。小学生已经进入儿童期，其生理、心理及学习特点相对于幼儿期有了变化。小学生在生理发展上处于相对平稳的时期，而在心理上则发生了巨大的变化。因此，小学班主任必须掌握了解学生的方法，认识学生的发展特点，才能有的放矢地对学生进行教育。

小学班主任的工作对象是一群天真烂漫、充满朝气、正在成长的孩子，要想做好班主任工作，管理和教育好学生，首先必须了解学生，这是班主任成功教育学生的前提条件。

第一节　全面了解学生的意义、原则和内容

班主任要完成教育培养学生的任务，必须全面了解学生，不仅要了解影响学生成长的外部条件，还要了解影响学生成长的内部因素。只有了解学生，才能分析学生，根据学生的特点加以正确引导，进行有的放矢的教育。

一、全面了解学生的意义

全面了解学生，对班主任做好班级工作、建立良好的师生关系具有重要的意义。这是班主任工作的基石。一方面，班主任通过全面了解学生，掌握学生知、情、意、行的丰富素材，可以对自己制订和实施的工作计划获得及时的反馈；另一方面，班主任在了解学生的过程中向学生学习，可以不断丰富自己的教育经验和人生阅历。因此，全面了解学生的过程，也是班主任不断自我完善的过程。

（一）有效进行班级管理的基础

班级管理必须建立在对全班学生全面而深入的了解之上。如果班主任忽略了这一点，在进行班级管理时不能根据自己班级学生的特点采取适当的管理策略与方法，只盲目地套用别人的管理方法，不可能取得预期的效果。因此，班主任要想对班级实施有效的管理，就必须全面而深入地了解学生，并根据了解到的学生信息，采取有针对性的管理策略与方法，使班级管理取得较好的效果。

（二）制定科学合理的班级教育目标的前提

班级教育目标的制定必须建立在对班级学生的准确认知和把握之上。只有根据学生实际情况制定的班级教育目标，才是有针对性的，才是科学合理的，也才能够最终得以实现。要做到这一点，离不开对学生全面而深入的了解。

（三）有效开展班级活动的需要

班主任必须根据学生的实际情况组织开展班级活动，并且要顾及学生的兴趣、爱好，发挥班里学生的特长。只有这样，学生才乐于参与其中，活动才能够有效地开展，达到预期的目的。这就要求班主任全面而深入地了解学生的个性、兴趣、爱好、特长，以便更好地组织班级活动。

（四）对学生进行个别教育的必然要求

班主任要面对各种各样的学生：有性格外向的，有性格内向的；有学习成绩好的，有学习成绩不好的；有家庭条件优越的，有家庭条件困难的；等等。要对不同家庭背景的学生进行教育培养，离不开对学生全面、深入的了解。这是对学生进行个别教育的必然要求，也是对学生进行个别教育的基础与前提。

二、全面了解学生的原则

班主任真正全面、深入了解班级和每个学生是不容易的。如果事先没有明确的目的，没有正确的指导思想，或与学生的关系不融洽，没有一定的教育科学和心理科学的素养，即使天天与学生待在一起，也很难真正认识学生，更谈不上科学地研究学生。班主任要真正做到全面深入地认识学生、科学地研究学生，必须重视以下几个原则。

（一）教育性原则

教育性原则是指认识学生是为了采取正确的教育方法教育学生，更好地指导学生发展。班主任在获得了学生各方面的内容与信息后，要进行科学分析，不能把认识的目的放在"分类""贴标签""抓把柄"上，这样会极大地挫伤学生的自尊心，陷入教育的误区。

（二）全面性原则

全面性原则是指班主任对学生既要有全面的认识，又要把全体学生作为认识的对象。全面地了解和研究学生，应该包括学生的各个方面：既要了解学生的学习，还要了解学生的思想情感；既要了解学生在校的表现，还要了解学生在家庭、社会上的表现；既要了解学生个人的情况，还要了解、研究学生和学生之间、学生与班级之间的关系等方面的情况。全面认识学生，就要了解所有的学生，因此，班主任不仅要了解骨干学生，也要了解一般的学生；不仅要了解各方面表现好的学生，也要了解某一方面表现弱的学生。要"抓两头，带中间"，面向全体学生，方能收到好的效果。

（三）发展性原则

发展性原则是指班主任要用动态的眼光来看待学生，不能把学生固定在目前仅有的状态中。班主任要树立"人人都能成才"的观念，以发展的眼光去评价学生，充分肯定学生的优点，正确对待学生的缺点，不能因为学生一时的落后或者犯错，就把学生贴上"差生"或者"坏学生"的标签，用另类的眼光看待；要相信每个学生都有发展的潜力，研究每个学生的特点，关心学生，爱护学生，促进学生身心的健康发展。

（四）经常性原则

经常性原则是指班主任了解学生不能一劳永逸，要经常地了解和研究学生，将学生在各个时期的表现记录下来，并对其进行分析，了解其发展变化的方向，做好学生的教育工作。

（五）及时性原则

及时性原则是指在新学期开始或发生偶发事件后，班主任应在尽可能短的时间内，对学生或事情的来龙去脉有个整体把握，并在此基础上进行分析，找到解决问题的方法。及时了解学生，要善于捕捉征兆，发现苗头，防微杜渐。班主任只有及时了解学生的情况，才能更有针对性地进行教育，班主任工作才会收到事半功倍的效果。

三、全面了解学生的内容

（一）整体与个体视角

1. 了解学生个体

班主任的工作对象是学生，这些学生不是花名册上的一行字或一个号码，而是一个个鲜活的生命，一个个具有独特个性的人。班主任应牢记苏霍姆林斯基的告诫——"记住，没有也不可能有抽象的学生"，"没有抽象的学生可以对之机械地搬用一切教学和教育的规律"。班主任要了解每一个学生，"会正确地判断每个学生当前在哪方面有才能，今后他的智力怎样发展，这是教育才智中极为重要的部分"[①]。

2. 了解班级整体

班主任在了解每个学生的独特性的同时，还应了解班级学生的共同或趋同之处，以便预测班级的发展趋势、确定班集体形成的目标和计划。对于继任班主任来说，了解班级整体发展状况是找到工作切入点的前提。

（二）全面发展视角

班主任要促进学生的全面成长，就必须全面地了解班级学生，主要包括以下几个方面。

1）了解自然状况：包括学生的性别及班级性别构成，学生的身高、体重及整体达标水平，学生的家庭住址、家庭背景及社区整体状况等。

2）了解学习状况：包括学生的学习经历、学习兴趣、学习风格、学习习惯及学习成

---

① B. A. 苏霍姆林斯基，1981. 给教师的一百条建议［M］. 周蕖，王义高，等译. 天津：天津人民出版社：21-22.

绩等。

3）了解品德状况：包括每个学生对己、对人、对事的态度及其行为习惯，学生的集体意识和班级舆论导向等。

4）了解身体状况：包括学生的体质、视力、有无特殊疾病等。

5）了解学生和班级的成长历程。

第二节 了解研究学生的途径和方法

一、全面了解学生的途径

作为班主任，只有掌握科学合理的方法，才能全面而深入地了解学生，达到事半功倍的效果。那么，全面深入了解学生有哪些途径呢？一般地说，有以下几种途径。

（一）通过学生入学档案初步了解学生

学生入学档案详细地记载着学生的家庭背景和前一个阶段德、智、体等方面的基本情况，反映出一个学生的基本面貌和发展趋势，这对班主任了解学生很有帮助。每年暑假期间，学校会把当年所招学生的档案交给班主任，以利于班主任对学生的前期了解。班主任要充分利用这些入学档案，做到"未见其人，先知其情"，为开学以后进一步了解学生、开展班级工作打好基础。

（二）通过学生的介绍进一步了解学生

通过入学档案初步了解学生的基本情况之后，班主任还可以通过学生的介绍进一步了解学生，这包括介绍自己、书写简历以及同桌介绍等。

1. 介绍自己

让学生介绍自己具有直接、快速等特点，可以在较短的时间里较快地了解学生。让学生介绍自己，可以采取灵活多变的形式，比如可以通过同学互猜的形式，让同学撰写介绍自己特征的短文，然后在班级里交流，让大家猜猜他是谁。这种做法不仅能够达到了解学生的目的，而且有利于锻炼学生当众发表自己观点的能力，还可以从中发现学生的特长，为班级建设储备资源，可谓一举数得。

2. 书写简历

让学生书写简历也是迅速、直接了解学生的方法。大多数学生是愿意向班主任介绍自己的。可以没有任何要求地让学生自己填写简历，也可以让学生填写设定了项目的表格。

3. 同桌介绍

在学生的日常生活和学习中，同桌之间的了解往往比较多。所以，班主任可以借助同桌的介绍，丰富对学生的了解。有两点需要注意：一是要限定时间，有些学生说起来可能刹不住车，所以要限定时间，一般以 3 分钟为限，这也有利于训练学生简洁地表达自己的观点的能力；二是明确内容，要求优缺点并重，既赞美优点，又提出缺点，这有利于双方的共同进步。

（三）通过平时的观察不断了解学生

在平时的管理中观察学生的生活和学习，是班主任了解学生的基本途径。班主任应多下寝室，多进教室。下寝室可了解学生的生活条件、生活习惯和卫生习惯，可通过仔细观察每个学生床上用品的摆放和床旁墙上的装饰，发现学生的审美情趣和某些个性特征；经常进教室观察每个学生的学习情况，可了解学生的学习习惯和学习方法。观察学生的课外活动，可以了解学生的兴趣爱好；观察学生的人际关系，可以了解学生的个性心理特征。

（四）通过开展集体活动多角度了解学生

班主任要积极组织各种有益的集体活动，如义务劳动、主题班会、联欢会、郊游，以及各类学习、文体比赛等，引导学生充分地表现自我、发现自我，从中了解学生的特点。例如，让学生自己组织新年晚会，可以发现有音乐和表演方面特长的学生，也可以发现有组织能力、协调能力的学生。更重要的是，某些学困生往往能在集体活动中表现出闪光点；某些性格内向的学生能够在集体活动中一鸣惊人，从而增强自信心。

（五）通过与学生交谈直接了解学生

班主任要善于抓住时机通过交谈去了解学生，可与学生闲谈、个别谈话，还可采用座谈会等方式，了解学生的思想，以弥补表象观察的不足。通过谈话了解学生，要根据学生不同的性格特点，选择合适的谈话地点和谈话时间，采取不同的谈话方式。对性格外向的学生，可以开门见山，直奔主题进行谈话；对性格内向的学生，则要先消除他的紧张情绪，通过诱导一步一步地引到谈话主题上来。在谈话的时候，一定要多给学生表达的机会，不要只批评不鼓励，否则，不仅不能达到了解学生的目的，反而会给学生造成伤害。

（六）通过任课教师广泛了解学生

在学习方面，任课教师比较熟悉学生的情况，如学习态度、学习成绩以及语言表达能力等。由于任课教师不是学生直接的管理者，一些学生可能更愿意把自己的一些特殊情况告诉任课教师。因此，班主任要主动与任课教师联系，了解班级学生的情况。只有这样，才能更加广泛地了解学生，也才能发挥教师整体力量的作用。

（七）通过班干部深入了解学生

班干部对班级情况最熟悉，因为他们本身是学生，与同学接触密切，甚至知道许多同学间细小的事情。出于责任心，他们往往也会毫无保留地把自己知道的情况告诉班主任，这有利于班主任及时发现一些隐患，采取针对性的措施及早解决。要注意的是，班主任通过班干部了解学生情况时，切忌只听一面之词，应该通过其他的途径对所反映的情况加以核实，然后再采取相应的措施。

（八）通过家访和家长会全面了解学生

学生的行为方式总是带有家庭的印记。家访是班主任了解学生成长背景的重要途径，也是班主任了解学生众多行为表现的重要途径。在家访时，班主任可以了解家长的教养方式、待人接物的方式、家庭环境以及学生在家庭中的表现等。家访可以采取直接登门拜访的方式，也可以采用信函、电话等方式进行。家长会的一般做法是：班主任向学生家长汇报学生在学校中的表现，以及对家长如何配合学校对孩子进行教育提出一定的要求。现在的学生家长大多工作十分繁忙，极少有时间到学校向教师了解或反映自己孩子的情况。因此，班主任要抓住家长会这个与众多学生家长接触的机会，尽可能地从家长那里了解学生的情况，使家长会变成一个双向了解的平台。

（九）通过学生的周记了解学生

学生的性格是不一样的，有些人善于将自己的想法说出来，而有些人却善于写出来。因此，班主任还可采取让学生写周记的形式，让学生畅所欲言。周记不讲求形式，不规定篇幅长短，想写什么就写什么。通过周记，班主任可以了解学生近期的情绪和思想活动，随时与之沟通；学生也可体会到班主任对他们的关心，知道班主任在时刻关注着他们的成长。

（十）通过网络平台了解学生

现在，很多学校为班级和教师搭建了网络平台，很多班级建立了班级微信群或 QQ 群。相对于面对面的交流，网络交流平台避免了谈论某些话题时的尴尬，学生也更愿意通过这种方式与教师进行交流，这就为班主任了解学生打开了一扇窗口。与此同时，班主任可以把自己想了解的内容挂在班级博客或论坛上供同学们讨论；家长也可以利用这些平台，加强与班主任的交流。班主任应该充分利用网络平台，及时了解学生的行为与思想，并进行恰当的反馈与指导。

二、深入研究学生的方法

没有了解就无从教育，方法正确事半功倍，方法错误事与愿违。班主任认识学生虽无定法之说，但有方法可依。

（一）观察法

观察法是指班主任在自然状态下，有目的、有计划地对学生进行考查的一种方法。观察法是班主任认识学生的一种最常用的基本方法。班主任要有目的、有计划、有重点地观察学生，既要善于在课堂上观察学生，还要在课外活动中仔细地观察学生。为了准确地获得学生的信息，班主任需要经常、反复地观察学生，综合分析学生在不同场合的不同表现，做到系统、全面、客观。

（二）谈话法

谈话法是班主任根据一定的目的要求，通过与学生交谈获得信息的一种方法。班主任可以通过谈话法深入了解学生的思想和个性，弥补观察的不足。跟学生的谈话方式有多种，无论哪一种形式，在谈话前，班主任都要做好充分准备，对谈话的目的、内容、方式、时间、地点以及如何开头等都要心中有数。在谈话时，班主任要创造和谐、轻松的气氛，消除学生拘束、紧张的情绪，使学生愿意与老师谈心、交心。谈话还要照顾学生的年龄特点和个性特征，对不同的学生要采用不同的谈话方式。

（三）书面材料分析法

书面材料分析法是指班主任根据反映学生情况的各种书面材料来了解学生的过去及目前表现的一种方法。书面材料包括两部分：一是记载学生个人情况的登记表、统计表，主要有学生的入学登记表、学籍卡片、学生手册、班级日志等；二是反映学生在校内外活动情况的日记、作文、作业、试卷等。研究书面材料可了解学生的知识水平、思想道德、健康状况、兴趣爱好以及人际关系等情况，是一种比较全面地、深入地了解学生集体和个人的常用方法。例如，通过查看学生的作文、周记，不仅可以了解学生的语文水平，而且可以了解学生的内心想法和思想状况。

资料链接

怎样才能了解学生

班主任要走近学生，触摸到儿童的心灵世界，就必须首先了解学生，熟悉他们的心理需求，并时刻关注他们的心理动态，这样，学生才会不断地走近你，响应你。卢梭在《爱弥儿》一书中写道："你必须好好地了解你的学生之后，才能对他说第一句话。"那么，如何才能了解学生呢？

1. 注意观察

观察是了解学生的重要手段。

对于小李同学，班主任李老师刚开始时很不喜欢他，无论是学习成绩还是衣着、举止，小李几乎没有一个地方让李老师喜欢。

每天小李都是气喘吁吁地最后一个跑进教室，头发乱蓬蓬的，脸也不洗，纽扣经常系错。这哪里像四年级的学生？最可气的是，一放学，他比谁都溜得快，也不知道他在忙些什么。他的学习就更别提了，考试大多是十几分，那还是靠选择题和判断题瞎蒙的。

有一件事情让李老师哭笑不得。班里选举时，李老师发下了选票，要求每个学生选出五个有能力、负责任的班干部，可小李竟然连写了五个自己的名字。李老师很生气："你可以毛遂自荐，可总不能班长、副班长、学习委员、劳动委员都由你一个人包办，你干得了吗？简直胡闹！"小李低着头任老师训斥，好半天才蚊子哼哼似的说："老师，不是这样，我想选别人，可是……他们的名字……我不会写。"居然有这样的学生，李老师真拿他没办法。

但是，后来发生的几件事情，却让李老师改变了对小李的看法。

一个冬天的下午，天寒地冻，冷得出奇。同学们大扫除，谁都不愿意脱下厚厚的手套去洒水，于是就用扫帚蘸着水洒，但这样"蜻蜓点水"根本不管用，教室里尘土飞扬。

这时小李走过来，脱了手套，很快把水洒完了。望着他冻得通红的双手，李老师内心禁不住热乎乎的。

还有一天，外面下着大雪。小李的同桌受了凉，不小心吐了一地。同学们纷纷捂住鼻子，躲到一旁。但是小李赶紧脱下自己的小袄，毫不犹豫地披在同桌身上，然后找来扫帚和簸箕，三两下就扫尽了地上的脏物。他做得那么从容，一点儿没有厌恶的表情。

多好的孩子啊！从此李老师对他的态度变了。通过家访李老师得知：小李的大伯前些年患了偏瘫，因为他膝下无儿无女，一直是小李端茶送水，日日照顾，因此小李每天上学都要晚来早走。想不到，这个一向让老师看不起的学生，竟然有着一颗如此纯洁而美好的心灵！

每个孩子都是向善的，即使再"差"的学生，他们也有潜在的美的特质，需要我们去及时捕捉。如果我们俯下身来，也许会发现一个十分精彩的世界。

2. 加强沟通

沟通是通向学生心灵的桥梁。

案例一

初上讲台时，面对台下稚气未脱的学生，梁老师极力让自己成为教室里的绝对权威，学生必须听命于他。碰到不听话的学生，梁老师就罚他站在教室的角落里。看到学生垂头丧气的样子，梁老师有一种征服感。然而，这样做好像效果不大，学生照样错误不断。

有一次，梁老师让学生谈理想。平时被罚站次数最多的小强说："我想当一名建筑师！""为什么呢？"梁老师很有兴致地问。小强一指长方形的教室说："假如我当上建筑师，我要把教室盖成圆的。""圆的有什么好？"梁老师有些不解。"教室是圆的，你就不能再罚我站墙角了。"小强挺着胸脯说。

听了这充满稚气的话，梁老师为之一震！在小强眼里，因为有了墙角，才被老师罚站。难道教室的墙角就是专门为教师惩罚学生而设计的吗？其实在学生内心里，真正反感和抱怨的，不是墙角，而是教师的惩罚。如果不了解学生的内心世界，只是采取这样简单粗暴的方法，并不能真正解决教育中的问题。

从此，梁老师再也不罚学生站墙角了。他从高高的讲台上走下来，走到学生中间，走进他们的心灵世界，用欣赏的目光去关注学生身上的闪光点，用积极的话语去鼓励他们改掉坏习惯。当梁老师真正和学生成为朋友时，他才发现，每个学生都有可爱的地方，以前的教育之所以没有效果，主要是和他们沟通太少。不了解学生，如何教育、引导他们？

案例二

班主任赵老师做了一只简易信箱，放在教室里，作为师生心灵沟通的桥梁。傍晚，赵老师打开信箱，发现有一张未署名的纸条，上面写着："老师，您对我微笑好吗？"纸条边上黑乎乎的，显然是用脏手写的。赵老师马上猜到这是小张的"作品"，因为小张同学平时不注意卫生，浑身上下没有一处是干净的，加上上课喜欢讲话，学习成绩又差，所以大家都不愿意和他同桌。

第二天上课时，赵老师微笑着请小张回答问题。小张"嗖"地一下站得笔直，愣了一下后，便响亮地回答起来，居然说得还蛮精彩。赵老师表扬了他。下午放学前，赵老师又打开了信箱，发现同样内容的一张纸条："老师，您对我微笑好吗？"以后一连几天，每天都有同样内容的纸条出现在信箱里。赵老师有些疑惑不解：这个小张，到底搞什么鬼？她问小张："这几张纸条都是你写的吗？"小张点点头说："我想让您每天都能对我微笑。""你喜欢我对你微笑？""嗯，我喜欢。"小张嘿嘿地笑着。"为什么呢？"赵老师以为他一定会说，老师的微笑很像一朵花，像彩虹……然而他却大声说道："因为您笑的时候我就能看见您左边缺了一颗牙。"赵老师左边有两颗牙齿之间空隙很大，就像缺了一颗牙，这一细节居然被小张注意到了。赵老师有点儿尴尬，小张却来劲了，他继续说："每次看到您笑，我就特别舒服。我想，连老师都有缺点，我原谅您了，您也就会原谅我的缺点，而且，同学们也一定会原谅我的。"

赵老师愣住了：原来小张要的微笑只是一道裂缝而已。他不知道用什么方法来缝合自己制造的心理裂缝，却想到寻找另一条裂缝来求得心理平衡。这就是孩子，多么天真，天真得让人惊讶！但细细想来，他的想法也不无道理。是啊，老师的缺点都能原谅，学生的缺点又算得了什么呢？

从此以后，赵老师经常在早晨微笑着站在教室门口，迎接班上每个同学，她笑得那么灿烂，并且每次都露出左边牙齿的空隙。

为了充分了解学生，有的老师还利用问卷调查或网络沟通等方法，以提高工作效率。例如，王老师设计了"心灵的对话"调查问卷，就"学习问题""思想困惑""课余生活""兴趣爱好""师生之间"等专题展开调查，学生敞开了心扉，老师了解了学生，取得了较好的效果。杨老师则申请了一个 QQ 号，通过网上聊天，与学生畅所欲言，从而及时把握学生的思想情况。为了加强沟通，杨老师又建立了一个班级主页，并为每个学生注册，让大家共享网络资源，也让老师走近了每一个学生的心灵。

3. 耐心倾听

倾听是深入学生内心世界的有效方法。

开完会回到教室，就有同学告诉许老师，小汪、小李和小王把课桌的边都涂成了黑色。许老师一看，果然他们三个的桌子边都成黑的了。许老师把三个学生带到办公室，问他们为什么要把课桌边涂黑。三个孩子都不说话，许老师耐心地等待着。

过了好一会儿，小汪才说："我想把桌子弄得漂亮一点儿。""可你为什么不用水彩笔呢？水彩笔不是更漂亮吗？""我不想用水彩笔。""你是不是觉得黑色是最漂亮的呢？"小汪狠命地点头。对于一个想把课桌打扮得更漂亮的孩子，许老师还能说什么呢？她轻轻地拍了拍小汪的肩，说："可能你的课桌并不愿意穿黑衣服呢，你去问问它的意见，怎么样？"

"我看到课桌边上有几条脏东西……觉得不好看……我想把它涂黑就看不见了，于是就涂了。"小李断断续续地把话说完。"你没想过用抹布来擦掉吗？"许老师问。小李摇摇头。许老师又问："如果你有个缺点，你是想改正它，还是想用更大的缺点去盖住它呢？""我要改正它！"小李说得很坚定。"那你今天就是没把脏东西擦掉，而是用更脏的东西去盖住它了。"小李点点头。

"我想和同桌比一下，看谁涂得快。"许老师听了小王的话，耐心地给他讲起了爱护公物的道理，并请他用洗洁精好好擦洗。

三个孩子做了同样的错事，可原因却完全不同。如果我们不能耐心地倾听他们的心声，恐怕永远也不会了解孩子们内心的需要与纯洁的初衷。

班上某同学丢了 300 元钱，朱老师怀疑是小湛所为，便悄悄地约她来到操场的一角。

小湛的脸色阴郁，还未开口，眼眶里便盈满泪水。朱老师和蔼地问："有什么伤心事能告诉老师吗？""老师，对不起！"小湛再也忍不住了，大声地哭泣起来："爸爸说没钱，要让妈妈付抚养费，可妈妈也没有钱，他们老吵架。我只是想帮助妈妈付抚养费，想让爸爸妈妈多爱我一些。老师，我不是小偷……"

"你当然不是小偷。你是个好孩子！只是不小心做了件错事……"朱老师像一个温柔的母亲安慰着懊悔的女儿，告诉她不必为还钱担忧，老师会准备 56 个信封，发给每个同学，等收上来时，300 元钱便出现了，同学们不会知道是谁拿的。

小湛将内心的苦恼一股脑儿倒了出来：父母离婚，后来爸爸所有的钱被没收，丢了职务，后妈走了。爸爸的脾气变得暴躁异常，以前从未责骂过女儿，现在巴掌、拳头是家常便饭。朱老师耐心地倾听着，不断安慰小湛。以后，朱老师又多次做家长的工作，终于使小湛和父亲的关系得到改善。朱老师也因此得到了小湛的信任，每当小湛有了快乐或烦恼，总不忘找朱老师倾诉。

作为班主任，我们要走近学生的内心世界，去倾听心的低语，去触动情感的心弦，在师生心灵交流的基础上，引导孩子面对现实，承受挫折，战胜困难。

4. 及时家访

家访是全面了解学生的必要途径。

一年秋末，朱老师接了一个新班。在第一节课上，有一个很"特别"的孩子小文引起了朱老师的注意：他头发凌乱，面黄肌瘦，衣服脏得已看不出原来的颜色。"这孩子怎么这样？"朱老师不禁皱了皱眉头。下了课，朱老师把小文叫出了教室，没好气地说："你也是四年级的学生了，看你脏成什么样子了！"小文抬头看了朱老师一眼，两眼满含委屈。

第二天，朱老师来到教室，发现小文头发已洗过，但身上穿的还是那件脏兮兮的衣服，便有点儿恼怒，把小文叫到办公室的正衣镜前，说："你都十来岁了，为什么连衣服也懒得洗，你看看自己像个学生吗！"小文抬起头，涨红着脸，眼里含着泪，嘴张了张，似乎想说什么，又闭上了嘴。

一连几天，小文的衣服始终没有换洗。到底是怎么回事呢？朱老师决定去家访。她好不容易才在一个偏僻的小山沟里找到小文的家。说是家，其实连个院墙也没有，房子又破又矮，门上挂着两个塑料袋子。朱老师敲敲门，屋里传来一个虚弱的声音："谁啊？进来吧。"随后传来一阵剧烈的咳嗽声。推门进去，屋里很乱，靠东墙的床上一个头发蓬乱的女人正努力坐起身——这是小文的母亲。朱老师赶紧过去扶住她。朱老师说明了情况后，小文的母亲还没有开口，泪先流了出来。原来，小文的父亲患有严重的风湿性关节炎，不能从事重体力劳动，而她又有肺病，连床都起不来。说到小文，她又哭了："也多亏了你们学校照顾他，免了他所有的费用，要不他哪能上学呀？唉，这个孩子，跟着我们活受罪，有时家里没吃的，他连中午饭也不带。前几天，他回家和我们要褂子，我们连吃饭的钱都没有，哪儿来的钱给他买衣服？"听到这里，朱老师一怔，忍不住打断了她的话："他就一件衣服？""唉，从小到大他就没穿过新衣服，这件衣服还是亲戚家的孩子换下来的。"

从小文家里出来，朱老师心情很沉重。回校后，她专门召开了一次"让班级充满爱"主题班会，向全班同学讲述了去小文家家访的情况，讲述了她愧疚的心情……同学们纷纷向小文伸出了援助之手。小文哭了，晶莹的泪珠顺着脸颊落下来。

这事虽过去好长时间了，可那双含泪的眼睛却时常在朱老师眼前闪烁，时时提醒她：要想教育好学生，必须全面了解学生，不仅要了解他们在学校的情况，还要了解他们的家庭。这是班主任的第一要务。

（资料来源：高谦民，2006. 今天，我们怎样做班主任（小学卷）[M]. 上海：华东师范大学出版社：3-9.）

第三节　小学生的一般特点

一、小学生的生理特点

小学生的生理发育是衡量其健康状况的重要指标，也是其心理发展的基础。研究和了解他们生理发育的规律以及特点，对教育工作有重要的指导意义。小学生的生理发展可以从两方面进行分析。

（一）小学生身体的发育及特点

小学生的年龄一般为 6～7 岁至 11～12 岁。其中，6～9 岁属于儿童期，10～12 岁属于青春期早期。在儿童期，小学生的体格发育基本上是平稳的。

1. 身高与体重

小学生身高平均每年增长 4～5 厘米，体重平均每年增加 2～3 千克，胸围平均每年增大 2～3 厘米。10 岁以后，随着青春期的到来，体格进入快速发育阶段。这时男孩一般每年可增长 7～9 厘米，个别可长 10～12 厘米；女孩一般每年可增长 5～7 厘米，多的可长 9～10 厘米；体重每年可增加 4～5 千克，有的可增加 8～10 千克。女孩青春期发育比男孩早约 2 年，所以在 10 岁左右，女孩身高由以前略低于男孩开始赶上男孩，超过男孩；12 岁左右，男孩青春期身高开始突增，而此时女孩生长速度已开始减慢，到 13～14 岁，男孩生长速度又赶上女孩，身高超过女孩。

2. 骨骼与肌肉

小学生的骨骼骨化尚未形成。骨骼组织含水分多，含钙盐成分少，使骨骼硬度小、韧性大。小学生不易发生骨折，但容易发生变形。因此，要特别注意学生坐、立、行、读书、写字的正确姿势的培养训练，尤其要防止驼背的产生。

小学生的肌肉发育呈现两个特点：第一，大肌肉群的发育比小肌肉早；第二，先是肌肉长度增加，然后才是肌肉横断面增大，肌肉纤维比较细，肌肉的力量和耐力都比成人差，容易出现疲劳。因此，小学低年级儿童适宜跑、跳、投等大动作的锻炼，而对小肌肉的精细动作不能提出太高的要求，特别是手部活动。

3. 心脏和血管

伴随着心脏、肺、呼吸肌、胸廓形态发育的同时，小学生的心肺功能也相应增强。血管发育的速度大于心脏，血液的循环量加大，新陈代谢加快。但小学生的心脏容积小于成人，脉搏频率远超过成人，且心脏每搏输出量比成人小，心脏搏动频率每分钟80～90次，因此要注意不要让孩子从事剧烈的运动和繁重的体力劳动，以防损害心脏。

小学生的呼吸频率随着年龄增长而递减。一般而言，6～9岁的儿童，男孩为每分钟23～24次，女孩为每分钟25～26次，到了10～13岁，男女孩都为每分钟19～20次，而14岁以后基本上和成人一样，每分钟16～18次。与此相关的是，孩子的肺活量大小随着年龄增长而显著增加，同时，体育锻炼的情况也直接关系到肺活量的大小，家长和教师应该鼓励孩子多参加体育锻炼活动。

（二）小学生神经系统的发育及特点

神经系统是生命活动的重要调节系统。其中，大脑是中枢神经系统最高级的部分，大脑皮层是人体进行意识活动的物质基础。大脑的发育主要是脑细胞体积的增大，突触的增多及功能的增强。儿童到6岁时，大脑的重量大约是1200克；儿童在7至8岁期间，大脑继续发育，大脑的重量增加到1300克左右；9岁时脑的重量约1350克；12岁脑的重量约达到1400克，已经接近成年人1450克左右的脑重。

儿童大脑重量的增加，并不是神经细胞大量增殖的结果，而主要是神经细胞结构的复杂化和神经纤维的伸长，表现为脑神经细胞体积增大，突起分支增多，神经纤维的髓鞘化逐渐丰富。6岁左右，大脑半球的神经纤维几乎都已髓鞘化，身体受到外界刺激后，可以很快地、准确地由感觉器官沿着神经通路传到大脑的神经中枢，大脑皮层间增加了联系的可能性。

小学生大脑的综合机能已经达到新的水平，不仅能更细致地综合分析外界事物，而且更善于控制和调节自己的行为。随着学习活动的开展，小学生第二信号系统逐渐占主导地位，读、写、听能力有了飞速提高。

二、小学生的心理特点

小学生的生理发展处于相对平稳的状态，而小学生的心理发展则处于重大的转折期。儿童进入小学，开始系统地接受文化科学知识的教育，这一切会使儿童的心理活动发生一系列重大变化。了解小学生心理发展特点，树立科学的教育观，分析和解决小学生在发展和教育中的问题，可以促进小学生身心健康发展。

（一）小学生认知发展的特点

小学生的认知发展一般是指认知能力随着年龄和经验的增长而变化发展的过程，主要包括感知、注意、记忆、思维、想象等认知过程及其品质的发展。

1. 小学生感知的发展特点

（1）小学生感知的分析综合能力不断提高

小学生，尤其是低年级的小学生，感知比较笼统，往往只注意表面现象和个别特征，看不出事物之间的联系和特点。随着心理水平的提高和知识的增长，特别是教师向他们反复提出复杂的感知任务，并指导他们进行细致观察后，他们逐步学会分析、比较事物，能找出事物的主要方面及各部分之间的联系和关系。这样，儿童的感知逐步向精确的方向发展。

（2）小学生感知的有意性、目的性逐渐加强

小学低年级儿童还不能自觉地根据一定的目的来控制自己的感知活动，不善于使自己的感知服从于规定的任务和要求。在教学的影响下，小学儿童感知的目的性、自觉性逐渐提高，感知过程成为儿童能自觉支配的过程。到了中、高年级，儿童便能在教师的指导下，按照教学的要求，排除干扰，从感知的对象中选择出需要感知的主要方面，自觉地进行观察。不仅如此，随着自制力的加强和智力的发展，小学生开始能坚持较长时间地观察事物，从而保证学习任务的完成。

2. 小学生注意的发展特点

（1）小学生注意从无意注意向有意注意发展

注意有两种基本形态：无意注意和有意注意。无意注意也叫不随意注意，是一种在没有任何意图、没有预先的目的、不要求意志努力的情况下而产生的注意。有意注意也叫随意注意，是一种自觉的、有预定目的的并经过意志的努力而产生和保持的注意。有意注意是人所特有的一种高级注意形式。

刚刚进入小学的小学生注意力水平是有限的，注意的目的性很弱，无意注意仍起重要作用。随着年龄的增长、大脑机能的不断成熟，以及教学的要求和训练，有意注意逐渐占据主导地位。有意注意的发展使小学生能够有目的、有选择地去注意有意义的认知材料，提高了其学习的主动性，是认知发展的一个重要的里程碑。

（2）小学生的注意品质不断发展

注意的品质主要有注意的广度、稳定性及注意的分配和转移几个方面。小学阶段儿童注意品质的发展主要特点如下。

1）注意的广度。注意的广度也叫注意的范围，是指一个人在同一时间内能够清楚地觉察或认识客体的数量。由于小学生知识经验不足，他们的注意范围比成人小，尤其是小学低年级学生，其注意的范围更窄。例如，一年级小学生总是一个字一个字地阅读课文，注意的范围很小，到了高年级，就能把字和字连成句子阅读，并注意到句与句之间的联系，注意范围扩大了。

2）注意的稳定性。注意的稳定性是指在一定的时间内将注意集中于某一具体事物或活动上的能力。时间越长，稳定性越高。在小学阶段，学生注意的稳定性随着年龄的增加逐步发展。研究表明，在一般情况下，7～10 岁学生可以集中注意 20 分钟左右；11～12 岁学生可以集中注意 25 分钟左右；12 岁以上学生可以集中注意 30 分钟左右。

3）注意的分配。注意的分配是指在同一时间内把注意分配到几种不同对象或活动上的能力。小学低年级的学生在同一时间内，注意只能集中在一个对象上。随着学习活动和其他活动范围的扩大以及知识技能的发展，小学生逐渐发展了注意分配的能力，中高年级学生在同一时间里可以把注意分配在几个对象上。

4）注意的转移。注意的转移就是主动将注意从一个对象转到其他对象上的能力。这是根据任务需要进行的主动的注意力转移。研究表明，小学生注意转移的综合反应时间随着年龄的增长而呈下降的趋势。

3. 小学生记忆的发展特点

记忆是人脑对过去经验中发生过的事物的反映，记忆是个体经验累积和心理发展的

重要前提。小学生在学校教育的影响下，记忆能力不断发展，并表现出一定的年龄特征。

（1）有意识记逐渐占主导地位

小学低年级学生，识记的有意性、目的性还很差。中年级以上的学生学习目的逐渐明确，有意识记日益发展，逐渐占主导地位。高年级学生识记的目的性、主动性更高，他们能按照一定的任务进行识记，并记住自己虽不感兴趣但必须掌握的内容，也能努力去记住那些难记的内容，并能检查自己的识记效果。

（2）意义记忆在逐步发展

小学低年级学生因为知识经验贫乏，抽象思维能力尚未发展，理解能力较低，以机械记忆为主。但随着年龄的增长，知识经验的增多，言语、思维能力的逐渐发展，学生对学习材料的理解能力逐渐增强，到三四年级以后，意义记忆开始逐渐占据主导地位。

当然，在学习过程中由于材料的不同性质，学习任务的不同要求，既需要意义记忆也需要机械记忆。有研究表明，在小学阶段，机械记忆和意义记忆的效果都随年龄增长而提高。

（3）抽象记忆在形象记忆的基础上迅速发展

小学低年级学生，由于第一信号系统活动占优势，对事物的具体形象容易记住。到了中高年级，第二信号系统逐渐占优势，他们的抽象记忆也渐渐地占主导地位。但对小学生来说，他们在记忆抽象的材料时，主要还是以具体的事物形象为基础，即形象记忆仍起着重要作用。

4. 小学生思维的发展特点

（1）从以具体形象思维为主要形式向以抽象逻辑思维为主要形式过渡

小学低年级学生的思维虽然有了抽象的成分，但仍然是以具体形象思维为主。例如，他们难以区分概念的本质和非本质属性，而中高年级小学生则能区分概念的本质和非本质属性，能掌握一些抽象概念。有研究表明，小学生的思维由具体形象思维向抽象逻辑思维的过渡存在着一个转折期，一般出现在四年级。如果教育得当，训练得法，这一转折期可以提前到三年级。

（2）抽象逻辑思维发展不平衡

在整个小学时期，学生的抽象逻辑思维水平不断提高，思维中抽象的成分日渐增多，但在不同的学科、不同的教学内容中表现出不平衡性。例如，对于学生熟悉的内容、难度小的任务，学生思维中抽象的成分较多；对于学生不熟悉的内容、难度大的任务，学生思维中的具体成分就较多。

（3）抽象逻辑思维从不自觉到自觉

小学低年级学生已经掌握了一些概念，并能进行简单的判断、推理，但他们还不能自觉地调节、控制自己的思维过程；而中高年级小学生在教师的指导下，对自己的思维过程进行调节、控制的能力有了提高，能说出自己解题时的想法，能弄清自己出错的原因，这表明他们思维的自觉性有了发展。

5. 小学生想象力的发展特点

（1）想象的有意性迅速发展

在教学过程中，教师会经常要求小学生按照教学目的产生相应的想象。例如，在读课文时，要求学生富有感情地朗读，生动形象地讲述故事情节；在作文中，要求学生围绕主题进行构思等。因此，他们想象的有意性就迅速发展起来。但在整个小学时期，学生想象的主题易变性还比较明显，想象不能很有效地指向某一预定的目的，尤其对于缺乏必要的知识经验或不熟悉的事物，他们的想象往往显得简单贫乏。

（2）想象中的创造成分日益增多

小学低年级学生想象的内容常常是事物的简单再现，缺乏独立性和创造性。随着教学的深入、生活范围的逐渐扩大、知识经验的丰富、表象的积累和言语的发展，中高年级小学生的再造想象更富有创造性成分，而且以独创性为特色的创造想象日益发展起来。

（3）想象的内容逐渐接近现实

小学低年级学生的想象往往与现实不符，或不能确切地反映现实。随着学习的深入、知识经验的不断积累，中高年级小学生的想象已能够比较真实地表现客观事物，其想象的内容也趋于现实。

（二）小学生情感和意志的特点

1．小学生情感的特点

（1）情感内容不断丰富

儿童入学后，学习活动开阔了他们的眼界。通过对祖国历史、地理知识的学习，小学生产生了强烈的爱国主义情感，与同学的互帮互助，又使他们产生了友谊感和集体荣誉感，等等。这样，小学生的情感内容逐渐丰富起来。

（2）情感的深刻性不断增加

小学生的情感逐渐地与一定的行为规范、道德标准、人生观、世界观等联系起来。例如，他们不再根据表面现象把人分为好人和坏人，而是能根据一定的道德标准来评价他人、评价事物的好坏。但是，小学生的情感仍然具有某些具体性和表面性，还不能从事物的本质方面产生更加深刻的体验。

（3）情感更富有稳定性

低年级小学生容易受具体事物、具体情境的影响而变化，表现出情感不稳定。随着儿童知识经验的丰富、抽象逻辑思维的发展，以及自我意识水平的提高，小学高年级学生的情感稳定性逐渐增强。

（4）情感的可控性逐渐增强

小学低年级学生的情感带有很强的冲动性，不善于自我控制。在教师的要求和教学的锻炼下，中高年级学生控制、调节情感的能力逐渐发展起来，他们能根据学校纪律的要求约束自己的情绪，在未完成作业时，能抑制自己想去玩的愿望。

2．小学生意志的特点

（1）意志行动的独立性和自觉性逐渐增强

小学生特别是低年级学生的行为动机和目的一般是很不稳定的，不能坚持较长时间去实现自己的动机和目的。例如，在班会上，小学生可能认真地表决心，要努力做到刻苦学习，但是放学后可能因为急于去和小伙伴玩耍而不能认真完成作业。

一般来说，小学生还不善于自己提出活动的要求，常需老师和家长提醒他们，并在老师和家长的监督和帮助下完成。在整个小学时期，小学生意志的自觉性和独立性处在发展阶段。

（2）自制力显著提高

有研究发现，小学生意志的自制性品质随年级升高而逐步发展，其发展趋势如下：一年级至三年级处于迅速发展时期；三年级至四年级处于平稳时期；四年级至五年级处于迅速发展时期；五年级至六年级再度处于平稳时期。小学生的行为明显受诱因的干扰，随年级的升高，抵制诱因干扰的能力逐渐增强。儿童抗拒外部诱因的能力强于抗拒内部诱因的能力。

（3）意志行动的坚持性逐渐增强

有研究发现，小学生意志的坚持性品质随年级的升高而迅速发展，其中一年级至三年级发展最为迅速，年级间差异非常显著，三年级以后有一个缓慢发展的阶段，到了五年级又开始了一个新的发展阶段，年级间的差异也较显著。

（三）小学生个性的发展特点

个性是指个体在发展过程中形成的比较稳定的心理特点，包括能力、气质和性格等。能力是顺利、有效地完成某种活动所必须具备的心理条件，是人格的一种心理特征。

1. 小学生气质的发展特点

由于气质的天赋性和稳定性，不同的小学生可表现出明显的气质差异。例如，胆汁质的小学生表现得精力充沛，情绪发生得快而强；多血质的小学生表现得活泼爱动，富于生气；黏液质的小学生表现得沉着冷静，情绪发生得慢而弱；抑郁质的小学生表现得柔弱易倦，情绪发生得慢而强。

任何一种气质类型都既有积极的一面，也有消极的一面。例如，多血质类型的人虽有朝气、灵活、易与人相处，但缺乏一贯性；抑郁质类型的人虽敏锐、细致、体验深刻，但又较冷漠、多疑。虽然个人的气质具有极大的稳定性，但也有一定的可塑性。对小学生进行气质教育可以促进学生的学习，有助于保持学生的心理健康。

2. 小学生性格的发展特点

性格是在遗传素质的基础上，在社会环境的影响和熏陶下长期塑造而成的。性格的形成有一个发展过程，在不同的年龄阶段，性格发展表现出不同的特点。我国心理学家对儿童、青少年的性格发展与教育进行了研究，结果发现：小学生的性格发展总趋势是性格发展水平随年级升高而逐渐提高：二年级到四年级发展较慢，表现出相对稳定性；四年级到六年级发展较快，表现出快速增长性。

三、小学生的学习特点

小学生的学习与幼儿的学习以及中学生的学习有着明显的不同。小学生已经形成对学习的适当态度，并且能够运用一定的学习策略完成有关学习活动。

（一）小学生学习的一般特点

根据朱智贤的观点，小学生的学习特点可以概括为以下几个方面。

1．学习活动成为小学生的主导活动

学龄前儿童的主导活动是游戏，游戏对幼儿的心理发展具有不可替代的作用。然而，小学生入学后，学习成为他们的主导活动，并对小学生的心理发展有很大的促进作用。

2．学习成为小学生的一种社会义务，具有一定的强制性

一般来讲，学龄前儿童可以按照自己的意愿或兴趣选择参加或者不参加游戏活动。对于小学生，学习成为社会对儿童提出的要求，是一种具有严格要求的社会义务，具有一定的强制性。小学生不仅要学习他们感兴趣的东西，还要学习一些自己虽然不感兴趣但必须学习的东西。

3．小学生的学习任务是明确而特定的

小学生学习的主要任务是掌握读、写、算的基础知识和基本技能，以及最基本的行为规范。在小学阶段，阅读、写作、计算在小学生的学习中占有重要地位，而且必须形成熟练的技能，只有这样才能为以后的进一步学习打下良好的基础。

（二）小学生的学习态度

学习态度是学习者在学习活动中通过获得一定的经验而习得的，学习态度也是可以改变的。学习态度是影响学习效果的一个重要因素。在学习态度的形成和发展上，小学生对教师、班集体、作业和评分的态度是几个比较重要的方面。

1．对教师的态度

低年级小学生无条件地信任和服从教师，教师具有绝对权威。因此，在这个时期，教师对待儿童的态度是影响学生学习态度的主要因素。

从中年级开始，小学生逐渐以选择、批评的态度来对待教师。只有那些教学水平高、思想作风好、公正、公平的教师才能赢得学生的尊敬和信任，学生也更愿意接受这些教师的教育。

总之，教师要亲切地关怀小学生，与小学生建立相互信任的良好关系，获得小学生的尊敬与信任，这对于培养小学生良好的学习态度是十分有益的。

2．对班集体的态度

刚入学的学生还没有形成真正的集体关系。这时候的班集体只是一个松散的团体，学生之间也还没有形成稳定的关系。在教学的影响和教师的组织、帮助下，小学生初步开始了比较有组织的自觉的班集体生活，初步形成集体的观念，意识到自己是班集体中的一员，有了集体荣誉感。学生开始意识到要以优良的成绩和良好的行为取得班集体的肯定的评价。

3．对作业的态度

刚入学的儿童还没有好好完成作业的意识。随着教师的教育和引导，他们逐渐学会安排一定时间来完成作业，也逐渐学会按老师的要求集中精力、细心地完成作业。

4．对评分的态度

低年级小学生已逐渐理解分数的客观意义，但他们常常把分数意义绝对化。从中年级起，小学生逐渐树立对分数的正确态度，开始了解分数代表的意义，并把取得优良的分数理解为完成本身职责的体现。

学生对分数的态度，在很大程度上受父母和教师对分数态度的影响。因此，家长和老师首先要正确认识评分的意义，对低分的学生不能挖苦、讽刺，对高分的学生不能给予不切实际的称赞和表扬。家长和教师对待分数的不客观、不正确态度可能会影响学生的学习积极性，导致其错误学习态度的形成。

（三）小学生的学习动机

学习动机是指直接推动学生进行学习的一种内部动力。小学阶段是学习动机形成和发展的重要时期。随着家长、教师对儿童学习要求影响的增强和儿童心理发展水平的不断提高，他们的学习动机获得迅速发展，主要表现在以下几个方面。

1. 社会动机不断丰富和增强

刚入学儿童的学习动机往往带有浓郁的自我色彩，支配他们学习的动机可能是获得教师的表扬或者家长的认可。随着心理发展水平的逐步提高，小学生的社会动机不断得到丰富和增强，主要表现在两方面：一是为了获得威信而努力学习，如希望得到家长和教师的表扬、奖励，或者想当班干部等；二是把自己的学习与集体荣誉感联系起来。

2. 直接动机向间接动机发展

直接动机是指与学习活动直接联系的动机。间接动机则是与学习的长远意义相联系的动机，这类动机的作用是长远的、稳定的。随着学习活动的深入，小学生的学习动机逐渐由直接动机转化为间接动机，推动学生长久的学习活动。

3. 外部动机向内部动机发展

低年级的小学生，学习动机往往以外部动机为主，其学习动力主要来自教师或家长的表扬、物质奖励等外在的目标。随着年级的升高，他们对学习的需求、求知欲提高了，学习的动力不再是来自外界的压力或者诱发力，而是来自内在的驱动力，学习的动机逐渐由外部动机向内部动机发展。

第四节　小学分阶段学生特点与管理

一、小学生入学适应的引导

（一）开展小学生入学适应引导的重要性

1. 小学一年级是儿童接受学校教育的起点

对刚刚离开幼儿园进入小学的幼儿来说，这是他们人生的一个根本性的转折点。他们由事事依赖父母逐渐过渡到有些事情自己独立完成，开始承担"学生"的责任，他们已经适应由以游戏为主要形式的活动转变为以学习为主要形式的活动。毋庸置疑，小学一年级是孩子接受学校教育的起点，对其今后的学业发展起着重要的作用。

一般而言，由于对新环境的好奇、对上学这种行为本身的喜欢，学生会在入学之初对丰富的学习活动产生兴趣，但渐渐地，学校的各种制度要求、学业要求会使学生产生不适应，再加上学生自身控制能力差、注意力容易分散等诸多原因，学生会面临很多的困惑和压力。所以，做好小学生入学适应引导是一件非常重要的事情。

2. 对校园生活的适应性影响到儿童今后的发展

（1）对儿童社会适应能力的影响

从幼儿园进入小学是一个重要转折，是儿童主体对变化的外界环境重新适应的时期。在这一时期，儿童会有更多的机会独立面对问题，如自身习惯与规章制度的冲突、评价标准的改变、交往中的选择、生活环境的变迁等。儿童是否能积极、主动地面对问题，适应新的角色，对其今后的学校教育生活，乃至更长远的成人社会生活都会产生影响。

（2）对儿童自我评价的影响

虽然同龄的孩子一起入学，但每个人所呈现的面貌却是各不相同的，在同一个问题面前解决的能力也是有高低的。这往往会影响到儿童的自信心与自尊心，影响到儿童的自我评价。

（二）低年级班主任的工作重点

儿童的很多学习习惯是在小学低年级形成的，如果不给予特别的教育，形成的习惯难有较大改进。因此，低年级班主任的工作重点应放在常规教育上，养成学生良好的学校生活习惯。

1. 明确规章制度

一年级的小学生，刚刚从幼儿园教育进入正规的学校教育，虽然行为习惯和学习习惯都有一定的基础，但养成教育依然是教育管理的重中之重。对学生明确规章制度是养成教育的第一步。在这个过程中，班主任要做到"三勤"，即脚勤、眼勤、嘴勤。

1）脚勤，即经常走到班级同学中去，多与学生接触。在习惯还未养成时，要多跟班进行督促检查，随时宣传各种制度。

2）眼勤，即经常观察学生们的情况，以便及时掌握第一手材料，及时举例，让学生与规章制度相印证。

3）嘴勤，即多找学生谈心，及时提醒他们；多与家长沟通，让家长了解学校的规章制度，做到家校共建，家校互动。

2. 建立合适的评价体系

评价体系有的是学校依据学生守则、上级教育部门的规定建立的，有的是根据班里学生的实际情况建立的。需要强调的是，评价体系的建立和宣传过程就是一个重要的教育过程。

3. 从细节入手

习惯的形成是一个循序渐进的过程。班主任对小学生的要求应从"小"入手，由低到高，在点滴中逐步积累，逐渐定型。具体而言，班主任要做到"四细"。

1）细心：低年级的孩子遇到事情，经常不善表达，这就需要教师细心地观察，发现问题，及时处理。

2）细致：孩子年龄小，行动能力差，教师在布置任务时要考虑周详，步骤衔接紧密，跨度合理。

3）细节：通过细节，教师传达符合要求的正确行为。关注细节，教师可以了解到学生对要求的理解程度。

4）仔细：仔细是一种工作态度，它保证了教育的公正性和正确性；同时，教师的"仔细"，对学生的做事态度也会产生潜移默化的影响。

资料链接

提高小学一年级新生入学适应性的行动策略

九月，伴随着新生入学，他们的生活方式、社会角色和周围环境与幼儿园相比发生了根本性的变化。从幼儿期进入儿童期，是人生的重要转折点。学校生活和环境会使儿童产生许多不适应，如果处理不好，会给他们后续的学习与发展造成不利影响。作为班主任，我尝试对小学一年级新生的入学适应性进行研究，探索科学有效的方法，帮助新生尽快完成入学适应。

结合近年带的两个新一年级班的经验以及对所带本届一年级新生家长进行问卷调查发现的问题，并阅读大量国内外相关文献，我认为小学一年级新生入学适应性具有多维度表现，可归纳为自然环境适应（生活、游戏和学习的场所——学习场所）、学习技能适应（保教结合——教育教学）、人际关系适应（支持者——传递者）、常规管理适应（相对约束——约束）、身份观念适应（儿童——学生）五个方面。

为此，我们在新生入学第一个月，采取学校教育主动衔接幼儿园教育的方法（不同于以往幼儿园教育小学化的"幼小衔接"），帮助新生完成入学适应，取得了较好效果。

1. 创造温馨环境，提高小学一年级新生环境适应能力

我们调查发现，初入学学生普遍存在环境适应不良现象，即不能适应幼儿园生活、游戏场所到学校学习场所的转变。我们走访了幼儿园，发现幼儿园教室分为生活区、游戏区、活动区等多个区域，充满童趣。于是，我们将一年级教室布置和幼儿园教室布置衔接起来。

入学第一天，教室门上"欢迎来到××大家庭"的欢迎词，让孩子们感受到家的温暖。一年级教师同时要担任保育员，身兼保、教双职，成为孩子们的依靠。

教室后墙布置了一棵大树，有38朵花和一些绿绿的叶子，五颜六色的花瓣上写着每一个孩子的名字。我告诉孩子们："你们就是树上美丽的花朵，在学校苗壮成长，花朵上将绽放你们的笑脸。"铺满窗台的绿植营造了一片"绿色天地"，使孩子们感到心情愉悦。"图书之家"的满架图书迎接孩子们到知识的海洋畅游……充满童趣的教室布置减轻了孩子们的心理负担。

菲菲家长说："今天是菲菲上学第一天，她说非常开心。本来我比较担心，怕她不能适应，听了她的话，我心中的石头落地了。与孩子聊了一下她在学校的见闻和感受，从中感受到她对老师的喜爱、对新朋友的友好、对班级的热爱。这是个欢乐的集体，我们一定配合学校工作。"

营造一个温暖和谐的环境，会令学生觉得在学校学习是一件开心的事情。

2. 增加游戏活动，提高小学一年级新生学习适应能力

小学一年级的主要任务是培养孩子的学习兴趣，因此教学方式要富有趣味性。我们运用情景化教学，充分发挥儿歌和游戏活动在教学中的作用，将抽象、生疏的学科教学

内容具体形象化，以有助于儿童的学习适应。

例如，我们通过儿歌《执笔歌》"一指二指捏着，三指四指托着，笔尖向前斜着，笔杆向后躺着"，帮助学生掌握正确的写字姿势，养成良好的学习习惯；上课前，让孩子们一边读儿歌"上课铃声响，我们进课堂，书本笔盒桌上放，端端正正坐好来"，一边做上课准备，孩子们就很容易掌握。

再如，一节课学习 20 分钟后，做做"小鸭健身操"等有趣的课中操，让孩子们在动画、儿歌活动中既得到放松休息，又感受到学习的乐趣。

3. 加强家校协同，提高小学一年级新生对学校要求的适应能力

对小学一年级新生来说，最难适应的还是学校的许多规定和要求。在这方面，家长是强大的教育力量。我利用每日"温馨小贴士"，使家长了解学校要求，以帮助学生适应学校的各项规定和要求。

从入学第一天开始，我的"温馨小贴士"就以每天一则寄语的形式，将学生习惯养成、班级规则、作息时间、学习习惯、文明礼仪等要求传递给家长，并以"奖励贴"的方式进行激励性评价。家长看了我发的"温馨小贴士"，也会将孩子在家的表现反馈在寄语本上。通过这种方式，不仅达成了家校教育一致性，而且提高了孩子们对学校要求的适应能力。

如"加餐规则"。幼儿园可以加餐，小学则没有加餐。为了做好过渡，我给予了孩子们适应要求的空间，入学第一个月设立了加餐时间。同时，我通过每日"温馨小贴士"让家长和孩子们知道学校的各项规定和要求，知道为什么第一个月有加餐，而一个月后将取消加餐。

取消加餐后，洋洋的家长写道："今天没给洋洋带加餐，本以为他会不高兴，没想到他回家后高兴地对我说，老师表扬他了，没带加餐说明他已经长大了，是一名小学生了。"

再如，小学不像幼儿园，没有午睡时间，新生刚入学会出现上课睡觉的现象。一年级孩子虽然没有课后作业，但家长会给孩子报兴趣班，会用一些练习检查孩子的学习情况，不能保证孩子足够的睡眠。于是我给家长发了"'足够'的睡眠时间"的"温馨小贴士"。

宇宇家长说："宇宇的睡眠时间一直不够，感谢老师提供的科学睡眠时间。我们会调整生活习惯，让孩子拥有足够的睡眠时间，为健康的身体和高质的学习打下良好基础。"

4. 建立班级礼仪，提高小学一年级新生人际交往适应能力

学生在学校的人际交往对象主要是两类人——老师和同学。环境变了，一年级新生身边不再是一起游戏的小朋友，而是在学业上有竞争关系的同学了；他们面对的不再是以保教为主，像妈妈一样的幼儿教师，而是以教授督导学业、指导行为习惯为主的小学教师。我们通过建立"使用礼貌用语""主动问好""微笑待人"等班级礼仪，拉近师生之间、生生之间的关系。

班级是一个小社会，孩子们要知道怎样与别人友好相处，怎样进行人际交往。于是，我发起了"做个小绅士、小淑女"的倡议：男孩让着女孩，女孩不欺负男孩，作为小绅士、小淑女得到了别人的喜爱，受到了别人的认可，将来可以适应更广阔的社会人际交往。

家长看到我的倡议后说："厚德载物，感恩老师教给孩子们礼仪和与人相处之道。看到孩子的变化，我们感到非常欣慰，咱们学校不愧为有着悠久文化历史的名校。"

5. 快乐学习，提高小学一年级新生身份适应能力

很多家长认为孩子上学了，就该灌输努力学习的思想。这样的教育使孩子觉得学习是苦差事，对学习充满了恐惧，丧失了兴趣与信心。作为教师，我们要给家长渗透新的教育理念——学习是快乐的旅程，每个人都是学习旅途中的快乐旅行者。

我们告诉家长，每天送孩子到学校时，不说"要听话，遵守纪律"，而要说"今天要开心啊"，让孩子带着这样的想法到学校学习；每天放学时不问"今天学了什么，学得怎么样"，而要问"今天你最开心的事是什么"。

家长的问话给了孩子一天的好心情，使学校生活变成了一件快乐的事情，有助于新生快速适应新的学校学习生活。

（资料来源：雷悦，2017. 提高小学一年级新生入学适应性的行动策略［J］. 班主任（6）：17-18.）

二、中年级学生自我管理的指导

（一）中年级学生身心发展的特点

1. 生理发育

中年级阶段的小学生进入第二次成长期，身高体重、运动能力均有较快增长，处于一个浑身充满活力的阶段。

2. 同伴交往

孩子与同伴的友谊进入了一个双向帮助，但还不能共同患难的阶段。他们对友谊的认识有了提高，但还具有明显的功利性特点。他们的择友标准也在发生着变化，开始在精神层面寻找朋友。孩子会经历一个不断"尝试—失败—改变—再尝试"的过程，所以情绪十分不稳定，会烦躁和彷徨。

孩子们之间分化并且形成了若干个同伴团体，出现了小团体中的领袖人物，并且在同伴接纳方面逐渐表现为受欢迎、被拒绝、受忽视和有争议四种不同的社会地位。

3. 与成人交往

1）师生之间的人际关系受到影响。小学生对老师的态度从完全崇拜到有自己的独立评价，这一转折大约出现在中年级，这是小学生的道德判断开始出现可逆性的阶段。

2）矛盾与代沟开始出现。二年级以前，儿童愿意将所见、所闻、所行讲给家长听，但进入中年级就开始发生变化——部分孩子不愿意把在外面发生的事或自己经历的事告诉家长，以显示其独立的个性。此时父母对子女的要求也从"听话"标准上升到"学习好、能力强"的标准，而对他们的照料和关注则比以前减少许多。因此，亲子之间的沟通常被忽视。

4. 自我意识

1）中年级是小学生个体形成自信心的关键期。有的在接受别人的评价中发现自身的价值，产生兴奋感、自豪感，对自己充满信心；有的还表现出强烈的自我确定、自我主张，对自己评价偏高，甚至有时"目空一切"，容易导致自负的心理。相反，有的由于成绩不良或某方面的缺失，受到班级同学的重视也不够，往往对自己评价过低，对自己失去信心。

2）中年级的小学生自我尊重、获取他人尊重的需求比较强烈。

3）中年级的小学生开始从活动的效果、动机等多方面评价自己和他人。

4）中年级的小学生开始学会独立地将自己与他人进行比较。

5．自我控制

1）情绪变化大，自我调节能力差。中年级学生由于生活经验不足，在陌生、严肃、冲突、恐怖、约束、遭受指责等情况下容易产生紧张的情绪，自我调节能力差，难以释放心理压力，便容易心情变坏。他们喜欢与伙伴共同游戏、学习，但情绪很不稳定，极易激动、冲动，常为一点小事而面红耳赤。他们情绪的变化一般都表露在外，心情的好坏大多从脸上一望便知。

2）中年级的小学生自制力和坚持性出现下降趋势。大约从中年级开始，学生进入少年期，此时会出现一种强烈要求独立和摆脱成人控制的欲望，因此在他们的性格特征中会表现出明显的独立性。同时，随着年龄的增长，他们对外部控制的依赖性逐渐减少，但其内部的自控能力又尚未发展起来，还不能有效地调节和控制自己的日常行为。所以，学生在意志特征上表现出一种自制力和坚持性的下降趋势。

6．学习特点

1）中年级的小学生开始了解学习活动的社会意义。

2）中年级是形象思维向抽象思维过渡的关键时期，这个时期抽象逻辑思维逐渐增强，认知活动的随意性、目的性均有明显的增长。

（二）实施自我管理的意义

英国教育家斯宾塞说过："记住你的教育目的应该是培养一个能够自治的人，而不是一个要别人来管的人。"[①] 在小学中年级，逐步开始引导班级和学生个体学会自我管理，不仅适合于他们的年龄特征，即已经有了一定的自我管理能力，而且自我管理能力的不断完善对于班级的发展和学生个体的发展具有重要意义。

1．引导学生自我管理是班级组织形式的必然要求

班级组织形式下的教育教学可以提高工作效率，但其不足之处是难以顾及集体中每一位成员的具体情况。几十名学生组成的一个班级，仅靠班主任、任课教师等几个人的力量是无法取得较好的管理效果的。引导全班的每一位同学发扬主人翁精神，个个都成为班集体管理工作的积极参与者，班集体方能成为健康、完整的有机体。

2．引导学生自我管理可以提高其自我教育能力

从根本上说，儿童能否受到良好的教育，有内外两方面因素的影响。引导小学生自我管理正是使其内部因素发挥积极作用的重要途径，这样可使学生在更好的环境中接受教育。

3．引导自我管理，可以培养儿童独立的个性

"独立"不仅指不依赖父母，有较强的生活自理能力，更重要的是指具有开拓创新的思维能力。在班级管理中有效地实行自我管理，有利于儿童认识自我，了解他人，明确人与人之间的合作关系，培养其独立分析问题、解决问题的能力。

---

① 赫·斯宾塞，2005. 斯宾塞教育论著选 [M]. 胡毅，王承绪，译. 北京：人民教育出版社：111.

（三）自我管理模式的构建

1. 良好的班风、班貌是实施自我管理的保障

引导学生自我管理，首先应该使他们树立集体主义观念，使学生的自我管理植根于集体中，具有集体的内涵。应该说，只有先搞好班级建设，才能有效开展自我管理。班级成员一方面要管理好自己；另一方面，还要关心他人和集体，认识到自己是班级的一员，管理好班级是大家的共同职责。

2. 在实践活动中培养自我管理的能力

（1）责任落实到人，强化自我管理

班中的各项工作都分配到人，责任落实到人。由于各项工作都有专人负责，因此，即使班主任不在，学生也能按部就班地正常开展工作。在此过程中，班主任并非不管，而是仔细观察，发现其中的问题及时处理，并定期进行总结和表扬，以增强学生自我管理的积极性和自觉性。

（2）为学生搭建活动平台，提高自我管理能力

丰富多彩的活动是学生喜闻乐见的受教育方式。为了最大限度地让学生通过活动提高自我管理的能力，活动前，教师可以和学生共同拟订严密的活动计划，确保活动的顺利进行；活动中，教师在给予活动指导的同时，尽量鼓励每一个学生发挥自己的作用，使每一个学生都得到锻炼的机会；活动后，教师要注重对活动的后效管理，引导学生对活动进行总结，并提出明确要求——活动中做的，平时也应这样做，以使活动长久地发挥效能。

（3）要在学生中适时地树立典型

小学生的模仿力强，可塑性大。对他们来说，榜样的力量是无穷的，尤其是身边的典型事例，真实、直观，更能感染他们。榜样可以是一贯优秀的学生，也可以是进步较大的学生。让优秀的学生在体验成功的愉悦后再接再厉，不断奋进；让暂时落后的学生以典型为榜样，找到差距，奋起直追，不断进步。

3. 指导学生正确地评价

班主任应经常对学生的自我管理能力给予肯定，使他们不断看到自己自我管理的成绩。心理学研究表明，人们往往对自己可能成功的事感兴趣，而不愿去干不可能成功的事情。因此，不断让孩子体验到成功的快乐是调动积极性的最有效的手段。

小学中年级阶段，学生开始越来越在乎来自伙伴的评价，所以，教师要多给孩子互评的机会，在互评的过程中，不但要给评价的标准，更重要的是引导学生如何客观、全面地评价他人，多从动机和努力去评价，不要仅以成败论英雄。

三、高年级学生的青春期前期教育

（一）青春期前期教育的必要性

"青春期"这个名词来自拉丁文的 pubertas，意思是"成人的时期"。顾名思义，它是个体从性机能迅速发展至性机能成熟的阶段，也是人生各方面变化最大的阶段。在青春期，

人的变化非常快，它是一个短暂的发展阶段，与少年期至青年初期的这段时期重叠。

1. 小学高年级学生的生理变化

小学五六年级学生的生理发展可划分为三种类型：一是未进入青春期前期，他们的生理特征是男生喉头未增大，女生乳房未发育；二是处于青春期前期，他们的生理特征是男生喉头开始增大，女生乳房开始发育；三是进入青春期，以男生第一次遗精、女生月经初潮为进入青春期的标志。

2. 小学高年级学生的心理特点

（1）社会能力方面

这一时期的孩子，大脑神经高度兴奋，极易冲动，神经系统的活动具有强烈的爆发力。但由于大脑和神经系统刚刚发育到青春期，尚未完全成熟，因此他们缺乏持久力。由此可见，在这一时期加强毅力的培养和耐力的锻炼是十分必要的。

（2）独立意识渐趋强烈，并逐步确立自己的社会角色

在学校，他们常常容易以自我为中心，希望别人仰慕、关注自己；在家里，总想尽力摆脱家长的管束，对于父母的爱护与帮助不以为然，甚至采取嘲讽、讥笑的态度。在很多事情上，他们总愿我行我素，自作主张。事实上，他们并不具备独立的生活能力和成熟的心理素质，因此在生活中往往容易发生一些幼稚的行为，这与他们独立意识增强带来的负效应有关。他们虽然开始有了自己的思索和追求，但往往是不切实际的，在行动中容易"碰壁"或"栽跟头"。

（3）感情丰富，易于冲动

从积极方面说，高年级学生看了好电影，听了劳模的报告，以及阅读了有积极意义的小说等，容易受感染，激情迸发，内心产生一种不可抑制的献身精神；从消极方面看，他们有心理素质不成熟和感情脆弱等弱点，常常会受到外界不健康或有害思想的侵蚀与诱惑，甚至受到坏人的教唆，使其身心受到伤害，给个人、家庭和社会造成无法弥补的损失。

（4）求知欲强，兴趣广泛

在儿童期，他们的求知欲虽然也很强，但缺乏主动性，获取知识的范围和渠道主要取决于家长。从青春期前期开始，小学生已初步具备了主动探索知识的能力。面对大千世界和知识的海洋，他们对每样事物都感到新鲜，对什么都有浓厚的兴趣，这对他们知识的增长无疑是十分有利的。但是，学生的求知欲和兴趣也各不相同。

（5）心理年龄与生理年龄不同步

即将进入青春期的少男少女，生理发育上逐渐接近成年人，而由于步入社会时间短，在心理上，社会角色模糊，所以表现出心理年龄"滞后"、与生理年龄不相适应的情况。特别是在遇到突发事件时，他们往往准备不足，缺乏应变能力，显得手足无措。

（二）开展青春期前期教育的原则

1. 适时、适量、适度的原则

在青春期前期性教育中，必须依据青少年身心发展渐进性的特点，既不超越，也不延缓，确定恰当的教育时机，使学生有准备，能愉快健康地走进青春期。在传授性知识时，要根据学生年龄特点和承受能力，把握分寸，防止过度，选择相匹配的教育方法，

并组织灵活多样的教育和辅导形式，指导青少年形成健康的性意识。

2. 科学的原则

在对学生进行青春期前期教育时，建议把握"温、文、稳、问"的四字原则，具体如下。

1）"温"即温暖，科学地谈"性"，并不意味着专用术语、现实回放，而更应是一种温柔、自然、充满爱的态度。令人感到温暖的态度是性教育的前提。

2）"文"即科学性。科学不仅指概念的科学，还指传授知识的方式是科学的。

3）"稳"指的是不能操之过急，尤其在性教育方面，必须小心翼翼。

4）"问"指的是要鼓励孩子发问，让孩子能和教师自然地交流。为孩子们铺设不同的交流渠道，这既是课堂的延伸，同时也是解决所谓敏感话题的必要手段。

3. 紧密联系学生生活实际的原则

青春期前期教育有一个很显著的特点，就是要帮助学生解决生活、心理等诸方面的实际问题。所以，不能一味地讲解知识，而要通过引导和实践，让学生掌握解决问题的方法。比如，对女生可以从生理变化讲解入手，让她们学会爱惜和保护自己的身体，进而懂得如何自尊自爱。这时的男生，随着身体不断地变得强壮，开始对"力量"着迷，觉得可以靠力量控制、解决事情，达到一些目的。所以在青春期，很多男孩子会因为使用不好"力量"而带来恶果。如果仅用以往的纪律强化方式，往往会给孩子带来情绪的反弹，因此，在小学高年级引导男生对"力量"进行重新认识是非常必要的。

（三）开展青春期前期教育的方法

1. 讲座

讲座是进行青春期前期教育常用的方法。讲座的好处是覆盖面广，内容具体，指向性强，信息量大；不足是缺少互动，不能照顾到个别需要。讲座的方法比较适用于知识的讲解。

2. 谈话

谈话是班主任与学生的个别谈心与交流，其优势是及时、私密、高效、灵活。这里需要强调的是，谈话绝不能是教师的"单向输出"，而应是"倾听、激导、支持"的过程。倾听是了解的手段，更是无条件接纳的表现；激导是帮助学生理清思路，寻找解决问题的方案；支持是看到学生找到了相对正确的答案，立即表示支持，加以强化。教师要实现角色转换，坚持平等原则，尊重学生，实现师生双向沟通，共同探讨，帮助学生自己做出决定。

3. 班会

班会的优势是主题鲜明、形式活泼，学生之间可以交流、互相影响。因为涉及青春期教育问题，所以班会在设计时一定要注意科学性和形式的多样性。

    资料链接

"难道我喜欢上他了？"

"我不知道为什么，当老师把他从我身边调离时，我伤心极了，我的眼泪无数次地在心里流淌，我不知道自己是怎么了，难道我喜欢上他了？我不知道。"

一次语文小考后，监考老师气冲冲地把这样一张纸条递给了我。"看看吧，这就是你们班学生晓彤考试时候的作品，我开始还以为她是在作弊，原来是在写这些。你说现在的孩子都在想些什么呢？"监考老师说完这些以后，摇摇头离去，留下一脸茫然的我，迫不及待地"拜读"着这突如其来的"作品"。

晓彤是一个漂亮、乖巧的女孩，她是四年级转入这个班的，当她妈妈把她带到我面前时，她两腮羞怯地泛起了微红，甚是可爱。在后来的接触中，我发现这个孩子虽然很漂亮，但性格并不张扬，属于很内向的性格。想想她平时的表现，真的很难和这张纸条联系到一起，这个纸条中的"他"又是谁呢？我继续回忆着近期班级变换座位的情况，哦！原来是六年级才转过来的同学霖，霖的确是个多才多艺的孩子，他爱读书，在课堂上发言总是滔滔不绝，头头是道，经常令大家羡慕不已。这次开班会，他更是展现了说相声的天赋。霖是个洒脱、活泼、令人欣赏的孩子，怪不得牵动了"白雪公主"的心。

"早恋"这个词第一时间充斥了我的头脑，这真是一个棘手的问题，尤其是对于正处在懵懂期的孩子而言，这样的感情更是给人一种扑朔迷离的感觉，是"堵"还是"疏"？我有些迷茫，暂且放一放吧。我把纸条整齐地叠好揣进了衣兜，带着一丝不安走进教室。教室里热闹非凡，孩子们正在享受考试后的轻松，只有晓彤一个人在自己的座位上若有所思，看到我进来，她的目光有些躲闪，又有些恐慌。我像什么都没有发生一样，若无其事地走到了讲桌前，示意大家安静，准备上课。上课时，我像往常一样神采奕奕，像往常一样叫她回答问题。就这样，一切都显得风平浪静。

放学了，大家都快速地收拾着书包，只有晓彤磨磨蹭蹭，一直都没有把书包收拾好，"晓彤，你今天收拾书包好慢，那你就留下来做保洁，并负责最后锁门吧。"我想孩子一定有话想说但又找不到机会，不如我来个顺水推舟吧。晓彤顺从地点了点头。当我送完路队，回到教室时，做保洁的同学已经离开了，只剩下等待锁门的晓彤。"晓彤，锁好门，赶快回家吧，记得下次快点收拾东西。""李老师，我想和您谈谈。"她的声音是那样小，而且声音还有些颤抖。"好呀！""李老师，今天考试的纸条，您看到了吗？""嗯。"晓彤的脸一下子变得绯红，头更低了。

"我觉得你的这种想法，其实是人生发展的一种正常的心理活动，老师也是从学生时代过来的，既然你愿意和我谈，那咱们就以朋友的身份来谈谈吧。"

我以自己的亲身经历告诉孩子这种心理波动是正常的，不必有任何心理负担。

"你能将自己的真实想法写出来，其实也是一种自我排遣、自我调节。但你毕竟是一个学生，主要的任务还应该是学习，所以你应该全身心地投入学习中，努力克服自己对异性的这种特殊的感情，只有"克制自己，战胜自己，超越自己"，才能取得属于你的成功。"

晓彤似懂非懂地点了点头。

"我们再举个例子吧。一朵月季的开花期是六月，可是它非要三月就开花，它的结果会怎么样呢？"

"它不但不能开花，而且，可能会被冻死。"

"对呀，我们人也一样，人一生要做的事有很多，一定要分清什么时候该做什么，因为人的精力是有限的，每个年龄阶段都有要做的事情，你现在正是青少年时期，精力旺盛，所以应把握好机会，努力学习，让这种心理的波动成为你成长路上的一段风景吧，不要成为那朵早开的花朵，好吗？"晓彤使劲地点了点头。

第二天，针对这种情况，我特意召开了一节主题为"男生女生面对面"的班会，让大家开诚布公地交流自己对异性的欣赏与看法。班会的气氛空前热烈，在班会上，晓彤充分表达了自己的想法，而且，还将我讲给她的道理转述给大家，赢得了阵阵掌声。

从此，晓彤又恢复了往常的生活，她与霖也成了要好的朋友，一切都是那么自然和从容。这不是早恋，我对我以前的界定进行了反思，如果给它起个名字，我想可以暂且叫它"早到的爱"吧。这种所谓的"爱"不过是心理成长的一个阶段而已。

（资料来源：李秀娟，2014."难道我喜欢上他了？"[M]//李秀萍. 班主任工作的 30 个典型案例（小学篇）.
上海：华东师范大学出版社：136-139.）

> 讨论：
> 如何评价上述案例中班主任老师的做法？如果你是这位班主任，你会如何处理？

思考与探究

1. 了解与研究学生应该坚持哪些原则？
2. 全面了解学生的方法有哪些？
3. 试结合事例分析小学高年级学生的心理特点。
4. 新的学年开始了，假设你作为小学四年级的一名新班主任，刚接手了一个班级，你打算怎样去了解你的学生呢？请把你的想法写下来。

第二篇

健全班级组织建设，
促进学生成长

第四章 班级管理目标与愿景

学习目标

1. 理解班级管理目标的界定与类型，了解班级管理目标的功能，掌握班级管理目标制定的一般过程。

2. 理解班级愿景的内涵、愿景与组织目标的关系，能够科学合理地描述班级愿景。

在组织成长的道路上，愿景扮演着关键的角色。

—— 〔美〕马克·利普顿

对一个班级开展管理，班主任首先得明确：我要把我的班级管理成怎样的一个班级？为了把我的班级管理成那样一个班级，我应当怎样进行我的班级管理工作？前者是管理的目标问题，后者是管理的规划问题。做任何事情，都不能无目标地去做；没有目标，什么也做不成。目标不是干巴巴的一两个句子所做的表述，它应当是精彩的、富有魅力的、能够召唤组织成员的。这就需要把目标转化为愿景。

那么，班级管理的愿景是什么？又如何去实现愿景呢？开展班级管理，并不是去维持一个组织的存在，而是要实现班级组织的社会功能。为了实现班级组织的社会功能，班主任要与一群人（尽管这些人都还是孩子）共同去创造一种生活，这就是班主任的"领导"。班主任在领导班级的过程中想要创造的生活，就是班级组织的"目标"；把目标化为一种理想中的生活画面，就是"愿景"。

第一节 班级管理目标

管理是一种实践活动，因而是一种过程的存在。从管理过程的一般性质出发，可以抽象出规划、实施、评价三个基本环节。规划是班级管理活动的第一个环节，而目标又是规划的出发点。所以，我们首先来讨论班级管理目标。班级管理目标就是班级组织的目标，它既是班级管理的起点，又是评价班级管理绩效的依据和标准。

一、目标的含义及特性

为了正确地理解班级管理目标，我们先对目标概念做一些讨论。目标可以理解为个体、群体或组织期望某一活动达到的成就或结果。任何一个机构都为实现一定的目标而设立，任何一个人的有意识活动都为实现一定的目标而进行。人类在改造自然、改造社会的过程中，其活动的内容、方式、方法总是由预计要实现的目标所决定的。

一般认为，目标具有以下特性。

1）预期性。目标是人们在一项行动之前预期要得到的结果，因而具有预期性。

2）指向性。由于目标有了一个预期的结果，这个预期的结果就规定了人们的行为指向，因此，目标又具有指向性。

3）主体性。目标所预期的结果体现了人的主动追求，是人们的有意识的主动行为，体现了人的主观能动性和创造性，因而目标还具有主体性的特点。

二、班级管理目标的界定与类型

（一）班级管理目标的内涵

班级管理目标是班级组织为实现教育的目标和任务，从本班级实际出发确定的管理活动所要达到的一种理想状态或预期要得到的结果。

小学班级是小学的基层教育教学组织和少先队的基层教育组织。具体地说，小学班级管理目标就是通过教育教学的组织活动和少先队教育的组织活动，实现特定年级小学生的发展要求。

（二）班级管理目标的类型

根据不同的标准，班级管理目标可以划分为不同的目标类型。

1. 从对象上分

班级管理目标从对象上可分为学生个体目标、学生群体目标和班级集体目标。

学生个体目标是指按照每个学生各自的需要、兴趣、性格、意志、情感、品德、学习等特点，为实现学生的全面发展、培养学生创新精神等而制定的目标。个人目标则应以班级集体目标、学校目标为导向，这样彼此之间就不会方向各异，互相抵消，甚至内耗。学生群体目标是指引导学生群体发展成有效成熟学生群体的目标，如外在目标和内在目标、自愿目标和非自愿目标、现实目标和非现实目标、长期目标和短期目标等。班级集体目标是指在一定时期内班级集体共同活动要达到的效果或标准状态，如班级学习目标、班级德育等各方面的目标。

2. 从内容上分

班级管理目标从内容上可分为学习目标、德育目标、常规目标、身心目标等。

学习目标是指学生或班级在一定时期内达到的成绩或者学习能力，如学生做到学习态度端正、学习目标明确、有一定的自学能力等。德育目标是指在德育方面要实现什么样的状态，如班级学生热爱班集体、同学之间互帮互助等。常规目标是指学生达到学校或班级制定的规章制度要求，如班级环境整洁、放学路队整齐有序等。身心目标是指学生在身体素质和心理素质方面要达到的状态，如身体健康、体育达标、心理健康等。

3. 从时间上分

班级管理目标从时间上可分为长期目标、中期目标与短期目标。

长期目标应该从整体出发，从长远着眼班级管理活动要达到的预期效果或状态，促使全班学生在德、智、体等各方面全面发展，创造性地建设班级。它具有概括性、全局性和根本性的特点。通过长期建设，班集体具有健全的组织系统、严格的规章制度与纪律、强有力的领导核心、正确的舆论和良好的班风；能够正常地发挥其整体功能，有计划地开展各种教育活动，从而使班集体达到自我提高、自我完善和自我发展的目标。

中期目标可以理解为一个学年或者一个学期的奋斗目标，它指明了在这段时间内班级活动应达到的效果，它是实现长期目标的过渡阶段，起到了对短期目标实现情况的总结与对长期目标实现的引导的作用。多数情况下，中期目标包含在班级学年或学期工作计划的目标任务中，如把班集体建设成为学习先进班集体、常规管理先进班集体等。在个人道德行为方面的中期目标有：具有先国家和集体、后个人的集体主义精神；养成艰苦奋斗、遵纪守法等良好的行为习惯，培养较强的生活自理能力。在智力培养方面的中期目标有：具有正确的学习态度、科学的学习方法、良好的学习习惯，形成求实、探索、团结、进取的学风等。

短期目标是时间最短的目标，是实现长期目标与中期目标的基础。短期目标可以理解为每阶段的教育所要达到的目的，如搞好课堂纪律、搞好卫生、做好课前准备等。此外，短期目标还应体现在每次精心设计的教育活动之中。开展教育活动的目的是培养学生的集体主义精神和助人为乐、热爱劳动的优良品质，以及一定的组织能力和实际操作能力，等等。短期目标具有具体性和可操作性。

长期目标、中期目标与短期目标应相互结合，目标的实施是一个周期过程，要分成若干阶段，努力使各阶段的目标都能实现，只有这样，才能在周期过程结束时，实现总体目标。所以，长期目标、中期目标和短期目标必须形成一个统一的整体。长期目标是组建班集体的最终目标。班集体的全部工作都是为了使全班学生朝着这个方向努力奋斗，但这是一个渐进的过程，这个过程要成为学生自我教育的过程，要使学生懂得：每一个集体目标的实现都是全体成员共同努力的结果。这样，通过目标的制定与落实，全班同学心往一处想，劲往一处使，从而增强班级的凝聚力和向心力。

三、班级管理目标的功能

班级组织有一个统一的目标，在目标的引领下，班级教师与学生的活动协调一致，有利于建设良好班集体。班级管理目标具体的功能主要表现在以下几个方面。

（一）导向功能

党的二十大报告指出，教育是国之大计、党之大计。培养什么人、怎样培养人、为谁培养人是教育的根本问题。育人的根本在于立德。全面贯彻党的教育方针，落实立德树人根本任务，培养德智体美劳全面发展的社会主义建设者和接班人。班级管理目标一定要体现社会、学校对学生的基本要求，符合社会要求的方向，为班级所有成员指明方向，班级管理目标是依一定社会需要和要求确定的。班级管理目标体现社会或者是教育方针的要求，班级活动在班级管理目标的引导下，以一定社会对学生的要求具体化为学生的努力方向，培养符合社会要求的合格学生。班级管理目标要以学校目标为导向，在学校目标的基础上制定和实施班级管理目标，使之体现学校的方针思想，体现学校的工作要求。

目标的导向功能要求班级管理目标应具有正确性和明确性。只有正确明晰的目标，才能起到鼓舞人心、催人奋进的作用。班级管理目标的导向作用对学校工作、对班主任的工作、对学生的成长都有重要意义。这种意义在于使学生能够按照社会要求顺利地发展。正确的班级管理目标的确立和落实的过程，就是学生健康成长的过程，同时也反映了学校工作成果对社会的贡献。

（二）激励功能

班级管理目标对班级工作起到导向作用的同时，还发挥着激励的功能，主要体现在三个方面。一是对学生来说，一个切实可行、行之有效的奋斗目标，可以吸引、鼓舞和推动他们为实现目标而努力，从而使班级工作顺利开展，学生自身得到发展。二是对班级管理者来说，班级管理目标可以提高他们管理的自觉性，激励他们追求班级管理工作的效益最大化。三是对整个班级来说，通过实现班级管理目标，可以提高班级的竞争力，班级之间的竞争就是"目标"之间的竞争。目标的实现体现了班级所处的班级状态，从而能体现出班级的整体素质以及各个方面的水平。

实现班级管理目标是一个动态的过程，需要成员之间的积极配合，这种积极主动多半源于目标本身的吸引力。当班级成员把班级管理目标看成一种自身的需要时，目标起到了激励的功能。在管理过程中，班级成员形成了责任感和主人翁的意识。

（三）驱动功能

班级管理目标一旦成为班级所有成员的共同认识并化为他们的自我需要，目标就成了努力的方向。因此班级管理目标会成为一种驱动力量，这种驱动力量既是一种外在的驱动，使落伍者奋力赶上，使先进者更为努力，鞭策激发班级成员的努力，又是一种内在的驱动力量，班级管理目标化为自身的一种需要，使学生从"目标"中看到自己的不足。班级管理目标是班级工作的进取方向和学生成长的标尺，学生从"目标"明确班级、学校、社会的各种要求，从而推动他们积极进取，并化为他们健康和谐成长的各种具体活动。

班级管理如果没有明晰的正确的目标，就没有实际有效的班级活动。实现班级管理目标一旦失去了驱动力，"目标"就形同虚设，班级管理工作就会出问题，管理者与被管理者就会失去重心，甚至不知道该干什么、怎么干。对一个班集体来说，目标的确定只是第一步，还必须有实现目标的驱动力，这样才能实现目标。

（四）评价功能

班级管理目标既有导向功能，又有对全班以及所有成员的激励作用和驱动作用。班级管理目标的实现过程是不断"评价"的过程。首先，在实现目标过程中做了多少，做得好还是坏，必须以"目标"为基准进行评价。其次，在师生共同实现目标的各项活动中，又要在"评价"中予以鼓励与调整。最后，全班师生在实现"目标"的过程中与"目标"的距离是以不断地"评价"来判断的。"评价"的基本标准就是班级管理的目标，所以班级管理的目标又能够体现出评价的作用。

班级管理目标的评价作用体现在对班级工作各个方面的评价，如评价优秀班集体、教师的教学质量、班风等。学校考察班级工作、学校评价班主任的工作及学生评价班主任的工作都可以以班级管理目标为基准，班级管理目标的评价功能贯穿于整个班级管理过程中。

四、班级管理目标制定的一般过程

目标的制定不是随意的，在制定目标之前，要有一系列的准备工作，包括思想上的和行动上的。思想上的准备是制定者在头脑中形成的一套关于如何制定、怎样制定的方案和规划，就相当于建筑师在建筑前的蓝图；行动上的准备是思想上准备的具体实施，如通过简要的调查来分析班级现状、了解学生等，从而使得制定出的班级管理目标符合本班级的实际情况，也更加具有针对性和适用性。一般来说，制定目标有以下几个方面的环节。

（一）分析班级现状

班主任接手一个新的班级，需要制定班级管理目标，首先需要做的工作就是对班级的现状做一个分析。对于新接手的班级，班主任需要做的就是初步了解班情，并根据以往带班的经验制定出一个较为适合班级发展的管理目标。首先，对班级内部各因素进行具体分析。就学生而言，要分析学生的总体精神面貌，包括班级学生的人数及各层次人数的比例，学生身心发展的总体水平和学生的心理倾向；学生个体的性格特点、能力水平、爱好特长，在班级中的地位作用和影响力等。就班级集体而言，要分析班级集体在学生心理上、行为上的影响力、凝聚力；集体舆论、规范对个体的调节作用；班级人际关系及相应的心理气氛等状况；学生群体的行为倾向特点及其趋同心理倾向和愿望等。其次，正确地分析班级现有条件，包括物力条件和人力条件。在物力上，班级现在有哪些基本设施可以利用，还需要创设哪些条件；在人力上，班干部数量和分配如何，各科代课教师的素质怎样，等等。班主任要通过分析班级现状做到心中有数，为班级管理目标的制定打下良好的基础。

班主任带班一段时间后，需要在一定的基础上对原有班级管理目标加以调整和修改，使之更加有利于班级的发展。班主任一定要客观地分析以前的管理工作，有哪些成功的经验和失败的教训，为什么会出现不同的情况，其中哪些宝贵的经验值得今后继续借鉴，又有哪些需要引以为戒，都要做到心中有数。班主任平时要多观察，多记录，养成写班级日记的习惯，并及时总结、分析，为制定班级教育目标提供现实的依据。

（二）了解学生想法

从多方面调查了解学生是顺利进行班级管理工作的前提条件，因为教师和学生毕竟有一定的年龄差距，教师的想法不能代表学生的想法，不对学生进行调查了解而贸然实施教育，是不会取得好的效果的。对新接手的班级是如此，对非新接手的班级，教师同样要经常了解学生的想法，随时感知学生思想的变化，基本知道合作群体中的每一位成员对班级管理目标的看法和希望。

（三）师生共同参与

班级是由教师和学生共同组成的集体，尤其学生，是构成班级的主体部分和主要力量。甚至有的学者还认为，构成班集体的力量只是学生，教师并不属于班级的有机组成部分，而只是一名指导者和辅助者。由此可见，在制定班级管理的具体目标时，教师不能搞"一刀切""个人专断"的集权主义作风，而应该做到以学生为主体，以学生为本，以学生的发展为本，广泛吸纳学生的意见和建议，共同讨论，这也正是一种人本主义的班级管理理念的最好体现。

资料链接

孩子们　让我们携手奋进——班级目标管理法心得

记得曾在网上看到"有目标的生活叫远航，没有目标的生活叫流浪"时，内心激起阵阵波澜，感触颇深。的确，明确的目标是一切组织活动的出发点和终结点，是维持组织存在和发展的链条。学校班级作为组织存在的一种形式，自然也离不开明确目标的指引和激励。有了目标，学生才会有不断奋进的动力，才会有昂扬自信的斗志，才会有热力四射的激情。

我前年刚刚教完六年级毕业班，新接手了二年级升三年级的一个班，由于特殊原因，班级在二年级学年期末的学校考核中，无论是班级的学业成绩，还是学生的行为习惯都列年级末尾，因此在三年级开学初的第一次升旗仪式的学期班级考核表彰大会上，学生见自己班没有获得任何表彰，走向教室的时候个个都垂头丧气。走在队伍最后的我看着他们，心想：不要灰心，同学们！让老师和你们携手奋进，共同开创我们班级的美好未来。

进了教室，面对学生自卑难过的目光，我的心战栗了。我对全班同学说："同学们，虽然我还叫不出你们的名字，但从今天开始我们就是一个战壕里的战友，大家荣辱与共！我们虽然失败了，但能就此轻言放弃吗？"同学们都摇头，眼里透出一丝光亮，我接着说："失败已经属于过去，我们不再追究谁是谁非，今天是开学第一天，未来我们有很长的路要走，只有反思过去，总结教训，及时改正错误，才会让今后的每一步走得稳、走得实。现在我们一起来总结、反思……"同学们纷纷发言，深刻剖析自己及班级在集体荣誉感、学习、行为习惯上存在的不足。有的同学说："课间时我们班总是有同学追逐奔跑，这样不但危险还违反学校常规，导致班级周评比扣分……"有的同学说："我们班有的同学不爱学习，考试成绩总是拖班级的后腿……"有的同学说："我们班在参加学校或其他比赛时成绩不佳，因此也不能为班级加分……"看着一个个不到十岁的学生有如此积极向上的激情和班级凝聚力，我深为感动，对他们说："从哪儿跌倒，就从哪儿爬起来，我们从最基本的行为习惯开始训练，相信自己，相信老师，我们同心协力，一定会取得辉煌的成绩。老师向你们透露一个小秘密，我所教的每一届毕业班都是学校的'模范班'或京口区的'先进集体'哦！"同学们听了，眼睛更亮了！

接下来一周共同的学习生活，我仔细观察每个学生，记录班级存在的优点与须改进的地方，制订了班级建设的方案。首先，我提出班级建设的目标——向上、博学、健康（心理的阳光和身体的健康），并召开班会讨论。在班会上，我详细解释了目标的内涵，获班委干部一致通过。同时利用开学初的家长会向全体家长宣讲班级建设内容及内涵，得到全体家长的认可和全力支持。有了这个班魂，有了这个共同的奋斗目标，学生的激情迸发了。其次，我确立了集体的奋斗目标。集体的目标是集体努力的方向，就是班级班风、学风的建设。要让集体的每个学生都清楚地知道集体的长期目标、中期目标和短期目标。长期目标即一个优秀集体应达到的要求，对班级学生而言就是争创学期"校级模范班"，这些要求不是一两天就能做到的，但我们要让学生知道这些要求不是可望而不可即的，而是通过全班同学努力之后能做到的，要让他们知道在这样优秀的集体中生活、学习会感到更愉快，使学生内心对优秀集体产生强烈渴望。中期目标就是针对班级建设过程中存在的误区进行矫正，培养并巩固学生在学习和行为习惯上的良好习惯。短期目标是近期根据学校德育、教学和后勤等部门布置的相关工作，结合本班的实际情况，有组织、有计划、有目标地完成各项任务，让学生的个人努力目标与集体的荣誉目标相一致。

依据班级建设目标从时间上制定班级的短期目标、中期目标和长期目标，从内容上分为学习目标、德育目标、行为习惯目标和素质目标等。要求学生从自身实际出发制定自己的努力目标。具体落实在学习目标上，从听课专注、午间阅读专注、作业专注开始；行为习惯目标从课间不奔跑、上下楼右行礼让开始；德育目标从进校向老师第一声问好开始；素质目标从认真记录"书香伴我快成长"开始。

卧薪尝胆的历程是艰难的，学生在成长的过程中有犯错和反复的时候，这也是他们在成长中必定会经历的。每每这时，我总会以班级的奋斗目标激励他们；以宽容错误的心等待他们的成长；以小故事蕴藏的大道理引领他们；以丰富多彩的活动去激发他们，以班级每周获得的"五星班级"光荣称号去赞扬他们……全班总动员，共奋进。短短的两个月，整个班级悄然发生了翻天覆地的变化：上课铃响，所有同学迅速进班，方向一致地静息候课；课前准备个个同学整齐到位；上课时每位同学都专注听讲，即使窗外人头攒动，也无一人移动目光；课间时上下楼人人右行礼让；校园里见到每一位老师都会热情招呼"老师好"；午间阅读时每位同学都坐姿端正，双手握书，静静专注阅读……原来最怕进我们班级上课的老师现在最爱进我们班上课了；校领导多次在巡视后进班表扬全班专注学习和午间阅读；上级领导行为习惯验收抽查时，长时间驻足我班窗口，我班学生无人张望，他们的读写姿势深受检查者的赞赏；同学们参加全校的各项比赛活动屡获佳绩，获奖奖状贴满了班级荣誉栏。

学生的潜能是开发不尽的，只要师生摆正了位置，明确了各自的职责，用最恰当的方式方法，发挥各自最大的作用，我们既定的目标就不会成为一纸空谈。相信我们班级在这个目标的引领下，会取得更大的成绩。

（资料来源：陈辉，2014. 孩子们　让我们携手奋进——班级目标管理法心得 [J]. 教育教学论坛（12）：28-29.）

第二节　班级愿景

班级愿景就是班级组织的愿景，也可以称为班级组织的"共同愿景"。它既是班级组织目标的具体化，也是组织成员对组织目标取得共识的结果，同时组织目标又化为能够激励组织成员共同活动并加以追求的组织未来的景象。

一、愿景的内涵

愿景作为一个管理专业知识中的用语，首先是在企业管理领域流行起来的，随后被引入其他管理领域，包括班级管理领域。在学校的班级管理实践中，愿景也已经成为一个常用语。但是，愿景究竟有什么样的含义呢？

愿景作为一个外来词语，英语为"vision"，其中的一个意思是想象中的未来的景象。愿景作为管理专业术语，从汉语译著看，美国管理学者比较多地阐述了这个概念。据介绍，吉姆·科林斯在其1994年出版的《基业长青》（*Built to Last*）中认为，成功的企业有一个重要的经营理念，这种理念就是愿景。美国管理学者彼得·M.圣吉在1990年出版的《第五项修炼——学习型组织的艺术与实务》中论述了"共同愿景"这个概念。他说："'共同愿景'不是一个想法……它是在人们心中一股令人深受感召的力量。刚开始时可能只是被一个想法所激发，然而一旦进而发展成感召一群人的力量时，就不再是个抽象的东西，人们开始把它看成是具体存在的。在人类群体活动中很少有像共同愿景能激发这样强大的力量。"

愿景如果只是一般地被看作对未来景象的想象，则个人和组织都有，那么它只是一个普通词语，但是，愿景作为一种管理术语，则是专指组织的"共同愿望的景象"。

所谓愿景，就是由组织内部的成员所制定，借由团队讨论，获得组织一致的共识，形成大家愿意全力以赴的未来方向。

所谓愿景管理，就是结合个人价值观与组织目的，透过开发愿景、瞄准愿景、落实愿景的三部曲，建立团队，迈向组织成功，促使组织力量极大化发挥。

二、愿景与组织目标的关系

从以上描述可以看出，愿景与组织目标概念是相联系的。那么两者是什么关系呢？

组织目标与愿景在本质上是一致的，组织目标是愿景的核心。但是，组织目标与愿景也有所不同。

（一）组织目标是外在要求，愿景是内在追求

组织目标是组织社会功能的体现，对于组织个体来说，是外在的要求。社会系统所提出的教育目的，先化为学校的教育目标，再具体化为班级组织的要求，这不是任何一个组织中的个体可以任意左右的。

一个正确的组织目标虽然是外在的要求，但是却有内在的意义。学校教育目标不能自发地从班级组织个体那儿产生，但是反映了个体的内在发展要求。组织目标具有内化的条件，组织目标要发挥作用，就必须内化为组织成员的内在要求。组织愿景就是组织目标内化的结果。

（二）组织目标是抽象观念，组织愿景是形象的生活画面

人们可以对生活进行抽象，从而形成观念，但是反映生活实际的观念必定有生活的

基础。一种人们可以接受的观念，必定能还原到生活的实际。即便是成年人，一种抽象的组织目标也要成为生活的感召（这是在经济管理领域"愿景"概念提出的原因）才能发挥作用。以形象思维为主、抽象思维正在发展的小学生，就更需要把抽象的组织目标转化为具体的组织愿景。在小学班级管理中，抽象地谈论班级组织目标是没有意义的。在组织管理中，必须有组织目标，必须把抽象的观念的组织目标转化为具体的、形象的、有感召力的组织愿景。

三、班级愿景的确立

（一）班主任是班级愿景的主要设计者

第一，班主任是成人社会的代表，是班级组织社会功能实现的主要承担者。班主任代表成人社会实施着班级组织的社会功能，也只有班主任才能比较好地理解班级组织的社会功能，理解为实现班级组织社会功能而确立的班级组织目标。

第二，班级愿景不能自发地产生。组织是由个体组成的，每一个个体都是有意志的人。小学班级组织中的个体是成长中的少年儿童，他们的成长是需要引导的。因而，班级愿景必须由班主任根据班级组织中个体的发展需要和实际来设计。

（二）班级愿景必须符合班级的组织目标

班级愿景可能会多种多样，也不一定会对班级组织发生积极的作用。如果班级愿景偏离了组织目标，也就偏离了管理的方向，班主任就不能以一定的班级愿景引导班级趋向班级组织目标。班级愿景必须符合班级组织目标，必须依据班级组织目标而产生。班主任要从班级生活出发，根据班级组织目标，构想出一幅既符合班级组织目标，又能使班级成员乐于生活其中并积极成长的生活画面。

（三）班级成员是班级愿景形成的重要参与者

班级成员是班级愿景形成的重要参与者。班级愿景既是组织的，也是个人的，是组织意愿与个人意愿的融合。

班级愿景是班级组织的共同愿景，是组织意愿与个人意愿的融合、班级教育要求与个体发展特点的融合、正式组织活动与非正式组织活动的融合。愿景之所以重要，是因为愿景是人们的内在追求。这里要区分组织领导个人头脑中的愿景、组织成员的个人愿景和组织的共同愿景。组织领导者在组织愿景产生中起着重要作用。组织领导者由于其在组织中的地位，也可能将自己的个人愿景加诸组织之上。但是，这种愿景"顶多博得服从而已，不是真心的追求。一个共同愿景是团体中成员真心追求的愿景，它反映出个人的愿景"[①]。班主任设计出的愿景如果只是班主任个人头脑中的构想，还不能成为真正的班级愿景。只有当班主任设计出的愿景与班级组织中的个人愿景结合起来，才能成为班级组织现实的愿景。从班主任所设计的班级愿景到班级组织的共同愿景，一方面需要

---

① 彼得·圣吉，1994. 第五项修炼——学习型组织的艺术与实务［M］. 郭进隆，译. 上海：上海三联书店：237.

让班级组织中的个体了解组织愿景的整体设计，另一方面也需要使班级组织中个人的愿景被吸纳并融入班主任设计的愿景中。班级组织成员不是班级愿景的被动接受者，而是班级愿景形成的主动参与者。

四、班级愿景的内容

班级愿景作为班级组织目标的具体化，不能止于大概的想象，不能变成"草色遥看近却无"。愿景若是一片可人的绿地，就必须有可人的小草；愿景若是一幅诱人的画面，就必须有具体的景致，如画面中的花、草、树等。这"景致"就是愿景的具体内容。班级组织的愿景是由班级组织中的人构成的，因此班主任和班级组织中的学生个体以及他们的共同生活方式，就是愿景画面中的"景物"。

（一）班主任角色的自我发展设计

班主任作为班级组织的领导者，是班级愿景中的重要成分。有些班主任可能认为，班级愿景是班主任给学生设计的。这种观点是不正确的。班主任对班级的领导地位决定了其对班级生活的重大影响。在一定意义上，一个班级的形象就是班主任的自我写照。优秀的班级一定有优秀的班主任，优秀的班主任后面必定有一个优秀的班级。班主任应当像《中小学班主任工作规定》所要求的那样，做个优秀的日常思想道德教育和学生管理工作的实施者，真正成为中小学生健康成长的引领者和学生的人生导师。

班主任的自我角色设计，还要向实践中的优秀班主任学习，学习别人的长处，同时结合自己的个性特点和工作特点。

（二）学生个体发展设计

班级管理或班级教育的目的在于学生的发展。对班级中学生发展的期待是班级愿景的重要内容。

学生的发展不是学生个体随意的想象。小学生还处在个体社会化的初步阶段，社会性的需要还处在萌发的阶段。懵懂的孩子并不能自我设计成社会所需要的人。这就需要教师的帮助。

学生个体的发展设计可以有明确的参照，这就是《中小学生守则》《小学生日常行为规范》中提出的行为要求。如果学生能够做到这些行为要求，就一定是优秀的学生。由优秀的学生组成的班级也一定是优秀的。

这里要注意的是：第一，班主任不能只把《中小学生守则》《小学生日常行为规范》当作文件看，要把它们作为学生成长的参照标准；第二，学生的成长是一个过程，班主任要做的工作，就是一步一步引导着学生向前走；第三，要让学生学到好的行为，需要引发学生的内在行为要求。

（三）班级共同生活方式的设计

班级愿景不是每一个个体未来情形的简单相加，而是班级中的每个个体在班级环境中交往着、共同生活着。好的集体生活方式是，个体的追求不仅是向上的，而且具有共同性；个体间是相互支持的。这一切对小学生来说，都要逐步地学习。

（四）班级愿景的年段特点

小学生正处在生长比较快速的时期，其行为的年龄特点十分明显，小学班级愿景必然也有明显的年段特点。由于小学生生理上、认知上、生活经验上的特点，他们对班级组织生活及班级组织与个人的关系的认识，在不同的年段上都会有所不同。班级愿景不能超出年段特点的限制。

（五）愿景中的荣誉追求

若将愿景同一定的集体荣誉联系在一起，就会增加愿景的魅力。其中，评选先进班级是学校普遍的做法，如"文明班级""优秀班级""先进班级""五星班级""达标班级"等。荣誉是人的社会性需要，它体现了人对尊重的需求。当然，对荣誉的追求必须把形式同内容结合起来，徒有形式的荣誉追求会把班级引入歧途。

五、小学班级愿景的描述

一般情况下，一个班主任至少要担任一个班级一年的班主任。由于小学生一个年度便会发生很大变化，班级愿景一般宜按年度确定。这里讨论的是"年度班级愿景实施方案"或称为"年度班级管理规划"。这样一种班级愿景实施方案可有以下几个基本要素。①学校教育目标。学校教育目标是确定班级目标的重要依据。②特定年段上的班级组织目标。班级组织目标是愿景的灵魂。③班级学生的年龄特征。④班级的实际状况。⑤班级组织目标与班级实际状况的差距，以及班级在未来一年里可以达到的状态。班级组织目标和班级实际状况的差距，正是愿景出发点；班级未来一年里可实现组织目标的程度是愿景的着眼点。愿景就是要弥补班级现实状况和班级组织目标的差距。这里班级现实状况的差距包括班主任的差距、学生个体的差距和班级生活状态的差距。

? 思考与探究

1. 结合本章内容并查阅相关资料，理解两个重要概念：班级管理目标与班级愿景。
2. 简述班级管理目标的类型。
3. 简述班级管理目标制定的一般过程。
4. 简述如何确立小学班级愿景。
5. 小学班级愿景的描述一般包括哪几部分？
6. 尝试为你目前所在班级拟定班级愿景。

第五章　班级组织机构建设

学习目标

1. 理解班级组织机构的含义，掌握班级组织机构的主要形式及功能。
2. 了解班级组织机构的三种运行方式，并能根据实际情况采取适宜的运行方式。
3. 了解理想班级组织机构的含义及发展过程，掌握理想班级组织机构的建设策略。

第一节　班级组织机构概述

"组织"的概念有两层含义：一是指静态组织，即为实现共同的目标而使群体成员能够和谐协作的一种人群结构形式；二是指动态组织，即建立起组织运作或生产经营功能实体的一系列活动，它是组织的职能表现形式。班级组织是一个有一定人数规模的学生群体，由学校行政部门根据一定的任务，按照一定的规章制度组织起来的有目标、有计划地对其执行管理、教育职能的正式群体。班级组织既是开展教育活动的基层单位，也是学生开展活动的单位，同时还是学校教育管理工作的基本单位，是学生学习和成长的重要场所。班级组织作为一种微观社会系统，也是一种正式的社会组织。

一、班级组织机构的含义

从静态上说，班级组织这种学生群体，在它建立之初，是由一群年龄相同或接近的儿童组合而成，并被赋予一定名称，如某年级某班，又委派一个班主任进行管理，于是就有了组织的形式。班级组织中存在着最基本的人际交往和社会联系，存在着一定的组织层次和工作分工。从动态上说，班级组织要成为一个真正意义上的组织，则需要在组织架构、制度规范和组织精神等方面进行全面的建设。对班级组织管理的过程，正是其建设的过程。从这个意义上说，班级管理就是组织建设，组织建设就是班级管理，而管理的组织职能就需要通过相应的组织机构发挥作用。

班级组织机构是指班级全体成员在教育者指导下，为使班级及每一个成员获得良好发展而设置的一系列班级管理的职能机构及其运行机制的总和。由于班级组织机构明确规定了班级公务性活动中成员之间的相互关系及行为准则，要求成员之间既有分工又有合作，相互平等，相互尊重，既对社会、集体和他人负责，也对自己负责。因此，它既是形成班级内成员间的责任依从关系、提高班级自主性的决定性因素，又是班集体进行自我管理、发挥自主能动性的组织基础。班级组织机构的运行过程也是班级的自我管理过程，学生按照组织规定行使自己的管理权利，承担班级委托的责任，在个人之间、个人与集体之间的各种关系中，参与集体的生活，这是一种社会化学习过程。因此，班级组织机构是促进学生社会化的有效手段。

二、班级组织机构的形式

为了确保班级管理目标的实现，必须组建健全而完善的班级组织机构，进行班干部的选拔与培养，这是班级组织建设中的重要内容。因此，每一个班级都应有一个健全的班级组织（小学是班委会、中队委员会，中学是班委会、团支部），一般由班长（中队长或团支书）、学习委员、宣传委员、文娱委员、体育委员、生活委员等组成，他们负责班级的各项工作，在班级与教师、学校之间起到桥梁作用。健全的组织有助于班级实行自治，提高班级自我管理的水平，而要健全班级组织，最主要的是要选拔和培养班干部及班级骨干队伍，使班级形成坚强的核心，以引导、带动班级全体学生，实现共同进步的目的。班级中的正式组织机构主要有以下几种形式。

（一）班委会

班委会通常由班长、副班长及学习委员、宣传委员、文娱委员、体育委员、劳动委员、生活委员、卫生委员等成员组成，各班委按分工各自负责某方面的工作，协调各种关系和解决班级内存在的问题，及时处理班级内发生的事情。同时，也要积极组织本班学生参与学校、年级组织的各种学生活动。班委会是班委进行集体领导、协调、决策的形式，是班级的核心组织。班委会产生的方式因年级不同而不同，低年级往往由班主任任命或在班主任指导下民主选举产生。年级越高，班主任一般会越重视充分发挥学生的主体性，充分发扬民主原则，如通过竞选产生等。

班委会成员是班主任的重要助手，是班级的带头人，加强班委会队伍建设，班主任除了兢兢业业努力工作外，更需要具备娴熟的教育艺术。在班委会队伍建设中应注意班委会成员来源的多样化，不能只任命主要来源地学生，而对次要来源地学生，尤其是外地来的学生视而不见。班委会队伍建设不能"唯成绩论"，不能以成绩作为班委会队伍选拔的第一依据。班委会队伍应具有代表性、先进性，他们固然要在学习成绩上具有一定的先进性，但一些品德优秀、成绩在进步之中的学生也应有成为班委会成员的机会。班长需要德智体美劳全面发展的学生来担任，但是体育委员、卫生委员、文艺委员、宣传委员等职位需要考虑学生的单一特长，而在学习成绩方面适当地降低要求。对班委会团体来说，需要领导型的班委会，也需要平稳型的班委会，甚至需要冲动型的班委会保持工作热情，因此班委会成员的性格应是多种多样的。班主任在考虑班委会人选时要注意性别的平衡，在班委会成员人数、职位等方面做到平衡。

（二）班内小组

班内小组是班级组织机构中最基本、最活跃的组织形式，也是学生个性获得发展的摇篮。班主任可引导班级建立各种类型的小组，如图书管理组、卫生监督组、公物管理组、各科兴趣小组、小记者团、合唱队等，为学生的兴趣爱好和能力的发展提供丰厚的土壤。

（三）班级少先队组织

在小学，与班委会平行并列的班级组织是班级少先队组织。《中国少年先锋队章程》规定，少先队是中国共产党创立和领导的中国少年儿童的群团组织，是少年儿童学习中国特色社会主义和共产主义的学校，是建设社会主义和共产主义的预备队。少先队组织是班内少年儿童自己的组织，它接受学校少先队大部队的领导，并在中队辅导员的具体指导下，参与开展各种丰富多彩的少先队活动，使少先队员自主性、创造性得到发挥，思想和道德品质得到锻炼和提高。班级少先队组织的核心是中队委，设中队长一人，中队委若干人，下又分设若干活动小队，每小队设正副小队长各一人。由于班内的适龄学生一般是少先队员，因此在实际班级活动中，有相当一部分是以少先队的形式组织的。这对形成班内少先队集体，促进班集体建设是十分有利的。

（四）班级共青团组织

在中学，与班委会平行并列的班级组织是班级共青团组织。共青团是先进青年自己的组织。进入中学后，班内逐渐发展了一些先进青年团，团员达到一定数量后，便可单独成立班级共青团组织，建立团支部。团支部设书记及支委若干人，下设若干小组。团支部书记和支委一般不兼任班委。共青团组织直接受学校团支部、团委的领导和具体指导，组织团员进行政治学习，开展批评与自我批评，自觉在各种活动中积极带头，以身作则，关心集体与他人，以团支部自身的建设推动班集体建设，同时又积极教育和吸引更多的班内先进青年，发展自己的团组织。

在班级组织建设过程中，班主任采取何种形式来创建和完善班级的组织机构，还可以根据班级的具体情况来确定。例如，为了实现"班级的事，事事有人做；班级的人，人人有事做"的理念，有的班级除了设立"常务班长"外，还设立"值周班长"和"值日班长"。有的班主任提出改变干部终身制，让学生自选服务岗位，实行岗位责任制等。这种根据班级具体情况因人、因地、因时、因事设立班级组织机构的做法也是值得借鉴的。

三、班级组织机构的运行模式

班级组织机构的运行模式主要有控制型、民主型、综合型。

（一）控制型

控制型运行模式的主要理念是强调控制，在班级组织机构运行中表现为以下两点：班级权利主要集中在班主任手中，对全班实行统一指挥，控制整个班级；班主任与班长、组长、学生之间的关系是一种上下级之间的直线关系。控制型运行模式是一种自上而下的管理模式，由于权力集中，其有利于规范管理，提高组织工作效率，但也由于权力过分集中于班主任，班干部的工作积极性及学生参与班级管理的积极性往往会受挫，从而不利于班集体的良性发展。

（二）民主型

民主型运行模式的主要理念是凸显民主。在班级组织机构运行中表现为既分工管理，又相互协作。各种职能管理人员，如班长、学习委员、生活委员、体育委员、文娱委员、组长等在自己的工作范围内，有权向下级下达命令和直接安排班级的活动，同时在工作中还要相互协作。这种运行方式的优点是班干部可以帮助班主任分担班级的工作，使班主任从繁重的班级事务管理中解脱出来，而且有利于班干部工作积极性的发挥，提高他们的管理能力和管理水平。缺点是当学生干部工作能力或协调能力较弱时，各司其职可能会影响组织工作效率，而且如果职能人员分工过细或不明的话，还可能出现相互推诿和扯皮的现象，从而影响班级管理的整体协调，造成管理上的混乱。

（三）综合型

综合型运行模式是把控制型和民主型结合起来，它的理念是力求避免控制型和民主型所带来的不足，既不使组织工作效率受影响，又尽量民主。班主任既拥有一定的权力集中，又能放手让各种职能管理人员直接参与班级管理。

在班级组织建设中，班级组织机构的运行模式应根据学生的年龄特点和身心发展规律做出选择，如小学低年级学生，知识经验少些，自主能力和组织能力弱些，就需要班主任权力集中些，随着学生年龄的增长和年级的增高，学生参与班级管理的范围可更广泛些，更深入些。班主任要引导学生创设一个团结、自主、积极的班级组织机构，这样不仅能给学生一个好的学习环境，也能培养学生的自我管理能力，甚至是管理班级的能力。一个班级管理的最高境界应该是在班主任指导下的学生的自主管理。但需要注意的是，无论采取什么运行模式，都应紧紧围绕班级组织建设的具体目标，要把班干部的工作积极性和学生自我管理的积极性充分调动起来。

⊂━⊃ 资料链接

小学班级自主管理体系的建设

1. 共同制定班级奋斗目标，激发学生自主管理意识

新学期伊始，由班主任带领，全体学生集思广益，商议班级管理规则，积极参与班级管理制度建设。为了更好地做好班级建设管理工作，在综合考量后，大家将班级的奋斗目标分为短期目标、中期目标、长期目标。短期目标主要从班级纪律方面着手制定，表现为出勤情况考核、请假销假规定、作业完成情况、日常卫生工作、学生安全工作等。中期目标主要是班风建设，表现为学风情况、尊师敬师情况、个人品德情况、社会公德情况等。长期目标主要是班级文化建设，表现在"班级硬文化"和"班级软文化"两方面："硬文化"主要考量班级的环境文化，如桌椅摆放情况、黑板报情况、教室室内软装情况；"软文化"主要指班级学生群体的价值观、世界观、信仰、态度的综合反映，如班级制度文化、观念文化、行为文化等。在讨论细则时，充分发挥学生的主观能动性，鼓励他们建立自己的班级"理想国"，朝着自己制定的奋斗目标一步一个脚印去完成。通过学生自主制定班级目标，让学生充分感受到自己是班级管理的主人，给他们创造班级管理的客观环境，激发他们的自我管理意识。

2. 合作讨论班级管理细则，引发学生自主管理动机

班级管理必须有章可循，而且班规一定要大家合作讨论，共同制定，这样更能激发学生的自主管理意识。在这一过程中，班主任要发挥引导作用，积极组织学生学习班级管理的基本制度规范，在对基本规范有了解的基础上，组织学生针对班级自身的实际情况，从安全、思想品德、学习纪律、卫生、各项活动等方面开展小组合作讨论，共同制定出切实可行的班规，最后细化管理制度，实施班级量化管理。

3. 建立班长轮流值日制度，带动学生全面参与班级管理

值日，顾名思义，是指在当值的那一天担任某项工作。班长轮流值日制度指的是班级内的学生按照一定顺序轮流管理班级事务的制度。小学生的班级自主管理需要每个学生有"人人当班长，个个有责任"的意识。班级内的学生以学号为顺序，每人值日两天，从熟悉值班事务到熟练管理，达到"自律、自理、自强"的管理目标。在值日制度制定中，要重视值日细则的敲定，包括值日内容（如早操情况、作业情况、安全情况等）、值日要求（如班级日志的完成情况、值日人员的交接情况、值日的问题反馈等）、值日评价（如值日监督组的评价、学生的评价以及教师的评价）等。只有让每个学生都亲自参与班级事务的管理，才能发现班级管理制度中存在的问题及不足，让大家对制度的制定和执行有更加全面、深刻的理解，进而增进学生的集体责任感，从而更加利于班级管理的建设。

4. 建立班长全面负责制度，给予学生自主管理机会

在班级自主管理中，班长要负责全面工作，履行监督、检查职责。将班级中所有的工作事务进行细化，每人选择自己喜欢或擅长的一项，说出自己选择这项工作的理由及准备如何完成。经过讨论，确定每个人在班级管理中的具体任务，制定出完成这项工作的方法，并要保质保量地完成，这样就形成了"班长负责下的全员管理制"。

在小学日常班级管理中，岗位众多，分工明确，职责不一，需要班主任统筹安排，班委全面负责，要做到岗位责任到人，如纪律岗位中的放学路队长、生活岗位的桌椅小管家、学习岗位的早读检查员等。在自主管理时，要将岗位职责和学生特点相结合，促使他们在其岗、谋其事、负其责。另外，为了实现"人人参与，人人管理"的目标，部分岗位要实行轮流制或小组制。例如，在卫生检查与管理工作方面，需要让每个学生知道"班级是我家，清洁靠大家"，要让学生懂得保持学习生活环境的舒适性。同时，在岗位管理中，要注重人尽其才，这样才能有利于班级管理的效用最大化。最后，通过科学地设置岗位，让班级中的每个学生都积极参与进来，同时促进学生的管理能力有质的提升。

5. 重视学生自主评价管理，促进学生能力全面发展

班级的自主管理是一个不断完善的过程，而班级评价在其中起着总结和督促的作用。在班级自主管理的过程中，学生的自主评价涉及班级目标的明确、管理细则的制定，以及班长轮流值日制度和全面负责制度的各个环节，而学生评价更是需要一定的标准，需要量化和价值判断相结合。例如，在学生个人的参赛获奖情况上，参赛的名次和级别都需要分级加分量化，在班规遵守情况上，需要对违反情况进行扣分量化评价；而那些涉及好人好事受到社会上表扬和好评的，则需要进行价值判断等定性评价，酌情加分。学生的自主评价可以更好地培养自我批评和反思的能力，让他们在班级自主管理的过程中，充分地剖析自我、完善自我，进而强化班级管理意识，提高班级管理能力，促进他们全

面发展，进一步提升他们发展的核心素养。

班主任要在原则和方向正确的前提下做好学生管理的指导工作，让学生自主探究班级管理的"点"和"面"，帮助他们建立起科学的班级管理方法和科学、高效的班级自主管理体系，真正提高学生的班级自主管理意识和能力水平，进而培养学生自主管理、团队合作和创新进取的精神，最终实现学生的自我发展。

（资料来源：常建茹，2019. 小学班级自主管理体系的建设［J］. 教学与管理（11）：15-17.）

第二节　理想班级组织机构的构建

班级组织机构是学校重要的组成部分，是学校进行各种教学活动、施加教育影响，学生进行各种活动的基本单位。班级建设的成效直接关系到学生的个性化发展，一个理想班级组织机构对学生健康的身体和心理形成有至关重要的作用。

一、理想班级组织机构的含义

理想班级组织机构是指经过以班主任为主的各种教育力量的培养和引导而形成的具有正确的奋斗方向、坚强的领导核心与骨干力量，以及良好的纪律、舆论和班风的高层次的班级群体。班级不等于理想班级组织机构，班级只是一个有组织的学生的正式群体，而理想班级组织机构则是班级群体的高级形式。班级与理想班级组织机构在社会性质上有着根本性的区别。

理想班级组织机构具有共同的奋斗目标、健全的组织机构、良好的人际关系、正确的理想班级组织机构舆论、高度的凝聚力。把班级组织建设成为理想班级组织机构对学生全面发展和健康成长意义重大。集体生活是儿童及青少年群体性的要求，是他们生活、学习、劳动、相互交往的需要。健全的理想班级组织机构又是对学生进行集体主义教育，促进其全面发展，转化和教育学业不良、思想品德后进的个别学生的有效手段和重要条件。

二、理想班级组织机构形成和发展过程

一个理想班级组织机构的形成是一个长期的复杂的历史过程。班级组织建设实质上就是班级组织发展的过程，它的发展历程一般表现为从班级到组织的阶段、从初建组织到稳定的组织阶段和从稳定的组织到理想班级组织机构的高级阶段。

（一）从班级到组织

开学之初，来自不同地方、情况各异的几十个学生为了学习知识文化走进同一间教室，一个新的班级就应运而生了。班主任由学校指派，班干部由班主任任命，临时负责班级的有关工作，学生开始按课表上课并进行一些活动。这个时候的班级是一个松散的群体，班级成员多数互不熟识，缺乏认同，没有认同的目标和行为方式，也缺乏组织的协调，成员在组织活动中应当怎样联系，都还没有确定；班级骨干核心还没有出现，大多数活动由班主任直接参与指挥；只有外在的纪律、规范要求，基本处在"他律"阶段，班级成员各有各的心思，整个班级处于松散状态。

　　在这个阶段，由于班级的管理机构没有真正建立，未能发挥应有的作用，班级活动和管理时时处处依赖班主任的决策指挥，班主任的一言一行直接影响着班级的发展。此时，班主任要根据学校及有关部门的要求，结合本班实际，提出明确、具体、可行的班级管理要求和目标，指导学生交往，矫正学生的个人行为习惯，指导学生建立班级规范，完善班级组织机构，并发展班级同周围环境的关系。这一时期不仅是班主任工作最细致、最繁忙的时期，也是班主任个人教育能力展现的关键时期。

　　当班内的各种组织机构已经建立并完善起来，班干部便在班主任引导下开始发挥组织管理作用，班级有了比较明确的奋斗目标，有了被认同的规范，成员之间相互认同、角色清晰、行动较协调，各项工作能逐步比较顺利地开展起来。这时处于松散群体状态的班级就建设成了一个组织，班级于是就成了有组织的群体。

（二）从初建组织到稳定的组织

　　班级组织初步建立时，各方面还是不稳定的。班级全体成员还在熟悉自己的班主任，对班主任提出的各种要求也还处在逐渐领会的阶段，因而在执行时会有过火或不到位之处。班级组织机构建立起来了，班干部积极性调动起来了，但是班干部还处在学习所扮演的角色的阶段，有时会表现出角色扮演还不够准确的现象，进而影响其角色任务的完成。在这一阶段，班主任的任务主要包括培养班干部的组织领导能力、增强班级成员对组织规范的认同感，使班级成员进一步明确各自的角色地位、任务和行为方式。只要组织机构稳定了，组织规范和任务为大家所认同了，角色、任务和行为方式明确了，班级的运行机制能够顺利运转了，这就是一个完全意义上的组织了，班级就由初建的组织发展到了稳定的组织。

（三）从稳定的组织到理想班级组织机构

　　对于班主任来说，进行班级组织建设不能止步于一个稳定组织的存在。班级组织的发展还有它的高级阶段——理想班级组织机构。理想班级组织机构的形成能使班级组织的作用得到最大限度的发挥，使班级组织目标得到最大限度的实现。为此，班级组织的内部状态需要发生质的变化。对此，班主任的任务主要是班级领导核心的建设，把一批品学兼优、具有一定领导才能、热心班级事业的学生纳入班级的领导机构，并根据学生个人的实际和班级需要安排班务工作；指导班干部独立主持一些班级活动，通过班级活动，有目的地逐步把这些班干部变为班级的骨干力量；加强度建设，健全集体的规范，建立班级的约束机制和压力机制。同时还要注意帮助和教育班级中的后进学生，做好后进生的工作，以不断增强班级的凝聚力并形成良好的班级氛围。

　　这一阶段是班级的较高境界，此时，班级的规章制度已经内化为学生深层次的自觉行为，维系班级的力量更多靠健康的心理因素。教师和学生之间是一种平等的民主关系，教师不再是管理者，学生不再是被管理者。学生之间彼此相互关心，相互爱护，既有合作也有竞争，竞争是为了合作；能够相互交流，相互批评，在困难面前能够相互激励，整个班集体处于自律状态。

当班级领导核心已显现出来，骨干力量开始形成后，有些活动即使班主任不亲临现场，也能由班干部组织起来。班级纪律稳定，没有人扰乱课堂，正确的舆论占上风，良好的班风开始形成。学生对班级感到满意，产生"我们班不错""我们班好"的心理感受，并有了希望超越别的班级的心理，班级到了形成理想班级组织机构阶段。此时，班主任的工作任务主要是结合学校发展规划，指导班干部全面完成班级管理工作并不断调动其工作积极性，努力使核心、骨干力量扩大；巩固优良的班风并使之形成传统；创造性地开展各种活动，更多地在年级和学校发挥榜样作用；引导理想班级组织机构锐意进取、勇于创新，创建理想班级组织机构特色和品牌。

资料链接

巧用心理学技术，增强班级凝聚力

班级凝聚力决定每个班级成员的主观体验和整个班级的发展态势，因此，班级凝聚力的打造往往是班级管理的核心。心理学的知识与技术在学校的教育教学中日渐受到重视，从学生心理发展的规律出发设计班级活动，更能体现以生为本。

首先，以民主与信任激发自主管理。根据心理学的团体动力学理论，共同制定的规范能够得到团体成员的认可，使团体成员获得更好的归属感，从而保证价值观取向的一致性。经过学生民主讨论制定的班规，不仅可以言简意赅地说明班级成员应该遵守什么，还可以约定惩罚措施。班主任发现问题后及时提醒班级委员会，让他们在班级内部自行解决问题，这样学生乐于接受，也减少了师生直接交锋带来的冲突。

其次，借活动体验聚拢班级人心。团体动力学理论认为，群体生产力的提高需要调动每个成员参与的积极性。要想使班集体充满活力，组织学生开展各种有益的活动非常重要。可以鼓励学生自发组织活动，如"爱心超市""孝心大擂台""带球接力跑"等，也可以鼓励他们参与学校组织的校本活动。班主任要抱着"班级无小事，事事要尽心"的态度，让学生在每一项活动中充分感受班集体的利益高于一切，这样，在无形中班级人心就拧成了一股绳。

最后，以软性教育促进纵深发展。良好的班级氛围是积极的心理环境，有利于学生获得愉悦的情感体验，提高学习效率。班主任可以在班级设立赞美角，鼓励每位学生随时发现身边师生的优点，并将赞美的言辞张贴出来，传递感恩、欣赏等正能量。任何一个群体都会有一种目标，尽心接受群体目标的成员会表现出最为强烈的需求动机，并努力为使群体达到目标而工作。因此，在不同阶段，应指导学生制定不同的班级目标，将目标的内容具体化，描绘出实现目标的情景以激励全体学生为目标而努力。

（资料来源：徐峰，张琳，2016. 巧用心理学技术，增强班级凝聚力［J］. 中国教育学刊（10）：104-105.）

三、理想班级组织机构的建设策略

良好理想班级组织机构既是教育活动的对象，也是教育活动的载体和学生自我教育的力量。学校教育的实施，很大程度上依赖于一个良好的理想班级组织机构。实践证明，良好的理想班级组织机构对学生的身心发展能产生极大的推动作用。一个良好理想班级

组织机构的建设应该从以下五个方面进行。

（一）培养集体意识

集体意识主要表现为学生对理想班级组织机构目标和规范的认同、对集体活动的自觉参与和对集体荣誉感的自觉维护。培养学生的集体意识要注意以下两个方面。

1. 明确奋斗目标

目标是一种黏合剂，它可以凝聚人心，指引前进的方向。明确的共同奋斗目标是理想班级组织机构形成和发展的基础。如果一个理想班级组织机构有了一个明确的、适当的奋斗目标，就会对集体的行为和活动产生定向和激励作用，成为集体发展的方向和动力，能调动集体成员的积极性，使他们为实现这一共同的目标在认识上、行为上保持一致，在活动中相互配合，为完成共同的目标而努力。

2. 培养学生自主精神

学生是班级管理的重要主体，班级这个精神家园需要靠学生自己来建设。要注意在班级管理过程中，充分尊重学生的主体人格，让学生参与班级管理事务，让人人都有锻炼的机会，个个都是理想班级组织机构中不可缺少的主人，从而使每个人都能在理想班级组织机构建设的实践中得到最好的发展。

（二）形成理想班级组织机构领导核心

班级干部是形成班级集体的核心力量，也是班主任的工作助手。学生干部在学校对学生的管理中具有桥梁、助手和龙头的作用。因此，班主任在挑选学生干部时，要特别慎重。可以说，班主任工作的成效往往与此密切相关。一个班级的班风在很大程度上取决于班干部的整体素质。因此，首先要确定选拔班干部的标准，要把具有较强的工作责任心、正直公正的品德作风、一定的组织领导能力和某一方面专长的、学习成绩优秀的学生选拔到班干部的岗位上来。班主任在组织选举中一定要发扬民主精神，尊重大多数学生的意见，切忌将自己的意见强加于学生，否则，对班级建设将带来不良影响。选拔出班干部后，还要注意加强培养，要坚持使用与提高相结合、具体指导与放手工作相结合的原则。对学生干部既要关心支持，又要严格要求，这样，学生干部才能健康成长，发挥他们应有的作用。

班干部和学生中的积极分子在建设理想班级组织机构中起着重要作用，是班级的先进力量，是推动理想班级组织机构发展的动力。有了团结一致的理想班级组织机构核心，就可以依靠积极分子去带动中间学生，帮助后进学生共同进步。建立理想班级组织机构的核心和骨干队伍，要注意以下两个方面。

1. 提高班干部队伍的素质

班主任要注意加强对班干部队伍思想意识的培养，以集体主义精神来引导班干部团队意识和团队精神的形成，重视对他们行为能力的指导，形成团结协作、认识一致、行动一致的高素质的班干部队伍。

2. 充分发挥班干部队伍的作用

班主任要充分发挥学生组织和这些骨干在班级教育及管理中的重要作用。学生之间的相互影响和教育作用，有时并不低于教育者的直接教育作用。马卡连科也非常强调班主任多当"参谋"角色，少些"包办代替"。班主任虽是班级工作的主导，但班主任如果"独裁"一切班级工作，则不利于培养学生的主人意识，会抑制学生能力的发展。同时，如果班主任应付大量的日常管理工作，也难以有时间提高自己的教育教学水平和管理素质。

🔗 **资料链接**

班级管理中班干部的选拔和岗位分配策略

对小学班干部的选拔和岗位分配是存在很多技巧的，合理地选拔班干部和分配他们的工作岗位对班级的管理会收到事半功倍的效果。

1. 多元化选拔，树立学生威信

针对一些班主任一元化的分配标准，要根据教学管理中的问题进行分析处理。首先，班主任要树立多元化选拔人才的意识。学习只是一个方面，还可以根据其才能、才艺等分配岗位，使学生在这个过程中既能够感受到自己的才能，又能够发展独立自主的能力。其次，不拘一格降人才。每个学生都可以参与到班级管理中，实行"一日制班长"制度，做得好的可以增加一日，以此类方式选拔班干部后备人选。在这样的公平激励下，一些成绩平平的学生在做"一日制班长"时特别认真，能把班级管理得井井有条。最后，要经常在班级中表扬优秀班干部，表扬内容包括学习成绩、自我管理、家庭表现、学习习惯等方面，让学生看到班干部的成长，树立班干部威信。

2. 男女协作，轮值参与管理

针对现在教学管理中个别学生性别意识较强和能力发展不均衡的现状，可以从以下三个方面进行管理。

首先，从班级委员会总量上来说，男女生比例基本平衡。这样可以帮助学生有意识地淡化因为性别不均而产生的男生不如女生或者女生不如男生的想法。其次，班级岗位设置双岗，男女生分别竞选。这样可以让学生在管理班级时有意识地去合作、协调处理问题，进而达到平衡的状态。最后，对于一些岗位，如班长可以设置轮流当值，男女生一次一换，鼓励他们从彼此身上学习。在这个过程中，班主任需要做好引导和指导工作，及时、有效地对学生管理时出现的问题进行指导，也可以对一些好的做法加以推广。可以利用每日晨会或者放学时间进行总结。

3. 综合考核，设置评价标准

班级岗位的分配需要有一套行之有效的考核机制，这是不可或缺的。但是这种考核机制不能是"一刀切"式的硬性评价，需要结合每个班干部的实际情况进行合理安排。从整体上来看，首先，班主任对班干部应该坚持"多鼓励，少批评"的原则，帮助班干部树立威信意识。其次，班主任需要随时了解班干部的情况。对女班干部严格要求，因为她们对自己的评价内部驱动力更大。对男班干部则多多鼓励，合理批评，因为他们对自己的评价更多地依靠外部，班主任的肯定会帮助他们更有信心地去开展自己的工作。最后，评价班干部标准的设置可以适当参考学生的建议，及时有效地了解学生的想法，制定合理的班干部监督机制。

综上所述，在班级管理中，合理地选拔班干部和分配他们的工作岗位至关重要。这关系到整个班级平稳运行、学生能力以及良好班风学风的形成。班主任在进行班级管理时更不能死板教条，需要结合本班实际情况，再结合教育学、心理学等方面的理论知识，合理设置、统筹安排班级委员会建设，这样对班级的管理必将事半功倍。

（资料来源：邓国卿，单俊业，2019. 小学班级管理中班干部选拔和分配岗位的研究［J］. 基础教育研究（14）：80-81.）

（三）健全规章制度

规章制度的建立可以为学生提供参与班级活动、处理班级事务的规范，也可以为学生提供基本的行为模式。一个良好的理想班级组织机构应制定健全的规章制度和严格的纪律，没有制度与纪律约束的集体是松散的。规章制度和纪律对维护和巩固理想班级组织机构和教育学生个人都有十分重要的作用。马卡连科曾说："纪律使集体和集体的每个成员都变得美好。"

1. 建立和完善规章制度

班级规章制度主要包括学习制度、卫生制度、考勤制度、课堂纪律制度、奖惩制度等。通过建立和完善这些规章制度规范学生的言行，使班级学生的言行能够有章可循、有据可依，为学生提供评价自己和他人言行的标准，有利于形成学生循章守法的良好习惯。

2. 规章制度的认知与内化

班主任要注意把班级规章制度的执行与教育引导结合起来。通过主题班会、座谈、讨论等活动，引导学生认识执行规章制度的意义和必要性，认同规章制度，并把规章制度内化为规范自己言行的标准。理想班级组织机构的制度与纪律一旦被集体成员所认同并成为大家自觉遵守的准则，这些规范将最终内化到每一个人的思想中，从而使他们的行为由外在的纪律约束变为内在的自觉行为。

3. 规章制度的落实与检查

通过对规章制度的落实和定期检查，可以强化学生对规章制度的执行，形成鼓励学生履行规范的氛围，促进学生对自我行为的监控，从而养成正确的行为习惯。"破窗理论"告诉我们，任何行为或细节对人都有暗示作用，在班级管理过程中应该对任何细节所产生的暗示作用给予充分的重视。班级管理必须从细微的琐事做起；及时修复被弄坏的"第一扇窗户"，亡羊补牢，以防出现"多米诺骨牌效应"。班级管理需要充分利用第一个"破窗"进行正面教育。例如，有位男生上厕所时不小心踩脏了另一位男生的鞋子，因为没道歉，导致两人大打出手。班主任及时了解原因后，对始作俑者进行了严厉批评，对那位为维护尊严而进行"自卫反击"的学生也进行了相应的引导——原谅别人的无心之过是"男子汉"的度量。在完成了让两个学生重归于好的任务后，班主任利用课外活动的时间，要求全班学生讨论这两个同学孰对孰错，如果这种事情发生在自己身上该怎么处理。这样，让全班学生明白犯错的学生错在哪里，犯错之后该怎样做。其实，班级管理的核心就是及时修补第一扇被打破的窗户，挽回影响。[①]

---

① 陈晓东，2018. 运用破窗理论进行小学班级管理的策略［C］//国家教师科研专项基金科研成果 2018（二）. 国家教师科研基金管理办公室：798-799.

（四）优化班级人际关系

班级人际关系及相应的心理环境对理想班级组织机构的形成和发展具有非常重要的意义，对学生个体的成长也有深刻的影响。因此，在班级教育管理过程中要通过培养良好的人际关系，形成轻松、愉快、和谐的心理环境，为集体的形成和发展创造良好的环境。为此应注意以下三个方面。

1. 引导学生学会交往

班级人际关系形成和发展的方法是交往，因此，引导学生学会交往是优化班级人际关系的基础。联合国教科文组织教育丛书的《教育——财富蕴藏其中》指出：学会认知、学会共处、学会做事、学会生存是教育的四大支柱。因此，引导学生学会交往、学会与人和谐共处是教师的重要使命。教师要引导学生掌握好处理同学间、师生间、个人与集体间的关系的基本准则，引导他们在交往过程中学会正确处理竞争与合作的关系，在班级中形成真诚待人、互相帮助、互相支持、团结协作的良好人际关系。

2. 培养学生共同的心理倾向和良好的心理素质

共同的心理倾向有助于班级学生产生相互吸引、相互欣赏的亲和性情感，有助于班级亲密的人际关系的形成，使学生之间更加容易相互信赖、相互理解、相互支持，从而形成良好的心理环境。

3. 正确对待非正式群体

班级组织是一个小型社会，是学习共同体。班级管理需要打破传统的、严格控制的、指令性的纵向组织结构，建立灵活、灵敏、柔性和富有创造性的非正式组织系统。以兴趣主导、任务驱动为基本指向，根据学科特点、现实问题、学生个性特征、学校资源、当地文化生态组织各种小型部落，如各科兴趣小组、读书会、记者团、学生论坛、调研协会、英语沙龙、体育俱乐部、话剧组、创作协会、环境志愿组织等。

班级对待非正式群体的态度如何直接影响着班级的人际关系。非正式群体对班级的影响既有积极的一面，也有消极的一面，关键是，对非正式群体首先应该深入分析，区分不同类型的非正式群体，区别对待。对于积极型的非正式群体应当给予支持和保护，创造条件让其发挥作用；对于中间型的非正式群体应该关心和引导，促进其向积极的方面发展；对于消极的非正式群体，则要加强教育，因势利导。

🔗 资料链接

"班改"：以建设性人际关系为核心

写作此文之前，我本想罗列一些近期发生的各种教育悲剧。当我打开网页的时候，我震惊了——悲剧，几乎每天都在发生：有孩子厌学，有孩子性格偏执，有孩子心理有问题，有孩子交往闭塞……

于是，我决定不再罗列，而是思考为什么会发生这么多悲剧。

当学生在一个班级里感受到温暖并能传递温暖的时候，当学生在一个组织中能够时刻感受到自我存在的价值并能不断展现价值的时候，是不是上述酿成教育悲剧的原因就不存在了？选择理论的创造者格拉斯说："虽然今天的学校教育过于压抑，不够愉快，但这不是问题的焦点……学校教育的失败不在于学术成绩方面，而在于培育建设性的人际关系方面。"现行的班级结构往往是金字塔模式或者是学生管理学生的自主化模式。在这种有等级差别的班级里，学生能感受到班级的温暖和自我存在的价值吗？显而易见，是不能的。

所以，"班改"势在必行，而"班改"的核心就是构建班级内部的建设性人际关系。

在人际关系中，每个人都要懂得遵守一定的规则，要不断地调整自我与他人的关系，调整自我与组织的关系，不断调整的过程就是自我成长的过程。建设性人际关系需要具备两个基本特征——温暖和存在感。温暖是指班级的生态环境。在组织中，每个人都能感受到他人给予的温暖并能传递温暖，这是确保每个人灵魂温热的前提，是健全每个人灵魂的环境保障。存在感是让每个个体都能感受到自我存在的价值并能创造价值，是让每个人都因被认同而更加热爱组织并成就自我的保障。

我从以下几个方面入手，构建建设性人际关系。

首先，打破班级管理的金字塔模式，构建起人人平等的成长共同体。有管理就会有不平等，就会有个别学生感受不到个体存在的价值，甚至还会产生某种委屈，从而产生各种矛盾或心理问题。我根据班级学生的入学成绩，在班级构建了 6 个成长共同体。共同体之上没有班委，共同体之中也不存在管理者，每个成员都做自己擅长学科的学习组织者。每个人都可以在别人的帮助下提升自己的薄弱学科，也可以用自己的优势学科帮助别人，通过相互帮助营造温暖和谐的氛围，在利用自我优势的过程中体现自我价值。

其次，打破班规，让温暖传递架起成员之间的情感桥梁。"没有规矩不成方圆"，没了班规，班级似乎会成为一盘散沙。但我认为，教育是氛围塑造的行为，是形象影响形象的行为，而规矩是外在的约束。在良好的氛围和积极生动的形象面前，每个人开始进行自我调适，而调适的过程就是成长，就是服从共同体利益的过程。

为了营造班级温暖的氛围，我将"让别人因我而幸福"作为班级文化的核心。为了让文化由文字转化为孩子的信念，我采取了两项措施。一是着力发现班级中的正能量，让每天的正能量传递影响每个学生的心灵。只有每天关注正能量并传递正能量，才能让学生的表层心理朝着正面的、温暖的方向调节。也正是正能量的不断传递，影响着更多的人参与到创造正能量的行动中来，班级的温暖氛围由此逐渐形成。二是开展"感动人物评选"活动。人的内在心理结构具有较强的反调节能力，时间会使一次性影响效果被内在心理结构的反调节所消解。因此，"感动人物评选"不是一次性行为，而是一系列课程化活动。我们班每两周评选一次"感动共同体人物"，每月评选一次"感动班级人物"。通过评选，树立典型形象，宣传典型行为，构建温暖幸福的班级文化。

在评选活动中，每个共同体内部的方案设计员、主持人、入选者、颁奖词书写员、故事创作员、故事演讲人等，都参与到活动中来，每个个体的价值都得到了最大可能的体现。

阶段性评选与每天正能量贯穿始终，让每个学生都沐浴在幸福和温暖中，并积极地调适自己的行为，不同程度地创造温暖、传递幸福。需要特别说明的是，如果活动不能紧紧围绕班级文化的核心课程实施，哪怕活动再精彩，也只能是零散的碎片，而无法穿成精美的"项链"。这就是许多教师创意无限却带不好班级的根本原因。

最后，开展特色活动，让"与众不同"引发的自豪感凸显个人价值。特色活动是指"人无我有"的活动，这些活动的开展有两种方式，一是让特色传递温暖，一是让特色体现价值。两者共同服务于组织自豪感的建立，从而让每个学生都爱上共同体、爱上班集体，进而爱上学校、爱上学习。

一个学生有一次数学没有考好，她说："这次虽然没考好，但我觉得挺幸福的。许多同学都来安慰我，还有一位同学帮我把每道错题的解题思路标了出来。"

如果每个学生都能感觉到集体的温暖，感受到自己的价值，还会有人性格偏执吗？还会有学生厌学吗？……

其实，现实存在的许多悲剧都可以避免，这就需要我们的班级结构方式和运行方式来一场时不我待的变革。

（资料来源：梅洪建，2015."班改"：以建设性人际关系为核心［N］.中国教师报，2015-06-24（10）.）

（五）形成集体荣誉感

1. 培养健康的舆论和良好的班风

健康的舆论和良好的班风是形成和巩固理想班级组织机构的精神力量，是教育理想班级组织机构成员的重要手段。运用规章制度来管理班级固然重要，但健康的舆论和良好的班风具有强大的感召力和影响力。正确的舆论和良好的班风会使班级中该肯定的言行得到肯定和发扬，该否定的得到否定和批评，使班上学生明辨是非、善恶、美丑，从而对学生起到感染、熏陶和约束作用，有利于培养健康进取的良好班风，对集体是一种"凝聚剂"，同时也是衡量理想班级组织机构形成和巩固的标准。

2. 开展丰富多彩的活动

活动可以凝聚人心，是密切师生、生生关系的桥梁，活动也可以增强学生的集体荣誉感。儿童、青少年活泼好动，单纯的课堂学习会使他们觉得单调乏味，组织好适当的班级活动，一方面能锻炼学生的活动能力，开阔眼界，增长知识，另一方面能增进学生的友谊和团结，有利于建立蓬勃向上的理想班级组织机构氛围。同时，积极健康的班级活动是加强学生思想品德教育、培养学生集体主义精神的重要环节。班级活动的水平和质量，取决于并能反映班级各位同学的素质、能力和精神面貌。班级活动的形式是多种多样的，如班会、黑板报、文体活动、社会调查、知识竞赛等。开展班级活动，班主任要注重调动每个学生的积极性和创造性，充分发挥他们的作用，使他们感受到集体荣誉与个人的努力是分不开的，从而齐心协力，为理想班级组织机构贡献自己的力量。当学生们取得了成功，尽情享受胜利带来的欢乐时，一种强烈的自豪感和集体荣誉感便油然而生。如果班级活动总是少数积极分子热心参与，其效果将会因为积极性不够而大打折扣。同时，班级活动也不能平淡随意，应群策群力，有创新精神，在思考上下功夫，这样的班级活动才能有号召力，才能提高理想班级组织机构的凝聚力，也才能真正反映出理想班级组织机构的精神面貌。

？ 思考与探究

1. 如何理解班级组织机构的概念？班级组织机构的形式有哪些？
2. 如何理解理想的班级组织机构的概念？理想的班级组织机构具有哪些特征？
3. 如何建设理想的班级组织机构？
4. 在下列案例中，如果你是该班班主任，接下来你会怎样做？请结合本章所学知识点进行分析。

某学校五年级甲班，班主任尝试在班级管理中"赋权"。赋权，在操作的层面上是把班级事务的话语权交给学生，各项规章制度、班级活动方案等由学生讨论后按照少数服从多数原则和兼顾弱者原则确定。话语权的背后是班委选拔权、制度确定权、活动方案设计权、座位选择权、宿位选择权、作业设计权、奖惩权等 23 项权力的下放。许多班委在民主管理后很开心，但也很落寞。卫生委员说，从前打扫卫生要威逼利诱才行，现在大家都很自觉；体育委员也不必为开校运会费尽口舌地寻找参赛人选；大家感兴趣的文娱项目、读书项目、戏剧表演项目如雨后春笋般涌现。很多活动不需要班委会出面，有的班委觉得自己被边缘化了。有一天，某小组甚至提出取消多余的班委职务的提案，在班上引起轩然大波。理由很简单——闲置的班委没事干，占据学期优秀班干部的评定指标，不合理。基于各种理由，许多矛盾公开化了。被攻击的班委心里不舒服，从小到大都是老师的左膀右臂，心腹亲信，在班上呼风唤雨，现在居然被放在火上烤，是可忍，孰不可忍。于是，有的径直来找班主任辞职，态度决绝。接着，一些"战友"在各种场合为之鸣不平，抹黑提案学生，甚至对班主任说，班级的矛盾越来越多乃民主之弊也。

第六章 班规的制定与执行

学习目标
1. 理解班规的意义，掌握班规的特征并能依据特征分析案例。
2. 体会班规的制定过程也是教育的过程。
3. 掌握有效执行班规的主要策略。

第一节 班 规 概 述

班规，又称班级规范、班级规章制度或班级常规。班规作为学校制度化的一个组成部分，是一种规则，属于制度范畴。班规作为一种规则，规定着人们行为的准则，这种准则非常具体。在中小学阶段，班规是对班级成员有指导与约束作用的行为规范，一般由班主任和学生共同制定，并作为班级管理的手段被普遍采用。班规是要求学生共同遵守的办事规程或行动准则，它不仅约束人们的行为，而且为人们提供了可以自由活动的空间。班规从本质来说就是行为的期望与规范，它可以明文的规定或口头的约定方式出现，也可以隐含的方式，为班级成员所潜移默化地共同遵守。

一、班规的意义

班规是一种典型的潜在课程，是班级管理的一项重要的工作，具有非常重要的意义。

（一）增强管理的科学性、公平性

依靠班规管理班级，能使班级活动的开展及其奖惩有"法"可依，增强班级管理的科学性、公平性，避免班主任因情绪影响或主观印象等产生工作随意性。科学管理的表现形式之一就是要研究规律而后制定制度，制定"班规""班法"，从而使班级摆脱"人治"的不规则轨道而走上"法治"的轨道。班主任应让班规的制定与实施过程同时成为对学生进行民主与法制教育、集体主义教育、社会责任感教育的过程，成为实现义务教育培养目标的重要途径。

（二）营造出支持性的学习环境

班级的教育教学活动是在师生交往中展开的，而班级群体中的人际交往和关系必然形成相应的组织、规章和制度，因此，班级中制定的各种规章制度是维护班级正常教育教学活动的保证。班规有助于减少人际交往摩擦，营造出安全的、支持性的学习环境，为师生有效利用学习时间、空间和资源创造条件，从而有利于提高学习效率和效能。

在一个不断向前发展的稳定的社会中，需要规范来形成社会秩序。班级作为一种社会组织而得以建立，班规给多数人的第一反应就是：班规应该有助于维持课堂秩序，便于学校管理。当然，班规的首要目的是维持好课堂和班级秩序，获得有效的学习。然而班级的自功能性使得班规不仅是为了实现一些外指向性的目标（如提高教学效率、便于学校管理等），而且是基于学生自身的奠基性学习的需要。正如在课堂上所要求的秩序，我们不是为了秩序本身而要去获得秩序，秩序的获得是为了使学生获得更有效的学习，否则一个井然有序但没有任何有效学习发生的课堂还不如一个可以让学生自由交流的、无序的、杂乱无章的课堂有价值。

（三）树立学生的规则意识，渗透公民意识

制度的规范引导功能主要是通过两种方式表现：一是通过制度的权威，以外部力量强制人们限制自己的行为；二是人们对规则的内化和行为规范的形成。小学班级规章制度的大部分内容是关于学生生活与学习习惯和行为培养方面的，它规定了学生可以做什么、应该做什么、怎样做、不可以做什么，向学生提供了一种行动的信息，由此规范学生的行为。依靠班规管理，有助于使学生树立规则意识，从小养成尊重规则、遵守规则的习惯，初步懂得并学会处理个人与他人、个人与集体的关系。儿童的规则意识和规则行为的养成，是儿童社会性发展的基本内容，也是儿童社会化走向成功的标志之一。

党的二十大报告指出"法治社会是构筑法治国家的基础"，而公民意识是现代法治社会中每个公民应有的品质。公民意识是公民自觉地以宪法和法律规定的基本权利和义务为核心内容，以自己在国家政治生活和社会生活中的主体地位为思想来源，把国家主人的责任感、使命感和权利义务观融为一体的自我认识。"今日的学生，就是将来的公民。将来所需要的公民，即今天所应当养成的学生。"[①] 中小学班级建立的班级规章制度，让学生在制度制定过程中参与讨论、协商，学生通过参与班规制定去维护或者实现个人利益，并以此实现对班级事务的管理。学生在制定和遵守班规过程中逐渐理解和形成个人对班级的责任感、权利与义务感、使命感，从小培养良好的公民品质，有助于他们未来成为合格的公民。

（四）培养学生的行为和生活习惯

行为习惯和生活习惯都是体现在日常班级生活当中的，对学生行为习惯，包括学习习惯、生活习惯的纠正和培养是教师一直强调的事。班规的内容的一个大的方面就是关于学生的行为习惯和生活习惯培养方面的。这是德育中比较重要的一块，是学校教育的一个目的。同时，学生的行为习惯和生活习惯培养也是教师和家长都特别重视的。这两个习惯直接关系到学生的学习成绩，是大部分班主任使用班规的直接的目的。细节决定成败，一个人的言谈举止就体现在其行为习惯当中。行为习惯的养成在小学阶段尤为重要，中小学生由于身心发展的未完成性，他们的学习、生活、人际交往都需要教师和成人的适当引导，若没有养成良好的行为习惯，错过了关键期，以后再来弥补则会为时已晚，行为习惯的差

---

① 苏霍姆林斯基，1992. 怎样培养真正的人 [M]. 蔡汀，译. 北京：教育科学出版社：199.

距就从基础教育阶段拉开了。中小学生养成良好的行为习惯能更好地适应学校生活与社会生活，同时良好行为的习惯化能提高中小学生的学习和办事效率。良好的行为习惯提供了一个社会公认的行为范式，能为以后立足社会打好坚实的基础。行为习惯的养成除了需要家长的指导外，学生学习和人际交往的习惯则主要是在学校中习得和养成。养成教育需要一个可供模仿的行为范式，而班规在培养中小学生行为习惯的过程中就起到了引导、激励的作用。在实施班规的过程中，为了保证班规的执行力，制定者会采取相应的保障措施来强化中小学生的良好行为，激励中小学生增加良好行为发生的概率。班规是班集体共同协商约定的行为规范，权威性和可操作性决定了班规具有很强的示范作用。

（五）提升学生自我教育的能力，保障学生个人自由和发展

自我教育从一定意义上说是教育的结果，又是进一步教育的条件或内部动力。苏霍姆林斯基指出：真正的教育是自我教育，是实现自我管理的前提和基础；自我管理则是高水平的自我教育的成就和标志。制定与执行班规的过程有利于提高班级学生自我教育、自我管理的能力，从而促进班级成员主动、和谐地发展。

从现代教育、管理理念来看，班级规章制度的设立，并不只是为了管住学生，它也是个人自由的重要保障。维护班级秩序是保障学生个人自由的前提条件，保障个人自由是更高层次的目标。首先，每个学生都有追求自由的权利，但是追求自由的权利不是不受限制的。个人在追求自由时，可能会影响他人的追求，因此在追求时需要明确自己与他人的界限。班级规章制度就将这种界限明确地表达出来，在界限内的个人自由追求是值得提倡的，学生可以根据自身自由安排，同时也不妨碍别人。其次，学生在其界限内的自由追求，有利于学生自主性的增强。学生将会凭借自身的能力，进行独立计划、抉择，从被动接受地位转为主动积极地位，增强主人翁意识和自主管理能力等。

二、班规的类型

学生在学校的生活是丰富的，课堂学习、课间休息、集体活动，以及学生交往、就餐、劳动等各项活动都需要有行为的规范，这样才能形成良好秩序以保证活动顺利、高效地进行。一般来讲，班规按其表现形式，可分为三种类型。

一是制度型。制度型，即条文性的制度规范。这是班规的核心，也是我们通常意义上理解的班规。这是每个班级必不可少的部分，应该说只要有班级存在，就一定会有一个条文性的制度规范，在我国主要是由国家直接提出的行为规范，如《中小学生守则》，这些规定带有一定的普遍性，是全国在校生都必须遵守的准则。另一种是由学校和班级根据"学生守则"和"学生日常行为规范"，结合学校和班级的实际情况制定的各学校、班级的规章制度，如学生在校学习制度、作息制度、清洁卫生制度、考勤制度、爱护公物制度、课堂纪律规则等。这些制度对学生提出了明确具体的要求。这两种规范都属于正式规范，是由正式文件明文规定的守则、准则，由班级管理者或者其成员监督执行。如果学生违反了这些规定，学校或者是班级管理者可以按照不同的情况对其给予批评和处分。在班级管理的实践中，这部分主要是班级管理制度的文本性材料。它既可能是学校下发的管理条例，也可能是班级自主制定的班级规范，也就是我们通常所说的班规。

🔗 资料链接

班规的表述

1. 班规应该是全面的

班规应涉及学校各方面生活所必需的行为规范，不仅要有规范性条款，还应尽量有相关的奖惩措施等保障性条款，以强化良好行为。

2. 班规应该是具体明确、容易记忆和理解的

总体上讲，学生的认知特点是以具体形象为主，小学班规只有具体明确、容易记忆和理解，才能便于学生掌握和执行。

3. 班规应该是合法、合理的

班规应符合"学生守则"和"学生日常行为规范"，应与相关政策法规和学校规章制度相一致。同时，班规应适应学生的年龄特点，合情合理。

4. 班规应该是正面表述的

负面表述的班规只能起到告诫的作用，只有正面表述的班规才能让学生懂得并养成适宜的行为。

（资料来源：邓艳红，2016. 小学班级管理［M］. 2 版. 上海：华东师范大学出版社：64-65.）

二是习俗型。习俗型，即非条文性的、群体约定形成的习俗、风气等。它是隐性的规定，不以条文的方式表现出来，并且根据时间、空间的不同而有所不同，但这是大家共同的约定。这部分班规主要是一些传统的规范，基于基本的道德准则，或者是基于中小学生行为守则、规范等学生所必须遵守的普适性的规范，一般不需要再特别指出。还有一种是班级学生在人际交往中逐渐形成的、全体成员所认同的规定，它是一种自发形成的、非正式的规章制度，它不是明文规定，也不是被外力所强制的，如舆论、传统习俗等，由此构成了一个具有独特的内容和形式的班级规章制度体系。这种规范虽然没有被正式用文字规定下来，但却能被每个人意识到，并自觉遵守。人们如果违反了这种规范，往往会受到舆论的指责，从而给人们心理上形成一种压力。它主要存在于非正式群体。

三是口授型。口授型，这一类班规既不是成文的规范，也不是公认的习俗，而是由教师通过各种形式反复强调的规定，这种规定是前面两种的补充，是情境性的规定。这种规定是即时性的，根据不同的教育情境，或者是教育活动，可能教师的要求是不一样的，无须形成制度文本。

三、班规的内容

班规的内容主要涉及两个方面：班级生活（班级成员之间的交往、班级良好生活环境的创设等）与班级的日常工作（班级成员的学习、班级秩序的维持等）。

（一）班级生活管理制度

班级生活管理制度主要包括班费制度、考勤制度、卫生制度等与班级成员的生活息息相关的管理制度。

1. 班费制度

班级均有班费，一个班级的正常运行是需要一定的资金支持的。班费主要用于班级的公共活动，如班内环境的布置所需各种条幅、标语等的支出，学校或班内组织的集体活动所需费用（一般是各种晚会开支、郊游等），班内或校内同学因疾病或其他情况的赞助性支出，班内学习方面的报刊、资料用品等支出，班级内部对各类学生的表彰奖励开支，班内用于打印复印、与班级活动相关的各种材料等各种班级日常的开支。班费由班级的每个学生平均负担，用于班级学生的公共支出。班费的应用应该履行这样的原则：来自学生、服务学生。班费管理要做到透明支出，如果在使用过程中出现了问题，是很难保证班级的整体建设的。

2. 考勤制度

考勤制度是保证教育活动顺利进行的制度，对保证学生的在校时间、受教育的状况起到保障作用。一个完善的考勤制度是整个学校管理的基础。每个学校都会有自己的考勤制度，无论是对于教师还是学生。班级的考勤主要包括学生在校学习期间的迟到、早退、旷课以及病事假等方面情况的记录及处理办法。为了保证考勤制度的顺利实施，制定严格的考勤奖惩制度是必要的措施，以督促班级学生严格执行班级考勤制度，保证教学活动顺利有效地进行。而且在班委的选拔中也要选择合适的学生担任考勤委员，负责如实地记录班内学生的出勤情况。这就要求考勤委员必须由能够以身作则、坚持原则、工作认真仔细的同学担任，以确保班内考勤记录的真实性和完整性，确保考勤奖惩制度的真正贯彻落实。

3. 卫生制度

卫生制度既是指班级的卫生情况，也包括学生自身的卫生状况。良好的卫生环境能为学生的学习提供保证，对于提高学生的卫生知识、培养良好的卫生习惯、保证学生身心健康的发展有积极的意义。卫生制度主要指日常生活中的卫生要求，包括个人卫生、班级卫生等。

（二）班级日常工作管理制度

班级日常工作管理制度包括学习制度、纪律制度、奖惩制度等。

1. 学习制度

学习是学生的主要任务，是班级管理的重要内容之一，因此对于学生学习的管理是最重要也是最基本的管理。班级管理主要是为了使学生的学习或者是教师的教学活动能够顺利进行。学习制度是日常管理中重要的管理制度。学习制度包括学习目标、学生预习和复习、练习及作业等方面的管理要求和规定，对学生从上课到自修，从课前到课后等一系列具体行为进行规范。学习制度是班级学风建设中很重要的部分，对于纠正学生的学习态度，引导学生明确正确的学习目的，形成浓厚的学习氛围是一种制度性保证。

2. 纪律制度

所谓纪律就是为维护集体利益并保证工作顺利进行而要求成员必须遵守的规章、条文。纪律制度是班级常规管理工作中最常用、最重要的内容。常言道"没有规矩，不成方圆"。纪律制度是班集体约束、协调成员行为的规范系统，包括出勤纪律、卫生值日纪律、课间休息纪律、晨会纪律等学生在校生活的方方面面。良好的纪律制度能够保障班集体成员有秩序、有效地学习与生活，反映一个班级积极进取、团结有序的班风班貌。同时，良好的纪律制度还能够养成学生遵规守纪、文明自律的品德。

3. 奖惩制度

没有惩罚的教育是不完整的教育，但是一味地惩罚也不能达到教育的目的，反而与我们所追求的教育目标相左。把握好奖与惩之间的尺度是很重要的。制定奖励制度时，一定要考虑奖励面宽窄应适度。过窄不利于调动学生的积极性，过宽将失去奖励的榜样作用。与此相对应，班级文化建设也应设立惩罚制度，对违反校纪班规，且屡教不改者，应给予相应处罚。在惩罚时也要讲究艺术。总之，奖励制度的制定、运用应奖出班级正气，惩罚制度的运用是为了制止班级不良风气，便于同学们健康成长。

以上这些制度不是相对孤立的，在制定过程中要紧紧围绕班集体总目标，要做到各项制度相互协调一致，绝不能相互矛盾。

资料链接

某小学班规

1. 学习纪律

1）严格遵守作息时间，不迟到、早退，不旷课，迟到、早退一次扣0.3分，旷课一次扣0.5分。

2）未履行请假手续，不得随便离开校园。若确须请假，须持请假条到班主任处签字并交学习委员备案，违者一次扣1分。

3）课前做好上课准备，保持教室安静，静待老师上课，不准跑跳、喧哗，违者扣0.2分。

4）上课认真听讲，积极思考，踊跃发言，不做与课堂无关的事，违者扣0.3分。

5）自习课人人都要有事做，严禁借机闲聊或做其他与自习无关的事，违者扣0.5分。严重扰乱课堂纪律者扣1分。

6）课后认真完成作业（含家庭作业），不准抄袭，书写工整，有错必纠。有违反上述之一者扣0.2分。

7）考前认真复习，考试不准作弊，考试后认真总结经验教训，及时补救，违者扣0.5分。

8）尊敬老师，不与老师发生顶撞，违者扣2分。

9）上述各条均表现优异者，酌情加分。

2. 就餐纪律

1）按时就餐，不提前，不拖延。

2）打饭讲秩序，不拥挤，在指定地点就餐。

3）负责端饭菜的同学要严格履行职责，若发现饭盒数量不够等情况要及时报告。

4）负责分发饭菜的同学要一视同仁，不徇私、不厚此薄彼，让每位同学有饭有菜。

5）饭后洗桶、打扫场地落实到人。

6）不浪费粮食，不乱倒饭菜。若遇饭菜质量、数量等问题，应首先向班主任反映，不乱吼乱闹，也不添油加醋地向家长乱说，影响家校关系。

7）违反上述之一者酌情扣0.2～3分。

8）表现优异者酌情加分。

3. 就寝纪律

1）按时就寝。

2）提前做好睡觉前的准备工作，灭灯铃一响，立即熄灯就寝。

3）遵守就寝纪律，不准打闹、喧哗、吃东西等，不在室内点蜡烛。

4）除特殊情况，睡觉期间不准擅离寝室。

5）就寝时不得以看书、做作业为名说话或做其他事情，若实在不能入睡，也不得影响他人就寝。

6）按时起床，不提前起床、不赖床。

7）起床后迅速整理好寝室内务，做到迅速、整洁。

8）爱护寝室内公物。

9）除就寝期间外不得擅入寝室，特别是就餐、课间休息和课外活动期间。

10）有违上述之一者酌情扣0.2～3分，表现优异者酌情加分。

4. 劳动纪律

1）积极参加各种劳动，服从安排。

2）劳动中不拖拉，不推诿。

3）按时、按质、按量完成交付的劳动任务，未圆满完成时任何人不得擅自离开。

5. 清洁卫生纪律

1）教室、寝室的公共区每天两次彻底清扫，不留卫生死角，责任到人。

2）环境清洁卫生重在保持，应相互监督。

3）不乱丢垃圾，不随地吐痰，不乱涂乱画。

4）讲究个人清洁卫生，勤洗澡、勤换衣服，饭前便后洗手，睡前洗脚，勤换被褥。

5）注意饮食卫生，进食有时有度，不吃不洁或过期、腐烂变质食品。

6. 两操及集会纪律

1）出操、集会动作迅速，不拖拉，做到一个"快"字。

2）保持队伍安静，不推搡、不打闹、不喧哗，做到一个"静"字。

3）做操动作规范划一，做到一个"齐"字。

4）升旗、集会等一切行动听指挥，步调一致。

5）一切活动善始善终，不得早退。

6）解散时整齐有序，不混乱。

7）有违上述之一者，视情节轻重扣分。

7. 安全纪律及其他

1）不准在楼梯、楼道拥挤、推拉或打闹。

2）不准携带各种利器和有射击力的玩具枪。

3）男女同学之间、班与班之间正常交往，语言文明，礼貌待人。

4）不准翻墙越壁，损毁公物。

5）不准攀爬车辆，不准搭乘非客运车辆和"三无"车辆。

6）不准私自下河洗澡、玩水、涉深水和急流过河。不准私拉、乱接和拆弄各种电器。

7）不准打架斗殴。

8）不准参与赌博、偷盗和进"三室一厅"（"三室"指游戏室、录像室、台球室，"一厅"指歌舞厅）。

9）室内严禁烟火，预防火灾。

10）就餐时不拥挤，杜绝烫伤事故发生。

11）有违上述之一者酌情扣 1～10 分。

（资料来源：邓艳红，2016. 小学班级管理［M］. 2 版. 上海：华东师范大学出版社：61-63.）

第二节　班规的制定

一、班规制定的宗旨

班规的制定要尊重多数学生的意愿，同时，要让班规制定的过程成为了解和教育学生的过程，成为展示班主任管理理念和教育承诺的过程。这是制定班规时需要牢记的宗旨。制定规则不是为了抓住学生的错误，对他们进行惩罚；相反，班规能以不同形态的规则对儿童的思想观念、日常行为等进行积极的引导与启示。"不仅仅出台一纸班规，而更着眼于学生自我教育和自我管理意义的唤醒与能力的培养；不仅仅让学生遵规守纪，而更着眼于我和学生的共同成长；不仅仅达到民主管理的结果，而更着眼于民主教育——把班规制定的过程同时变成对学生进行民主精神启蒙和民主实践训练的过程……"[1]制定班规不是目的，而是使学生形成更具社会价值的道德水准、提高班级活动效率和效能的手段。

二、班规制定的依据

（一）与学校校规相配合

从某种层面上看，班规可以说是学校的管理制度的延伸，因此，班级管理制度的制定要符合学校规章制度的整体要求，符合国家的教育法规。特别在对待违反班级纪律学生的处罚问题上，一定要以育人为本，尊重学生的人格，切不可出现体罚、变相体罚学生的现象。

（二）切合学生生活经验

班规的要求应该切合学生的生活经验，这样班规执行起来才具有可行性和可操作性，最好是有学生参与制定。例如，有的班级确立班会就是班级的"立法"机构，同时也是最高决策机构。班级各项制度的订立、较大事情的决策，都要通过班会集体讨论后，大家做出决定。班会做出的决定，班主任、班委会、班干部都要贯彻执行。

---

① 李镇西，2008. 做最好的班主任［M］. 桂林：漓江出版社：83.

（三）符合小学生身心发展特点

班规的制定与小学生的身心发展状况密切相关。小学生正处于身体与心理发育、发展的阶段，活泼好动、好奇、爱模仿是小学生的共同特点。小学生的发展具有较强的可塑性，自制力随着年龄的增长而不断提高。根据科尔伯格的道德发展理论，小学生的道德认识正从前习俗水平向习俗水平发展，随着年龄的增长，他们已经开始意识到个体的行为必须符合公共规则，能够了解社会规则，并遵守和执行社会规范。因此，班规的制定既要符合小学生的身心发展特点，又要引导儿童强化规则意识，养成良好的行为规范。

（四）突出原则性和可操作性

建立班级规则，应定出大原则，并且应简单、易执行。有的教师为求公平一致，规则制定得事无巨细，并有详细的记分系统。例如，讲话扣几分，打架扣几分，上课专心听讲、能回答教师问题加几分，清洁工作执行认真加几分。如此繁复的计算，反而让教师花很多时间在这上面，从而占用了准备教材、制作教学媒体、设计教学活动、关心学生表现等更重要的任务。因此，切勿将规则制定得过于繁复，避免倒果为因、舍本逐末。曾经有位教师以学生可选择座位为诱因，对学生遵守或违反班规情形记分，虽然学生都很重视选择座位的特权，在意自己是否遵守规定，但是繁复的行为判定和分数计算，反而使教师疲于奔命，而学生不但不觉得公平，反而把心思放到记分而非课业和行为培养上，造成了舍本逐末之憾。另外，制定规则也应该有"自然法"的概念，也就是让学生从几个自然法则中推演出这些班规，如由"要尊重他人和自己"的自然法则，推出同学讲话不要插嘴、考试不能作弊、不能不告知而使用他人物品等规则。就像克拉瑟所说：合理的规定就是有因果关系，若无，应反过来质疑规定为何存在。所以制定大的原则容易使学生了解班规制定的原因，从而更愿意去遵守。

（五）寻求家长的理解和支持

班规的制定常有许多创意，也可从中看出教师的用心，但是如果这些新奇的做法并未征询过家长的意见，也未适度让家长了解并获得他们的支持，就容易衍生出乎意料的事端，教师应特别注意。例如，教师惩罚上课讲话的学生多做作业、放学留下来等就不尽合理，应以多和家长沟通说明为宜。

（六）以正面措辞叙述为佳

班规应具有引导学生行为的作用，在班规的字面表述上，要多用正面的字眼，引领学生做正确的事，因此要以"应该做什么"作为前提，而以"不该做什么"作为提醒。对于紧急事件或危险的事件、物品，教师也不能排除用正面措辞强烈提醒学生。例如，"上下楼梯靠右慢行"和"上下楼梯不能追逐打闹"比起来，显然前者更容易被学生接受和理解。

三、班规制定的过程

在新课改理念的指引下，学生在班级生活及学习中的主体地位渐渐为人们所认识并认同，这一观念延续到班级管理制度的制定中，最起码的要求就是要在制定制度的过程中发扬民主作风，让学生们成为制度制定的主体，但这并非故意降低或是抹杀班主任在其中的作用——无论在班级管理的哪一环节，也无论学生的地位被上升到怎样的高度，班主任始终扮演着统领者的角色。班主任工作的艺术性在于：既能统领全局又不越俎代庖，只有师生合力才能创设美好的班级。

（一）教师预先提出草案

教师在建立班规前，应当考虑该年龄段学生的身心发展状况、学校的阶段教育目标和时空环境的相关影响因素，如学校所在地区、班级所在楼层、当时的教育政策、年级的特殊要求等，先拟妥班规草案。班主任要依据班级学生的年龄采取适当的方式引导学生明确班规的必要性，可以采用的方式有讲故事、做游戏、提问、讨论或辩论等。

（二）师生共同讨论决定

一般来说，教师拟定班规草案后，应交由学生讨论，通过后再正式实行。班级规则的建立，学生要参与到什么样的程度，并没有绝对的标准。例如，有的学校的校规和班规的制定是通过全校会议，由教职工和学生一人一票、票票等值的方式产生。然而在实际的班规制定过程中，班主任并没有那么多时间让学生自己感受班规制定的重要性。至于学生参与和决定的程度，需要配合学生的年龄和身心发展程度而做调整。在小学，教师的决定权要大些，而初中至高中，就更应该让学生多参与。例如，美国教师罗恩·克拉克在他的《优秀是教出来的》一书中谈到他接手了一所贫民区学校的一个"最困难"班后，通过 55 条班规把班级管理好的故事。在这个班级各方面表现都很差的情况下，这些班规就是由罗恩·克拉克制定的。

🔗 资料链接

55 条班规的魔力

只有当学生以礼相待，学习才会在课堂上发生。

克拉克的成名是因为他在北卡罗来纳乡村和纽约市哈莱姆区薄弱校所取得的成功。在这两个地方，他帮助困难重重的学生树立了自信，提高了成绩。除了永远激情四射，在教学中不断创新且重视学生实际生活经验外，克拉克把他自己的成功归功于他给学生定下的 55 条班规。

在他的畅销书《优秀是教出来的》中，克拉克详细介绍了他集礼仪修养、纪律守则和做人原则于一体的班规。不少教师在看了此书后深受鼓舞，尝试着跟着学，有的在克拉克的网站上留言说："我照着这么做了一年，学生考试分数从来没有这么高过，它给我的课堂和教学带来了难以置信的变化。"

克拉克说，恰当的行为举止与礼仪修养是学生学习成功的关键因素之一。只有当学生们变成了一家人——大家都相互尊重，以礼相待，相互支持——学习才会在教室里发生。他的这些规则很多是关于集体组织的，为学生的成功营造了一个家的氛围。有了这些规则，学生不再只顾自己，只关心自己的目标，而是凝聚成了一个紧密团结的集体。

"我把教室变成了一个家，这样我们所有人都要对每一个人的成功负责，我们总是相互提携。教室里每天都充满了鼓励和激情。当学生处在这样一种氛围中，他们就会更加努力，他们想学到更多东西，他们的学习成果就会体现在考试分数上。"

这些规则起作用的另一个原因，是因为它们给学生提出了明确的要求。克拉克说："我所知道的是——我从来没有怀疑过——你对学生提出的要求越明确，收到的效果就越好。无论是纪律还是学习。"批评者通常以为学生会讨厌这么多规则，但克拉克坚持认为，学生喜欢确切地知道哪些事情有利害关系，以及在特定的情境下该如何做。

克拉克从建章立制开始，他给这些学生制定了一套班规，要他们严格遵照执行，否则将会受到惩罚。例如，为了让学生养成每天做作业的习惯，他从最简单的要求开始训练。他给每个学生发一张绿色小卡片，要求他们第二天带到学校里来，如果忘记带来，则会受到放学后留校的处罚。偏巧第二天所有人都带了，只有班里最聪明、平时表现最好的南希没有带。克拉克坚持要对南希进行惩罚，不顾南希家长到校长那里抱怨，因为克拉克知道，全班学生都在看他是否会兑现惩罚。最终他说服校长做通了家长的工作，兑现了惩罚。这让学生知道，克拉克是说一不二的。最终，所有学生都做到了每天做作业，学习成绩出现了显著的上升。

克拉克要求全班学生必须讲礼貌，上课时必须集中注意力。他的第 11 条规则是：当我讲话的时候，请用眼睛看着我。克拉克的学生在集会的时候也很守规矩。第 48 条规则是：不要说话，不要四处张望，不要试图引起其他班同学的注意。我们必须给人保持一个印象——我们步调一致、行动统一。在讨论的时候，他要求学生尊重其他同学的意见、观点和想法。尽可能像这样发言："我同意约翰的看法，同时我还感到……"或"我不同意莎拉的看法，她说的有一定道理，但我感到……"未能遵守这些规则的学生起初被罚跟克拉克一起吃午饭，还可能被剥夺休息的时间。屡次违规意味着被罚课后留校、家访，或失去外出旅行的资格。

克拉克承认，要把这些规则教给五年级的学生，需要花时间。他在开学后的前两个星期重点让学生学习这 55 条规则，和学生进行角色扮演、反复训练，不出 1 个月，整个班级便轻松运转，"就像时钟一样"。这让教学变得容易很多，使每天的课堂时间得到了最大限度的利用，真可谓"磨刀不误砍柴工"。

一旦规则被建立起来，学生便开始体验学习的内在快乐。到了学年末，克拉克的严管理与高要求带来了学生们学习成绩的大幅度提高——他所教的"低水平"班此前在州统考中连四年级的标准都未达到，但时隔一年，这些学生在全市五年级的数学与阅读考试中击败了那些所谓的"尖子班"。

2000 年 12 月，罗恩·克拉克在当年的迪士尼美国优秀教师评选活动中获得了年度教师称号。为了领取这个奖项，他不仅千里迢迢从纽约市的哈莱姆区来到洛杉矶，还募集到 2.5 万美元把全班孩子都带到了西海岸。颁奖典礼的电视直播让克拉克一下子成了明星，他的获奖感言打动了无数的美国人，其中就有家喻户晓的电视节目主持人奥普拉·温弗瑞。温弗瑞正是通过这个场景了解了克拉克，并把他请进自己的访谈节目中的，这让更多的人知道了这位有着传奇经历的教师。

（资料来源：李茂，2007．55 条班规的魔力［N］．中国教师报，2007-11-14（A04）．）

（三）教师组织讲解、示范和练习

教师虽然已知班规建立的重要性，但可能会以为班规制定后，学生就已充分了解，剩下的只是学生愿不愿意遵守了。其实并不尽然，尤其是对年龄较小的学生，教师应该对班级规则有充分的说明，包括阐释制定的理由，示范应表现出来的行为，说明不该表现出来的行为，并给予学生练习的机会；对于年龄较大的学生，让他们充分讨论也可达到相同的效果。所谓"不教而杀谓之虐"，有些教师常常会让学生有一次犯错的机会，然后要求学生"君子不贰过"，也是基于学生可能不熟悉或不了解规则而做的考虑。

（四）重视反馈和调整修正

班规于开学初建立后，仍然要配合学习的进行、学生的状况、岁时节令的改变或其他因素的影响而做一些调整修正。调整修正的过程应该依照前述三项基本步骤。班规的调整和修改最好的时机是班会。班会让学生思考和解决冲突，是训练学生自治能力和关心公共事务的最佳时机。

学生的发展是动态的，班规需要随着班级的发展和学生的成长不断增删、修改，以适应班级学生的变化，不断引导学生的行为，使之养成良好的行为习惯。

第三节　班规的履行

"不少班主任都有一种幻想：制定了班规，人人照办，于是班集体旧貌换新颜……事实上很少有这种事情。""恰到好处的班规是那种大多数人能做到、少数人违反的，然后通过教育处罚等手段，把违反的人数减到极少，这才是班规的功用。"[①] 学生的自制力较弱、坚持性不强，在班规出台后，班主任需要采取措施说明班规，然后进行示范并要求学生练习，不断引导学生深化对班规的理解，使学生的行为符合班规的要求。

一、对班规理解的深化

每条班规都会涵盖很多具体行为，涉及各种复杂的情境，因此，班规出台后仍有必要专门抽时间再用演绎的方式来加强和拓展学生对班规的理解。教师在教导班规的过程中，对班规加以说明并帮助学生加深理解是必要的，特别是在班规订立不久的阶段，需要教师耐心、反复地加以说明。有一些比较实用的班规教导说明的方法，可以帮助教师更快、更好地教会学生理解和掌握班级常规的内容与含义。

（一）讲解与操练

班主任可以亲自，也可以请有关人士，还可以组织学生，深入分析每条班规的必要性和广泛内涵。为了促进规则认识转化为良好行为，班主任对学生要特别注意行为技能的示范，边示范边让学生操练，并注意增强趣味性。教导过的班规学生容易忘记，所以经常的复习是必需的，在说明班规后的几周内，要反复操练，每次活动前要复习程序，

---

① 王晓春，2008. 做一个专业的班主任 [M]. 上海：华东师范大学出版社：51.

提醒学生在活动中要注意的细节及该做的事。例如，下课前提醒学生归还物品的程序、提醒值日生该做的事项等，这些提醒最先几周内都要做，直到学生适应。

（二）设置班规符号

教师可以制作一些班规符号的牌子或手势。当教师举出牌子或做出手势时，学生能理解其含义，并做出相应的行为。

（三）编制童谣

教师可以把班规编成实用有趣的童谣，用一种相对活泼的方式将班级常规的内容与要求融入其中，以便于学生记忆与接受。如果再配以快板的形式让孩子们读起来，就会更加朗朗上口。当然，班规变成了童谣之后，尽管容易被记住，但有时往往没有直白的陈述方式那么具体，那么容易理解。教师应注意对这些班规内容进行解释和说明，并注意在日常的管理中随时加以强化运用。

（四）角色扮演法

教师可以采用轻松活泼的方式向学生说明班级常规的内容，角色扮演就是一种很好的形式。例如，有位教师为了让学生了解从户外进入教室后的规则时，除了让学生表演符合班级常规的正常行为之外，还让一个学生自愿地表演到达教室时破坏学习环境的行为。只见那个学生很夸张地一头冲进教室，大声谈笑，将自己的课本摔向桌子，其行为立即引起其他同学的注意。由于大家亲眼看到了学生演示这样的行为，再具体分析哪些行为是好的，哪些行为是不能被接受的，以及不能被接受的原因，因此学生更容易接受。

（五）专题讨论或辩论

专题讨论或辩论就是针对某一条班规，引入案例，组织学生进行讨论或辩论。专题讨论可以加深学生对班规的理解。这个方法适合于小学的中高年级。

二、对班规履行的强化

（一）醒目张贴

除了在班级醒目的位置张贴完整的班规，还可以把各项条款制作成生动形象、图文并茂的海报张贴在学生常去的地方。这样既可以起到提示作用，又可以增加班级学生的自豪感和自我约束感。

（二）签约或宣誓

为了更加突出班规在班级管理中至高无上的地位，班主任还可以组织学生签订班规履行保证书或举行严肃的宣誓仪式。班主任应以平等的身份参与活动，以体现"班规面前人人平等"的思想。

（三）告知相关人士

班主任必须牢记，除了自身的教育影响，班级的发展和学生的成长还会受到其他各个方面的影响。为了保证各种影响的一致性，有必要将班规告知班级的各位任课教师、家长、相关管理人员及后勤服务人员，邀请他们共同承担依据班规约束和教育班级师生的责任。

（四）定期评估

1. 对班规履行者的评估

班主任和全班学生都是班规的履行者，要定期依据班规对班级师生的行为（而非人格）进行评估，具体可以采取自省和他评相结合的方式。起初的评价周期可以短一些，甚至需要每天评估，然后根据情况逐步延长：可以对班规的全面执行进行评估，也可以分阶段重点评估。

2. 对评估者的评估

虽然每个班级成员都是班规的履行者，也都是班规的评估者，但班级作为一个组织，班规的执行还需要一些专门的监督、评估人员。通常，班主任和班干部是主要的"执法者"，对于他们"执法"过程中的态度和方式也需要进行评估。例如，在李镇西老师的班级中，"全班学生都要对班委投信任票并进行民主评议，声誉较差者必须调整。同时，班委干部还代表学生集体监督我这个班主任的工作。如果我的工作有所失误甚至失职，他们会依照《班规》中的有关规定对我进行惩罚"①。

3. 对班规自身的评价

在评估班规执行情况的同时，也应不断地对班规本身进行重新审视。对那些因班级成员已经养成良好行为习惯而失去效用的班规条款，应予以删减，并表示庆贺；对于执行过程中出现违反较普遍、纠纷较多的班规条款，应引导学生讨论原因，如果原因是规则不合理，则要及时修改。

（五）行为塑造

心理学中的行为研究表明，行为塑造的方法通常有正性强化、负性强化、惩罚与忽视等。

1. 正性强化

正性强化是指当一个行为发生（即"反应"），随之伴随着愉快事件（即"刺激"）的发生或强度增强，从而引起行为增强。例如，当学生遵守班规时，班主任予以口头表扬、物质或精神奖励等，从而使学生遵守班规的行动力加强。

2. 负性强化

负性强化是指当一个行为发生（即"反应"），随之使"刺激"（通常是令人不愉快的事件）的消除或强度降低，从而使行为增强。例如，班主任告诫学生："如果你明天能按时上课就不需要写500字的情况说明书。"学生由于想逃避写情况说明书，可能第二天就

---

① 李镇西，2008. 做最好的班主任［M］. 桂林：漓江出版社：85.

会按时到校。

3. 惩罚

惩罚是指一个行为发生之后立刻跟随着一个结果（通常也是令人不愉快的事件），于是将来这个行为不太可能再次发生，即行为被弱化。例如，某个学生因伤害了同学且不道歉，受到全班学生的严厉指责，之后他不仅向该同学道了歉，而且再不敢轻易伤害同学。

4. 忽视

忽视是指取消以往持某种行为的所有强化物，而使行为逐步消失。例如，某个学生指出其他同学不守纪律的行为得到班主任的支持，从而演变成每次课间都为一点小事来告状，班主任意识到这点后采取冷淡回应甚至不理会的方法，最后使这名学生的告状行为逐渐减少。

在行为塑造过程中要注意突出班规的地位，将学生的行为与班规进行对照，公平公正，避免过分的学生间横向比较以及教师的主观臆断；奖惩方式尽量制度化，变成班规的一部分，依据制度具体执行；班主任认真地对待班规执行情况，学生也会更尊重和遵守班规；惩罚必须慎重，应以消除不良行为、建立正确行为并形成良好行为习惯为目的。

三、班规执行需要注意的问题

班规不是单纯为了约束学生，而在于引导学生养成良好的行为习惯、成为有道德的人，因此，班规的执行需要注意以下问题。

（一）突出教育意义

人非圣贤，孰能无过。年幼的学生不时会违反班规，这是十分正常的现象。班主任不仅要理解违规的必然性，而且要理解教育者的任务之一，就在于教会孩子看到自己每个行为的后果。"道德上的愚昧无知往往是从不善于环顾周围开始的。如果这种不善于变成一种习惯，而且变成一种本性和特性的话，那么，在人身上就会发展成粗野和无礼的行为。"[①] 因此，对于班规的执行，其意义应在于培养孩子聪明而有道德地观察与思考的能力，使学生从小懂得为自己的行为负责。曾子曰，"吾日三省吾身"，班规执行的出发点在教育和自省。自省可以使学生的行为具有自觉的目的性，学生依据班规对自己的行为进行思考和判断，进而采取行动。经常总结反省会让学生更加理性。学生的违规行为虽然可以直接改变，但在改变之前，最好引导学生自省，即对自己的行为先做出价值判断。可以布置学生写周记、总结，引导学生思考自己的行为与班规的价值，实现自我教育。

⊂⊃ **资料链接**

等 待

最近的晨读，总有几个学生晚到。规定 7 点上课，可他们总是 6 点 58 分左右才到，虽说没有迟到，但上课老师一般 6 点 55 分左右就到了，这样下去不是耽误上课吗？虽然

---

① 苏霍姆林斯基，1992. 怎样培养真正的人 [M]. 蔡汀，译. 北京：教育科学出版社：199.

找这几个学生谈了几次，但是效果并不明显。正巧，这几天，语文课练习心理描写，我灵机一动，写了一篇小文，一是让学生学习怎么进行心理描写，二是让学生了解老师每天早来等学生的心理，关键是警告那几个经常晚来的学生提高觉悟。内容如下。

已经 6 点 50 分了，班里还缺 10 个学生。不过还好，即使一分钟来一个，也还来得及。

好，又来了几个……

不好，怎么不来了？已经过了 4 分钟了，那 6 个学生怎么还不来？

咦，窗外楼前拐角处不是又来了 3 个吗？

好，还有 3 个。

怎么搞的？那 3 个学生怎么还不到？难道出事了？不会吧，如果真有事，家长该给我打电话的。

6 点 55 分，6 点 56 分，6 点 57 分……

急死人了，怎么还不到？赶快来吧，老师等得"花儿也谢了"。

突然，3 个熟悉的身影映入眼帘。

6 点 58 分！

到了！谢天谢地！我心里的一块大石头总算放下了。

我将这篇小文贴在宣传栏里，许多学生立刻围上来看，之后议论纷纷。我偷偷看了看那几个经常晚来的学生，他们脸上露出尴尬的神色，也许他们看懂了老师的良苦用心。因为我班有规定，上课迟到的学生要练一张字以示惩罚，通过这篇小文，我要让学生了解老师惩罚他们的真正目的。

（资料来源：高影，2011. 治班有道［M］. 济南：山东文艺出版社：41-42.）

（二）突出以班规为尺度

班规一旦出台，就变成了班级"法律"。班级全体成员参与制定的班规，代表着集体的意志。对班主任来说，维护班规的权威，便是维护自己的权威；对学生来说，维护班规的尊严，便是维护自己的尊严。当学生违反班规时，处理的唯一尺度应是班规条款，亦即学生的集体意志。同时，班规也是班主任克制自己不良情绪的"戒尺"，它有助于班主任自身的道德成长。

（三）突出身教

俗话说，百闻不如一见。教师作为学生的榜样，应时时处处注意自己的言行，要求学生要做到的，教师就应该率先力行。例如，按时上下课，工作时不看手机、不做与教学无关的事情，尊重学生、对人有礼貌，认真备课、及时批改作业，爱护公共设施，等等。通过教师无声的行为潜移默化地影响学生，班规自然能够得到学生的尊重和执行。

（四）兼顾动机与结果

在执行班规的过程中，特别是在处理那些捣乱行为时，教师必须帮助学生探查他们的动机和该行为会产生的后果。过分地强调惩罚通常会掩盖动机和态度方面的问题，会使孩子不去注意该行为产生的直接负面后果，这种处罚的压力会影响人们对一些问题做更进一步的思考。学生常常会在善良的动机下做出一些不恰当的行为，只有谨慎地探析根源，才能保证处理的公正。至于一些自制力差的特殊学生，如多动症学生，班主任应了解他们的心理和行为特点，积极寻找专业性支持。

（五）方法多样

对违规进行处理的具体方法，最好由班级成员共同讨论。一方面要把握处罚的尺度，不能伤害学生的身体与心理；另一方面要有层次性，对于偶尔违反和多次违反有不同的处罚措施。有时候，冷处理、以扬促悟也能起到意想不到的效果，如陶行知先生"四颗糖果"的故事所产生的奇妙效果。

🔗 **资料链接**

四 颗 糖 果

有一次，陶行知教育一个用石头砸同学的男生，他先让男生到办公室等他。当陶行知回到办公室，发现那个男生已经站着等候了。于是，陶行知掏出一颗糖，对他说："这是奖给你的，因为你比我先到了办公室。"接着又掏出一颗糖："这也是奖给你的，我不让你打同学，你立刻住手了，说明你很尊重我。"男生傻眼了，半信半疑地接过糖果。陶行知说："据我了解，你打同学是因为他欺负女生，说明你有正义感。"陶行知又掏出第三颗糖给他，这时学生哭了："校长，我错了，同学再不对，我也不能采取这样的方式。"陶行知拿出第四颗糖："你已经认错，再奖励你一颗，我的糖发完了，谈话也该结束了。"

（资料来源：何成学，2015. 教育"问题学生"的艺术——陶行知"四颗糖果"的启发 [J]. 中国校外教育（5）：33.）

（六）指导改进

处理是为了改进。班主任要善于向违规学生表达对其改进行为的期望，在学生需要帮助时提供具体的改进参考意见，或指导学生制订行为矫正计划。

（七）循序渐进

从改变学生的不良行为到形成学生良好的习惯和人格，不可能一蹴而就，而需要一个渐进的过程。班主任要富有耐心，坚定教育信念，要相信自己坚持不懈的努力和不断改进的教育方法终会换来班级学生的健康发展。

⁇ 思考与探究

1. 如何理解班规的概念？班规的价值有哪些？
2. 如何制定班规？
3. 分析下面案例中的班规是否合理，为什么？

　　有媒体报道，长沙天心区某小学二年级一位班主任创制了独特的班规。其中有"上课发言最积极的前 5 个学生随时可以喝水，在校表现最好的 1 个学生可以选座位，最佳'班级小管家'可以去老师办公室玩"，等等。还有"语文作业要求"："忘带或迟交作业本的学生将当日所有作业重做一遍，没做和缺交的学生重做两遍"。

　　4.　实践调查：请对当地小学班规的制定与执行过程进行调查研究。

第七章 班级文化的营造

学习目标

1. 理解班级文化的含义，掌握班级文化的功能。
2. 了解班级物质文化营造的内容和要求。
3. 掌握铸造班级精神文化的策略。

第一节 班级文化概述

文化是人类的灵魂，是人类的第二个太阳。正是文化使人类走上了文明的大道，使人类脱离了一般动物界。哪里有文化哪里就有文明的足迹，哪里没有文化哪里就弥漫着荒蛮的气息。人类文明进步的历史充分表明，没有文化力的积极引领，没有精神世界的极大富足，没有文化创造力的充分发挥，一个国家、一个民族即使具有相当的物质科技硬实力，也不可能长期立于世界先进民族之林。一个国家和民族要不断走向强盛，文化是不可或缺的基础支撑。党的二十大报告提出，发展面向现代化、面向世界、面向未来的，民族的科学的大众的社会主义文化，激发全民族文化创新创造活力。推进文化自信自强，铸就社会主义文化新辉煌。要以社会主义核心价值观为引领，发展社会主义先进文化，弘扬革命文化，传承中华优秀传统文化，满足人民日益增长的精神文化需求，巩固全党全国各族人民团结奋斗的共同思想基础，不断提升国家文化软实力和中华文化影响力。

文化是影响学生成长和发展的重要社会因素，正处于成长阶段的学生特别容易受到所处文化环境的影响，良好的文化环境对人的成长和发展起着重要的影响和作用。新课程强调学校要在以人为本，民主、平等、和谐的基础上创造充满活力的文化环境，创新文化氛围，以促进学生的健康成长。学生在校生活时间大部分是在班级中度过的，班级文化在塑造一代新人中将发挥重要作用。

因此，加强班级文化建设，努力营造积极、健康向上的班级文化，是促进学生全面发展和成长、提高班级管理水平的一个重要举措。

一、班级文化的含义

在理解班级文化之前，我们需要先理解文化的含义。什么是文化呢？文化是一个应用广泛而颇有争议的概念，据统计，有关"文化"的定义世界上至少有二百多种。在我国权威辞书《辞海》中，文化被区分为广义和狭义两种。广义的文化是指人类在社会实践过程中所获得的物质、精神的生产能力和创造的物质、精神财富的总和，包括物质文化、制度文化和精神文化三个方面。狭义的文化是指精神生产能力和精神产品，包括一切社会意识形态：自然科学、技术科学和社会意识形态。文化就其本质而言，是一种价值取向、道德准则和行为方式等方面的积淀，对某一地区、某一人群的人格、精神发生着影响。人类活动作用于自然界，便产生了物质文化；人类活动作用于社会，便产生了制度文化；人类活动作用于人本身，便产生了精神文化。

关于班级文化概念的界定也众说纷纭、莫衷一是。班级文化是"班级群体文化"的简称，是作为社会群体的班级所有或部分成员共有的信念、价值观、态度的复合体，是在班级活动中所创造的物质财富和精神财富的总和，是班级成员共同创造的群体文化。班级成员的言行倾向、班级人际环境、班级风气等为其主体标识，班级的墙报、黑板报、活动角及教室内外环境布置等则为其物化反映。

具体来讲，班级文化和文化一样包括物质文化、制度文化、精神文化，其中以信念、价值观、习惯、态度为主要内容的是班级精神文化，以教室内外环境为主要内容的是班级物质文化，以班级组织与规章制度为主要内容的是班级制度文化。班级精神文化是灵魂，物质文化是基础，制度文化是保障。精神文化是班级文化的核心内容。

班级文化与建筑文化、饮食文化一样有着自己的外延和内涵。首先，它是一种个性文化，代表着班级的形象，体现了班级的生命。其次，它是班级全体师生共同创造的财富，是全体师生共同劳动的结晶。最后，它是一个动态的、发展的系统工程，它的主体是学生。

二、班级文化的功能

班级文化是一个班级的灵魂，是每个班级所特有的。它具有自我调节、自我约束的功能。苏霍姆林斯基在《帕夫雷什中学》一书中说过：用环境，用学生创造的周围情境，用丰富的集体精神生活的一切东西进行教育，这是教育过程中一个微妙的领域。班级文化就是这样一个微妙的领域。班级文化是学校教育的必然产物，是一种特定的文化环境，在培养人才的过程中具有各种教育功能。班级文化是班级师生共同创造的财富，是校园文化的重要组成部分，也是形成班集体凝聚力和良好班风的必备条件。

班级文化涉及与班级有关的各类人群，既包括我们以往比较关注的学生与学生之间的关系、师生之间的关系，也包括我们容易忽略的教师之间以及教师与家长之间的关系。教师与教师之间是合力的关系，教师与家长之间是互补的关系。充满朝气的班级文化不但能有效地调动学生学习的积极性，更重要的是能启迪学生思想，陶冶学生情操，弘扬学生道德，培养学生的主人翁精神，塑造积极向上的班级精神，有利于促进学生健康成长。

班级文化建设的功能主要体现在以下五个方面。

（一）育人功能

教室是学生学习、生活、交往的主要场所，是教师授业、育人的主阵地，是师生情感交流的地方。整洁的教室、激人奋进的名言警句、生动活泼的板报、充满童趣的书画作品、富有创意的特长展示栏、内容丰富的"图书角"，都能反映出学生多姿多彩的生活，为他们提供展现才华、张扬个性、实践创新的平台。这些文化景观构成了一种美的氛围，是一种特殊的物质"文化场"，不仅使学生得到美的享受，而且起到"润物细无声"的作用，深刻地影响着学生的思想品德、行为方式及生活方式，使学生在潜移默化中受到熏陶与感染，并形成积极的道德情感，从而将道德认识内化、升华为道德信念和道德理想。它具有无形的教育功能，一旦形成就会产生巨大的力量。

在创建班级文化过程中，班主任要让学生自己设计活动的全过程。在活动中，应把学生摆在主体的位置，充分发挥学生的主体性，让学生成为班级文化设计的参与者、主持者和实施者，学生用自己的智慧和双手来创设有特色并为自己所喜爱的文化环境。班主任扮演着导演者、倡导者和指导者的角色，彻底抛弃保姆式管理的做法，充分相信学生、尊重学生、依靠学生，大胆地放手让学生去实践，使他们在班级文化建设中得到锻炼和提高，让有限的教室空间成为无限的教育资源。通过开展丰富多彩的班级文化建设活动，寓教于知识，寓教于竞赛，寓教于娱乐，既能丰富学生的课余生活，又能净化班级的精神环境，既能增长学生的才干，发展学生的个性，又能使学生接受教育，提高学生的综合素质。

总之，应在班级文化建设中，利用班级文化具有潜移默化性、自我教育性等特点，采取渗透的形式，把教育思想贯穿于整个文化环境中，充分发挥班级文化建设的育人功能。

（二）凝聚功能

有了文化，才会有共同的使命、共同的愿景和共同生长的力量。班级文化是班级成员共同创造的群体文化，寄托着他们共同的理想和追求，体现着他们共同的心理意识、价值观念和文化习性。这种共同的心理意识、价值观念和文化习性会激发班级成员对班级目标、准则的认同感和成为班级一员的使命感、自豪感和归属感，从而形成强烈的向心力、凝聚力和群众意识。班级文化能把班级成员的个人利益与班级的命运和前途紧紧地联系在一起，使个人与班级同甘共苦，促使学生在日常生活和学习中时刻清醒地认识到自己是班级的一员。实践证明，在班集体中，班级文化的水平建设得越高，这种向心力、凝聚力和群众意识越容易得到实现。

班级文化建设的一个重要目标，就是要形成一种团结、发展的精神风貌。良好的班级文化使人身居其中，处处感到集体的温暖，同学之间团结友爱、互相鼓励、互相关怀；师生之间，民主平等、爱生尊师。这种氛围使人人感到心情舒畅，产生一股令人振奋、催人向上的力量。这种氛围一旦形成，就会产生强烈的吸引力，把师生团结起来，共同为班级的发展而努力。

（三）激励功能

因为好的环境会激发学生学习的兴趣，班级文化所倡导的观念和宗旨能让学生的情操得到陶冶，使学生增长见识。班级文化能提高学生的智能。学生有旺盛的精力和强烈的好奇心，仅靠课堂教学不能满足他们的求知需要，班级开展各种丰富多彩、健康活泼的课外文化生活，能使他们获得许多课外知识，锻炼多方面的能力，唤起学生学习、生活的热情，形成一种催人积极进取的良好气氛，有利于学生智能的开发。

班级文化着眼于整体的文化建设和人的不断完善，在建立一种人创造文化、文化塑造人的良性循环机制中发挥其巨大的激励作用。学生在一种受重视、被尊敬的班级文化气氛下，对班级的贡献就会获得肯定、赞赏和激励。在班级中，学生时时受到鼓舞，处处感到满意就会产生极大的荣誉感和责任心，自觉地向更高目标努力。激励理论认为，有效的激励手段能让被激励者觉得自己确实做得不错，发挥出自身的特长和功能。

班级文化的激励功能主要表现为，班级文化能为每个班级成员提供文化享受和文化创造的空间，提供文化活动的背景及必要的活动设施、模式与规范，从而有效地激发和调动每个成员参与班级活动的积极性、主动性和创造性，使其以高昂的情绪和奋发进取的精神积极投入学习和生活中。

苏霍姆林斯基曾经说："成功的教育应该使学生在没有意识到教育的情况下却受到毕生难忘的教育，而这种潜移默化过程中受到的教育往往具有滴水穿石的作用。"

（四）制约和规范功能

班级文化是一种有较强凝聚力的文化，它把师生的共同利益、共同理想、共同追求紧紧联系在一起，形成一种共同意志，进而形成班级文化的规范体系和价值体系，制约学生的言行。这种规范价值体系一旦形成就会成为一种强大的力量，使班级成员都能自觉地约束自己，让自己的行为符合班级共同管理的规范与价值观念。班级文化通过自身的感染力影响学生的行为规范、思想道德观念及生活方式的选择，使学生在潜意识状态下接受信息，获得感悟和启迪。

（五）熏陶感染功能

班级文化一旦被学生所认可，就会产生巨大的力量，对学生自身的发展具有熏陶感染作用。班级文化能增进学生的身心健康，开展班级体育活动、文娱活动、科技活动等，寓教于乐，能使学生保持愉快的心情，拓宽视野，提高审美情趣，丰富想象，启迪智慧，增强体质，促进学生的身心健康发展。

班级文化对学生的熏陶感染作用，其实质是发挥了无意识记对学生的潜移默化作用。正如《学习的革命：通向 21 世纪的个人护照》一书中所陈述的：

> 如果一个孩子生活在批评之中，他就学会了谴责。
> 如果一个孩子生活在敌意之中，他就学会了争斗。
> 如果一个孩子生活在恐惧之中，他就学会了忧虑。
> 如果一个孩子生活在怜悯之中，他就学会了自责。
> 如果一个孩子生活在讽刺之中，他就学会了害羞。
> 如果一个孩子生活在耻辱之中，他就学会了负罪感。
> 如果一个孩子生活在鼓励之中，他就学会了自信。
> 如果一个孩子生活在忍耐之中，他就学会了耐心。
> 如果一个孩子生活在表扬之中，他就学会了感激。
> 如果一个孩子生活在接受之中，他就学会了爱。

如果一个孩子生活在认可之中，他就学会了自爱。

如果一个孩子生活在分享之中，他就学会了慷慨。

如果一个孩子生活在承认之中，他就学会了要有一个目标。

如果一个孩子生活在诚实和正直之中，他就学会了真理和公正。

如果一个孩子生活在安全之中，他就学会了相信自己和周围的人。

如果一个孩子生活在友爱之中，他就学会了这世界是生活的好地方。

如果一个孩子生活在真诚之中，他就学会了头脑平静地生活。[①]

三、班级文化建设的制约因素

班级文化不是在白板上构建的，而是始终反映着一定的时代特征、政策要求和学校文化。因此，班级文化建设总是会受到这些因素的制约。

首先，班级文化建设受到社会大文化的制约。班级是学校的一部分，而整个学校是处于一定的社会文化背景中的，当地的文化氛围会影响到学校的文化，进而也会影响到班级的文化。

其次，班级文化建设受到国家方针政策的制约。国家的方针政策是保证教育方向、确保教育功能及保障师生权力实现的硬性要求，班级文化建设不能绕开国家的方针政策。党的二十大报告指出，全面建设社会主义现代化国家，必须坚持中国特色社会主义文化发展道路，增强文化自信。用社会主义核心价值观铸魂育人，完善思想政治工作体系，把社会主义核心价值观融入日常生活，这将成为班级文化建设的重要指向。

再次，班级文化建设还受到学校文化的制约。班级是学校的细胞，小学班级文化凝聚着学校的文化传统、精神风貌和价值追求。班级文化建设是在学校文化环境中实施的，它本身亦是学校文化的构成部分，因而班级文化的形成受到整个学校环境的影响，班级内的很多活动会受学校整个规划、办学理念的影响。学校如果在全校范围内开展一些活动，校内的每个班级都应积极配合学校活动的开展。李家成教授指出，学校文化不仅存在于学校管理之中，存在于课程教学中，而且还存在于班级建设之中。他说："当代学校教育以其独特的文化精神，存在于社会文化系统之中；学校教育同样有责任以自己的独特，融入社会文化的传承与发展之中，这不仅存在于以管理为核心实践活动的管理文化之中，存在于以课程与教学为载体的文化传承与发展之中，也存在于班级建设改革实践之中。"[②] 当然，不可否认的是，班级文化在某种程度上也会影响到学校文化。

总的来说，班主任要起到引领者、合作者、发现者、学习者的作用。班主任在班级文化建设中要围绕班级文化的目标和内容发挥自身的核心作用，既要关注班级文化建设中各种关系背后的文化基因，也要关注班级文化建设所受到的大环境的制约因素。尤其是，班主任既要注重班级文化建设的保守性，使得班级文化中的良好成分得到继承，也要注重班级文化建设的创新性，不断带领班级创造新的文化。唯有如此，班级文化才能发挥真正的功能，成为传统文化的集散地和未来文化的发源地；唯有如此，班级文化才

---

① 珍妮特·沃斯，戈登·德莱顿，1998. 学习的革命：通向 21 世纪的个人护照［M］. 顾瑞荣，陈标，许静，译. 修订版. 上海：上海三联书店：76.

② 李家成，2012. 论班级建设改革实践的文化精神［J］. 教学研究与评价：小学教育学（7）：5.

能不断地促进班主任专业发展和班级文化发展。同样，浸润在这种文化氛围的班级中，学生也会更加茁壮健康地成长。

第二节　班级物质文化营造

班级环境是影响学生身心全面发展的重要因素，对学生的发展起到潜移默化的作用。我国古代教育家荀况在《荀子·劝学》中说，"蓬生麻中，不扶而直；白沙在涅，与之俱黑"。教育家墨子以素丝和染丝为喻，来说明良好环境和教育对于人的作用。有一次他见染丝而颇有感慨："染于苍则苍，染于黄则黄，所入者变，其色亦变，五入必，而已则为五色矣。故染不可不慎也。非独染丝然也，国亦有染。……非独国有染也，士亦有染。"在墨子看来，首先，人性生来如同待染的素丝，是纯洁的、干净的。其次，下什么颜色的染缸，就染成什么颜色的丝，也即有什么样的环境与教育就能造就什么样的人。因此，自古以来的教育家都非常重视良好环境的育人作用。

一、班级物质文化

班级环境文化建设即班级物质文化建设，是班级文化建设的重要组成部分，物质文化是班级文化建设的"硬文化"。班级物质文化是指班级成员共同创造或使用的、能体现班级成员共同的奋斗目标、共同的价值观念、共同的信念并为班级成员所直接感知到的客观存在物，它通过班级标语、黑板报、学习园地、图书角、宣传栏等视觉识别系统来传达班级精神，是班级文化中看得见、摸得着的东西。

苏霍姆林斯基曾说，无论是种植花草树木，还是悬挂图片标语，或是利用墙报，我们都将从审美的高度深入规划，以便挖掘其潜移默化的育人功能，并最终连学校的墙壁也在说话。班主任要有环境创设优化意识，在学校为班级提供良好教育设施的基础上，引导学生和教师一起创造、经营个性化、温馨优美的班级文化环境，做到让教室内的每一面墙都开口说话。

二、班级物质文化营造要求

班级物质文化是学生学习、生活所需要的物质条件和气氛，我们的目的是让每一面墙都"说话"。班级物质文化要体现班级精神面貌，各班要根据学生的年龄特征和班级特点来精心设计，合理布局。教室的布置应根据学生年龄特点，在整洁、美观、大方的基础上，力求知识性、趣味性、艺术性。教室布置的色调要和谐统一，颜色不宜过多、过于繁杂。教室布置物的制作及摆放必须讲究艺术性，总体上要符合心理学和环境学的要求；教室的布置要兼顾学校共性与班级个性，创设不同风格与要求，鼓励和引导学生参与班级文化建设。

要为学生营造和谐、进取的班级成长氛围，建立宽松、清新、充满人性关怀的班级文化，形成具有教育性、凝聚力、制约性、激励性的班级文化。丰富班级文化的内容和形式，在传统中挖掘新意，使班级文化与学校办学理念融为一体。通过班级文化建设，引导学生做一个懂文明、讲礼貌的孩子。

三、班级物质文化营造策略

（一）注重教室的净化，营造美观、整洁的班级环境

干净整洁的教室有益于孩子的身心健康，同时也能为师生提供一个良好的学习环境。教室卫生是班级的窗口，是文明的标志，是一个班级精神风貌的外在表现，是班级物质文化营造的基础。班级物质文化营造的目标首先就是要营造一个温馨、整洁、美观的学习家园。

要保持干净整洁的教室环境，需要培养学生良好的卫生习惯、制定严格的卫生制度，保证人人参与，加强检查和监督，注意维护和保持。

教室净化的要求如下：窗明几净，地面无垃圾纸屑、无痰迹、无杂物，墙面无污渍，桌椅无乱画、无刻印，门窗无积尘，卫生无死角，物品摆放整齐有序。对教室里的各种设施的摆放应提出明确的要求，小组桌椅的排列要左右对称、前后等距，课桌之间的通道要横平竖直，保持通行顺畅；教学平台和讲台上的电教用具，学生的作业本、学具等要摆放整齐。卫生柜、小黑板等都要摆放有序。教室环境整体要给人以干净、清爽的感觉。

还可以开设卫生角。每天由值日生将卫生工具摆放正确，做到整洁、有序；同时让学生收集生活中的健康小知识，贴于墙上，并定期根据季节更换，使每个同学都能够及时了解健康知识，更好地关注自己的身体健康。

（二）注重教室的绿化，设置生物角，营造充满生机的环境

绿色象征青春和活力，代表着希望。在教室的固定位置设置生物角，摆放一些绿色的植物，如盆景、花草等，还可放置鱼缸等。生物角可供学生观察，使学生亲近自然、热爱生物，激发他们的好奇心和求知欲，且能增加教室内的生机。绿色植物还能够调节教室的气氛，净化空气。生物角可安排专门的学生负责或者学生轮流分组负责管理：浇水、施肥、修剪、喂养等。生物角既可以美化环境，又可以培养学生的责任意识及耐心和爱心等。

（三）注重教室墙面的美化，让每一面墙都"开口说话"

各班教室的美化布置要根据班级个性设置不同风格与追求，要充分调动学生参与的积极性和创造性，精心设计、巧妙布置，力求教室和谐、高雅，内容可包括班训、信息栏、学生名片、荣誉墙、黑板报等。这些内容可分布在教室的前墙、后墙、两侧。

教室墙面布置说明如下。

1）班训张贴于黑板正上方。例如，"德泽天下，智赢未来"和"惜时重效，勤思好学"等班训能体现班级同学的共同信念，放在教室前墙黑板的正上方，学生一抬头就能看见，对学生时刻起到激励作用。班主任一定要利用班会或德育课时间向学生阐释班训的内涵，让学生领会班训的精神意义。

2）课表、作息时间表、值日生表、学校通知等张贴在黑板的右边墙上；学生守则、班级公约、班干部职责等可以张贴在黑板左侧的墙壁。

3）黑板报统一在教室后面的黑板上来完成。黑板报是学生施展才华、倾诉心声、挖掘知识的宝库，这块设计要放手全由学生们负责，以此来培养他们的想象力和创造力，以及提高他们设计、选材、写作的能力。黑板报是教室布置的主要内容，是班级文化建设的重要窗口。它既是班级物质文化建设，又能体现班级精神文化。办好黑板报，不仅可以使整个班级更加美观，还可以让学生从中吸收知识、获取良好教益。因此，班主任要认真规划，加强引导，努力办好每一期的黑板报。

办好黑板报需要注意以下几点。

第一，要主题鲜明。黑板报应内容丰富，主题明确。黑板报的主题来源于学校各个时期的工作重点、党和国家在某个时期的重大事件、各种纪念日、针对班级中的事件、表扬好人好事、支持先进人物和正确意见、批评各种不良思想行为等。

第二，黑板报的内容要起到对学生进行教育和宣传的作用。

第三，黑板报在表现形式上要服从班级总体布置，在版面设计上要和教室的布置保持一致，构成和谐统一的整体。

第四，黑板报是学生施展才华、倾诉心声、摄取知识的宝库。班级里应该培养一批自己的小记者、小通讯员、小主持人。从文字编辑、新闻采访到版面设计，可全由学生动手。

4）班级荣获的奖状、奖牌放在后墙黑板上方；后墙黑板右侧可以开辟成学习园地，展示学生的优秀作业或作品，如硬笔书法、学生习作、手工艺术制作等。

5）"学生名片"贴在教室后墙黑板的左边，学生自己制作各种各样的有色卡片，在上面贴上照片并写上想说的话。

6）名言警句、名人名言、名人画像可以张贴在教室两边墙面中的窗户与窗户间的空隙和窗户上方，起到警示、启示、榜样、激励学生的作用。

总之，教室墙面布置不一而足，具有灵活性和机动性，但总体要简洁、美观、大方，色彩不宜太多且要协调，以免学生分散注意力，使教室成为学生温馨、积极向上的学习环境。

（四）设置图书角，营造书香环境

班主任要充分发挥图书角在班级文化建设中的作用。班主任可以引导学生把自己喜欢看的书和报刊拿来与他人交流，通过发动学生从家里带书、师生捐款买书和订阅杂志等办法建立班级资料平台，并由专门人员或学生轮流担任管理员，负责图书的编码和借阅。这样既可以培养学生的奉献精神，又是对他们进行集体主义教育的有效举措。

高尔基说："我读的书越多，我对世界越加感到亲切，生活对我越加变得明亮和有意义。"班主任应该引导学生多读书、读好书，师生共同体会读书的乐趣，为学生营造充满书香的氛围。班主任安排读书时间，对学生的阅读进行指导；帮助学生制订读书计划，养成良好的读书习惯，指导学生写读书笔记；指导学生举行一些读书活动，如定期评选图书角的热心读者，每学期举办一次好书推荐会，举行介绍好书的征文比赛。这些活动可以充分调动学生的读书积极性，让学生仔细体味读书的快乐，使图书角发挥其应该有的文化源的作用。

第三节　班级精神文化营造

班级精神是班主任和各任课教师在长期的教育实践中积淀起来的，是反映全班学生的价值并被全体师生认同的群体意识和精神力量，它是班级管理和建设良好班风的内驱力和核心，是班级文化的灵魂。班级精神是一股强大的无形力量，会对每一个学生的个体发展起着巨大的潜移默化的教育、激励和制约作用。

班级精神文化是指班级全体成员所共同认可的价值观、信念、态度等。班级精神文化是班级文化建设的核心，是班级全体学生的精神支柱和共同价值准则，是一个班级的个性和精神面貌的集中反映，具有强大的凝聚力。它包括群体意识、舆论风气、价值取向、道德标准、审美观念、行为方式等，具体表现在班风、学风、班级人际关系、集体舆论、价值观念、理想追求等方面，是班级建设的深层次要求。班级精神文化可以通过班级目标、班级舆论、班名、班歌、班级口号、班训等来呈现。培养班级精神是一项艰巨的任务，班主任作为班级的管理者和领导者，理应在班级精神的铸造上发挥主导作用，积极引导与精心打造，使正确的价值观念、积极的舆论、健康的奋斗目标、和谐的人际关系在班级中形成。

在班级精神文化铸造中，要注意必须发挥学生的主人翁精神，实行班级民主管理，唤醒和激励学生的参与意识，充分调动和发挥学生的主体性，力争不让一个学生成为旁观者，使学生个个成为班集体的主人，在班集体这个舞台上锻炼自己的能力，增长自己的才干，挖掘自己的潜能，发现新的自我。

一、树立正确的价值观念，培养正确的班级舆论和良好的班风

班级舆论是班集体生活与成员意愿的反映，是班级文化的重要组成部分，正确的班级舆论是一种巨大的教育力量，对班集体每个成员都有约束、激励的作用，是教育集体成员的重要手段。良好的班风是班集体大多数成员精神状态的共同倾向与表现。

正确的班级舆论和良好的班风是班级文化建设的核心和精髓所在，所以班级精神文化建设也集中体现在班级舆论和班风建设上。培养正确的集体舆论和良好的班风，创造一个团结、文明、勤奋、和谐、向上的浓厚精神文化的氛围，能影响、制约每个学生的心理，规范每个学生的行为，是学生自我教育的重要手段和推动班集体及其成员发展进步的力量，对提高全班学生素质有着重大的现实意义。因此，在班级文化建设中，班主任要注重培育正确的班级舆论和良好的班风，用正确的价值观念引导学生。

（一）引导学生树立正确的价值观念

培养正确的班级舆论和形成良好的班风，最关键的是让学生形成正确的价值判断。班主任要引领学生学习国家的方针政策、法律法规，学习学校的各项规章制度，加强学习道德修养教育，以社会主义核心价值观作为观念的核心，逐步培养学生正确的世界观、人生观、价值观；提高学生自身分析问题和道德判断的能力。同时，班主任还要经常结合国内外时事，结合发生在学生身边的事及学校各个阶段的工作重点，帮助学生形成自

觉分析其中的是非善恶、荣辱美丑的习惯，使他们即使面对各种复杂的舆论，也能坚持真理，明辨是非。

（二）树立榜样，示范引领

俗话说，榜样的力量是无穷的。充分发挥榜样的力量，是正确的班级舆论和良好班风培育的重要途径。榜样具有很强的说服力、感召力，引导学生向榜样学习是形成积极班级舆论和良好班风的有效途径。

班主任要实事求是地树立榜样，引导学生向榜样看齐。例如，对取得优异成绩、表现突出的学生授予各种荣誉，如"全面发展之星""学习标兵""进步之星""运动健将""生活小能手""德育之星""美术之星""文明之星""最佳值日班长""每周好学生""优秀学生干部"等。发挥榜样的示范和感召作用，开始时往往只是少数学生做出榜样，通过一桩桩、一件件事例的积累，才能进而扩大为班级的一部分人和班级大多数人的行为，而后成为全班学生的行为准则和习惯。

通过树立典型，鼓舞士气，"放大"学生的点滴进步，增强他们不断进取的信心，这样既可以给后进生以希望，也可以给先进生以压力，带动整个班级形成一种积极向上、奋发进取的良好风气。

榜样可以是各种历史人物和现实生活中的典型人物，也可以是学生周围的典型人物。将学生中的优秀生和班级中的进步生作为榜样更具有教育力量，这样的榜样是具体的、真切的，并且具有很强的感召力，可以促使学生在耳闻目睹的同时认真思考，在思考和比较当中受鼓励，形成向好学生、好行为学习的氛围，也可以形成班级正确的舆论。

（三）充分利用宣传阵地，扩大正确舆论的影响力

班主任要充分利用学校与班级的舆论阵地与宣传工具，扩大班级正确舆论的影响力。可以利用学校广播、黑板报、阅报栏、宣传橱窗、图书阅览室、名人名言警示牌、电子媒介等，大张旗鼓地弘扬正气和健康的思想，批评歪风邪气和错误的思想行为，从而在班上形成积极的舆论和良好风气。

（四）关注班级中的非正式群体，引导非正式群体成为班集体的积极力量

非正式群体是指以个人感情为基础自发形成的小群体。每个班级都会有非正式群体的存在，班级非正式群体对班级舆论和班风的形成有重要影响。班级非正式群体通常有三种类型：积极型、中间型、消极型。积极型是一种积极向上的、亲班集体的类型，积极型非正式群体的目标与集体目标完全一致或基本一致，其活动对班集体和班级精神文化建设有促进作用。中间型是一种与班集体若即若离的类型，中间型非正式群体的目标与班集体目标有时一致，有时相悖，对班集体发展和精神文化建设有利有弊。消极型是一种与班集体相疏离的类型，消极型非正式群体的目标与班集体目标总是不一致，对班集体和班级精神文化建设产生消极作用。

非正式群体对班级的影响有大有小、有好有坏，班主任不能视而不见，也不能一概否认。班主任应在认真调查和研究的基础上，准确诊断，区别对待。一般而言，对积极

型非正式群体应大胆使用，发挥其积极正向作用；对中间型非正式群体要加强引导，促使其向积极型转化；对消极型非正式群体应坚持正面教育，注意密切与他们的联系，尊重他们，理解他们，用真诚和关爱来感化他们，同时要掌握他们的活动规律，对于可能出现的消极行为，应防微杜渐，或尽力限制，缩小其消极影响范围。只有积极引导，善于利用非正式群体中的积极因素，才能对班集体的建设起到正面效果。

二、确立班级奋斗目标，明确集体发展方向

班集体的奋斗目标是班级精神文化建设的出发点和归宿。班级精神文化的打造关键在于让全体学生具有共同的奋斗目标、信念与追求。有了它班级就有了明确的发展方向，班级文化就有了立足点，就能发挥积极的教育作用。

班级目标可分为长期目标、中期目标和短期目标三种。一般来讲，长期目标是指三到五个学年或更长时间要达到的目标，中期目标通常是一个学年要达到的目标，短期目标通常是一个学期或更短时间要达到的目标。

班级的长期目标应着眼于学生的终身发展，应该符合党的教育方针和素质教育的要求。班级的中期目标应该着力于建设优秀的班集体或形成班级特色。班级的短期目标应该是班级长期目标和中期目标的具体化，制定时可以与学校或班级的阶段性任务结合起来，体现在每次精心设计的教育活动中，开展活动的目的是培养学生的集体主义精神和助人为乐、热爱劳动的优良品质及组织能力和实际操作能力等。

当前，新课程提出的基础教育阶段的培养目标是：要使学生具有爱国主义、集体主义精神，热爱社会主义，继承和发扬中华民族的优秀传统和革命传统；具有社会主义民主法治意识，遵守国家法律和社会公德；逐步形成正确的世界观、人生观、价值观；具有社会责任感，努力为人民服务；具有初步的创新精神、实践能力、科学和人文素养以及环境意识；具有适应终身学习的基础知识、基本技能和方法；具有健壮的体魄和良好的心理素质，养成健康的审美情趣和生活方式，成为有理想、有道德、有文化、有纪律的一代新人。班主任可以根据本班学生的年龄特点把以上目标转化为较具体的班级目标，如培养学生的"爱国主义、集体主义精神"这一目标，对于小学生来说，可以转化为"能够关爱自己、关爱他人"，对于中学生来说可以转化成"善待自己、热心帮助他人、与班级共荣辱"等。这样的班级目标既和新课程的目标一致，又具有可操作性。

由于班级目标是促进学生发展的一种规划，它应遵循教育的基本规律和学生的身心特点。总的来说，班主任在制定班级目标时应注意以下几方面。

第一，方向要明确。班级奋斗目标是全班师生共同努力的方向，是全班统一认识和行动的纲领。班级目标应该符合国家教育方针和素质教育精神的要求，应该是国家培养人才的目标和学校教育目标在班集体建设中的正确反映。

第二，能发挥激励作用。班级目标应具有吸引力，能激发班级成员的责任心、荣誉感，鼓舞大家为达到预定目标努力奋斗。

第三，要循序渐进。班集体目标的确立应是循序渐进的，短期目标是依据中长期目标而设计的，中长期目标又是通过短期目标的不断达成而逐渐实现的。

第四，要有可行性。确立班级目标，要难易适度，必须符合学生的生理心理发展特点、思想觉悟、生活经验及班集体发展水平等实际状况。

三、树立民主意识，民主商定、设计班级标志物

班级标志物主要有班名、班歌、班训、班徽等，能以视觉和听觉的形式传达班级文化，是班级精神文化不可缺少的重要部分。设计班级标志物，班主任要注意发挥全班学生的主体作用，调动学生的自主参与意识，民主商定，赋予特色，能彰显班级的价值观念和正确的舆论导向。设计完成后，应通过集会、比赛、年级活动等各种场合展示，使本年级、本校师生注意到本班的形象标志。班名、班歌、班训、班徽作为班级和班级特色的标志有助于学生对班级产生认同感和自豪感，更为重要的是，这样的设计活动有助于体现学生的创造力、合作力，加强班级的凝聚力，增进学生间的了解和信任。

（一）班名

班主任应和学生一起给自己的班级起一个既能体现班级特色和时代精神，又通俗易懂、具有激励意义的班名，如高年级的班级可叫"扬帆班""雄鹰班""启慧班""晨曦班""金钥匙班"等，低年级的班级可叫"启航班""智慧乐园""蓓蕾班"等。

（二）班歌

班歌是班级精神风貌和班级特色文化的标志，它的思想内容代表着班集体的精神，这种精神会给班级的每个成员以力量、勇气、责任感、荣誉感、自豪感的体验。同时这种体验会激励每个班级成员为拥有美好的班级而更加努力，奋发拼搏。班歌创作要根据班级的具体情况而定，有条件的班级可由班主任或学生自己作词作曲。班歌的旋律应该是活泼、奋进、欢快的，歌词应能集中表达班级成员整体的精神风貌、理想和追求，并得到班级成员的一致认可。没有条件的可以选择学生耳熟能详的、特别喜欢唱的歌曲作为蓝本，让学生自己来编歌词；也可以直接选用现成的能反映班级成员心声的、积极向上的歌曲作为班歌，如《爱拼才会赢》《真心英雄》《让世界充满爱》等。

班歌的演唱活动对班级精神文化的营造有积极的促进作用。在开学典礼、学校集会、班会、晨会、联欢会等场合演唱班歌，可以造成一种声势，使学生在歌声中增强凝聚力、激发斗志、共鸣情感。

（三）班训

班训是班级精神的集中体现，一条好的班训具有间接而内隐的教育影响作用，是激励全班同学勤奋学习、积极进取的精神动力。一般来说，班训不拘形式，简洁并体现班级特色。一个好的班训有以下共同之处：第一，有利于培养学生的学习能力，使他们学会学习、善于学习；第二，有利于培养学生的责任心；第三，有利于培养学生适应社会、适应环境的能力；第四，有利于培养学生的创新精神和实践能力。例如，有些班主任确定以下班训："我学习，我健康，我快乐，我成长""活泼、健康、友爱""我快乐，我自信，我能行""团结、自立、活泼""自尊、自爱、自信、自强"等。

（四）班徽

作为班级的象征，班徽在班级宣传和培养学生的集体荣誉感方面有重要的作用，是反映班级文化、特征、精神的一种形象、物化的标志。

图 7-1 所示为某校六年级四班班徽。班徽的主体由太阳和手构成，象征着同学们的明天更辉煌。班名为手阳班。班训是"读书造就未来，知识改变命运"。理念是"学习蚯蚓的精神，不屈不挠，锲而不舍。时刻牢记，一分耕耘，一分收获，踏踏实实，迎难而进"。

手阳

图 7-1　某校六年级四班班徽

四、树立和谐意识，优化班级人际关系

人际关系是人们在进行物质交往和精神交往的过程中发生、发展和建立起来的人与人之间的关系。班级人际关系是指班级成员在班级生活和交往中所形成的人与人之间的各种直接关系的总和，是一种体现班级成员之间情感、态度、认识、行为互动等情况的心理关系，是班级生活中不可缺少的有机组成部分。和谐的人际关系对精神文化建设有着重要意义。心理学家研究表明，良好的人际环境能使人心旷神怡，能滋生一种奋发向上的动力。班级中良好的人际关系不仅可以使学生全身心地投入学习，促进学生奋发向上、健康成长，还是体现班级文化品位的标尺。

（一）和谐师生关系的建立

在班级人际关系中，师生关系是班级生活中重要的人际关系，师生关系是最为复杂、最能影响班级气氛的重要因素，教师与学生之间的沟通是做好班级工作的重要纽带之一。和谐、融洽的师生关系的建立，不仅会对学生产生重要、积极的影响，也能使教师在一种轻松愉快的心境中工作，有利于减轻心理压力和疲劳感。也就是说，师生关系决定了教师和学生的各自心理体验和工作、学习质量，影响到班级氛围。只有建立良好和谐的师生关系，才能取得最佳的教育效果。

要创造和谐的师生关系必须注意以下几点。

首先，教师要热爱学生，尊重学生，关心、体贴学生，"亲其师，信其道"，让学生喜欢自己，学生才会自觉、愉快地接受教师的教诲。

其次，教师用发展的眼光看待学生，对学生要做到平等相待。班主任和各科任教师对学生不抱成见和偏见，公平对待全体学生；当与学生发生冲突时，要善于理解学生。在尊重学生的个体差异基础上，一视同仁，不能厚此薄彼。

再次，教师要发挥自身的人格魅力，培养民主作风。教师要具有较高的师德修养、良好的外表形象和精湛的教学艺术，树立在学生心目中的威信。

最后，师生间要注意沟通。沟通是良好师生关系建立的基础。为此班主任要注重与学生交流，经常选择合适的时机与学生谈话、聊天。各科任教师可以借助自己所上的课程加强与学生的沟通。例如，语文教师常把日记当成师生情感交流的重要"渠道"之一。数学教师为了能更好地与学生交流、沟通，及时了解学生心中在想些什么，以便更好地引导他们积极向上，除了常鼓励同学们有事及时跟教师说，也可以鼓励学生写纸条给教师，或者把班上常用的数学练习本变成交流本，用它抄每天的数学作业要求，教师和家长在上面交流孩子的情况，这样也增加了交流的平台。

（二）和谐学生人际关系的建立

教育学生处理好同学关系，包括以下内容：提倡助人为乐，心中有他人，看人要先看别人的优点和长处，正视自己的缺点和不足，要有团队意识和合作精神等。因此，班主任要有目的地加以引导，强调学生之间交往要遵循守纪、理解、团结、互助的基本原则，促进学生形成和谐的同学关系；要多组织学生参加集体活动，如学校运动会、广播操比赛、歌咏比赛等。这样可以培养学生学会共事、学会合作的能力。学生之间和谐人际关系的建立，要注重创设学生与学生之间的沟通渠道。在班级管理中组织开展丰富多彩的班级教育活动，不但能使学生之间更加和睦相处，而且能提高学生干部的工作能力。

五、树立活动意识，组织学生开展丰富多彩的班级活动

班级活动可以增进师生之间、学生之间的理解，增强学生的合作意识和班集体的凝聚力、荣誉感。心理学研究表明，一个集体若没有丰富的集体活动，就必然死气沉沉，缺乏活力，这将有碍于班集体的健康发展。

要想让班集体充满生机活力，最重要的是组织学生开展各项有益的活动，通过活动让学生得到更多的锻炼机会，在班级中孕育团结友爱的风气，培养学生良好的行为习惯，使健康向上的意识转化为学生的内在动力。在活动中，班主任不仅要扮演导演、倡导者和指导者的角色，更应充分相信学生、尊重学生、依靠学生，大胆地放手让学生去实践。同时，有经验的班主任也会抓住学校开展活动的机会，带领全班同学积极参与，精心准备，在这个过程中学生和教师的心贴近了，班级的凝聚力增强了，班级就会焕发出勃勃生机。

（一）定期召开形式多样的主题班会

主题班会主要有教育、情感感染、凝聚、品德教育、导向和激励六种功能。一个有教育意识与教育艺术的班主任，会经常巧妙地利用主题班会这种形式来加强班级管理，同时以此为手段和途径来达到育人的目的。例如，根据学校德育办的要求，并结合本班实际，开展感恩教育、从身边小事做起的学雷锋活动、防校园欺凌的主题班会活动等。

∞ **资料链接**

感 恩 教 育

利用节日对学生进行感恩教育，让学生学会感激所有抚育、帮助过自己的人，学生与老师同学逐步融洽相处。

1）教师节：开展"老师，我想对您说"活动，让学生明白教师工作的辛苦，懂得相互尊重、相互倾听、相互理解。

2）中秋节：让孩子对不在身边的爷爷奶奶、爸爸妈妈等长辈打个问候电话，让他们懂得团圆的日子，亲人不在身边是多么遗憾，想办法来弥补这份相思。

3）重阳节：用自己的零花钱买一块重阳糕，做一件敬老的事情，说一句祝福的话，对家中老人的生活与思想进行调研，对调研结果进行及时反馈，并讨论"我长大要怎样孝敬老人"这个话题。

4）感恩节：对帮助过自己的人、爱自己的人说一句感恩的话，做一件感恩的事情。

5）圣诞节：让学生明确地知道，这个世界上没有做不好的事情，只有不想做的事情。让他们树立对学习的自信、对未来的自信。在他们取得成功与荣誉时，圣诞老人就会给这些自信的孩子送去一份礼物。

6）妇女节：让学生明白世上只有妈妈好，妈妈给予我们的爱使我们拥有的幸福比天上的星星还要多，比海洋里的水还要深。为妈妈做件事（如洗脚或敲背10分钟、一个甜蜜的吻）。

7）生日：坚持在学生生日的当天送上一份生日礼物，并对小寿星说一句祝福的话，让大家一起分享快乐。

（资料来源：范宝峰. 班级精神文化建设探索［EB/OL］.（2019-05-16）［2020-11-13］. https://wenku.baidu.com/view/5566a2d25bcfa1c7aa00b52acfc789eb172d9e87.html.）

（二）开展轻松、愉快的文体活动

下棋、跳绳、打乒乓球、唱歌等多样化的文体活动，不仅能让每个孩子都有兴趣投入进去，而且能让每个孩子都有机会展现自己的才能，从而达到愉悦身心、陶冶情操、发挥特长的效果，不失为一举多得的好措施。

（三）开展丰富多彩的社会实践活动

社会实践活动可以结合重大节日来开展，主题要鲜明，要有针对性和有意义，如三月学雷锋慰问敬老院的老人、四月到烈士陵园凭吊先烈等。这些活动能使孩子们耳濡目染，动心动情。此外，开展"献爱心慈善一日捐"等爱心活动，更能让孩子们的感恩奉献之心得到提升。

六、树立信息意识，借助网络，运用电子媒介

随着信息技术的发展，多媒体技术越来越多地走进学校、班级和学生的课堂生活中。鲜活的画面、优美的音乐、生动的案例、丰富的信息量在改变学习方式的同时，更带来视觉的冲击、美的享受和心灵的震撼。网络是一种全新的学习、沟通和娱乐方式，它为形成良好的班级精神拓展了空间。班级网站、班级群、教师博客、学生博客如同一个个精神家园，班主任可以利用其不受时空限制、快捷、方便等优势增加师生的相互了解，拉近教师与学生、学生与学生、教师与教师、教师与家长、学校与家庭之间的距离。

七、树立共识，在班级冲突与融合中铸造班级精神

班级精神并非自发形成，而是在冲突与融合的过程中逐渐形成的。每个学生都具有

不同的价值观，要让班级中的学生在某些价值取向上逐步获得共识需要一个过程。班级精神是在班级生活中逐步形成的，它的形成与班级成员需求的满足有关，班级精神的最终形成，需要班级成员能够在某一价值取向上达成一致，达成一致的过程就是协商的过程。在班级这个小社会中，教师与学生之间、学生与学生之间、教师与教师之间具有不同的价值观，经过一系列冲突、碰撞与融合，最后逐步趋于一致。

班主任负有协调整合各种不同的文化要素、构建和谐统一的班级文化的重任，要认识到班级文化构成的复杂性，各种文化存在的合理性与必然性，在此基础上开展班级文化建设。面对班级客观存在的各种不同文化要素及其可能的矛盾冲突，班主任要善于把握全局，发挥自己的教育智慧，促进不同文化之间的融合，进而形成班级和谐的文化生态。

⑦ 思考与探究

1. 什么是班级文化？班级文化的功能有哪些？
2. 结合实际，谈谈班级文化建设和管理的意义。
3. 结合班级管理实例，谈谈如何进行班级物质文化的优化。
4. 结合自己在班集体中的体验，谈谈如何铸造班级精神文化。

第三篇

提升班级管理水平，
引领学生成长

第八章　班级活动的组织与实施

学习目标

1. 了解班级活动的意义及特点。
2. 理解班级活动的内容、组织形式、组织原则。
3. 掌握常见班级活动的设计与组织。

第一节　班级活动概述

班级是学校教育的细胞，是学生成长、发展的重要环境，班级活动是学校教育的重要组成部分。《中小学班主任工作规定》中明确规定了班主任的工作职责与任务之一就是要组织好班级活动，"组织、指导开展班会、团队会（日）、文体娱乐、社会实践、春（秋）游等形式多样的班级活动，注重调动学生的积极性和主动性，并做好安全防护工作"。班主任要善于发现学生身上存在的问题，充分发挥家长资源优势，积极开展内容丰富、形式多样的班级活动，培养学生良好的行为习惯，促进学生健康发展。

一、班级活动的内涵

班级活动是学校教育活动的重要组成部分，是在班级内有组织地开展的各种教育活动，是由成员集体参加的有计划、有目的、有组织的教育活动，是班级集体教育的经常性形式。

班级活动是一个不确定、不统一的概念，对班级活动的理解有广义和狭义之分。广义的班级活动是指教育者为实现一定的教育目的，组织班级全体成员参加的一切教育活动，包括班级课堂教学活动、课外活动、社会实践活动等。为了把对班级活动的探讨限制在一定范围内，我们对"班级活动"做一狭义的界定：班级活动是指在学科教学以外，教育者为了实现一定的教育目的，组织班级全体成员参加的教育活动，包括综合实践活动、课外活动或"第二课堂"等。本书所探讨的就是这种狭义的班级活动。

班级活动是一个动态、开放的系统，它可以在校内开展，也可以在校外开展。校内活动主要是由学校领导、教师、班干部等组织开展的活动；校外活动则是由学校领导、教师和校外教育机构组织负责人组织指导，直接介入相关机构对学生进行教育的活动。

二、班级活动的意义

开展多种形式的班级活动对促进学生成长和发展、建立良好人际关系、加强班集体建设具有重要意义。

（一）班级活动促进学生成长与发展

小学生正处在长身体、长知识的时期，他们精力旺盛，求知欲强。开展多种有组织的班级活动，可以锻炼身体、增强体质，可以开阔视野、提高认识能力，可以参与实践、提高实践能力。参加丰富多彩的活动不仅要看、要听、要想，而且要说、要写、要做。社会调查、劳动、参观、访问、文艺、体育、科技活动都要身体力行，从活动的准备到活动的进行都可以得到一系列的学习、锻炼机会，学生的个性品质、兴趣，能够在班级活动中得到表现，也能在活动中得到巩固、发展和调整，从而促进小学生身心健康成长与发展。

每个学生都有自己的特点，通过良好的设计与组织活动能为学生创造展现自己、发挥特长的条件，让了解自己才华的学生展示自我、发展自我；为不了解自己才华的学生提供认识自我、发现自我的机会。因此，班级活动的设计与组织对学生个人的成长发展有着重要的意义。

（二）班级活动促进班级建设

班级活动是建设良好班集体的重要的内容。小学生喜欢参加各种生动活泼、富有情趣的班级活动，其集体观念、集体的义务感和责任感、班级的荣誉感、为班级服务的能力，能在班级活动中得到发展。班级活动有效开展，可增强班级的凝聚力和班级活力，促使班级共同目标的实现、集体纪律的增强，有助于形成健康积极的班风、学风。若班级活动开展不好，则班集体的生命是孱弱的，整个班级会没有生气。

（三）班级活动促进学生发展社会适应能力

班级是学生发展成为社会人的重要环境。个体要生存发展，必须首先适应社会，实现个体的社会化。一个良好的班级，作为一个小社会，对学生个体社会化起着重要的促进作用，班级活动能为学生提供提高"做事"能力、学习"做人"之道、获得"价值"启蒙的场所和机会，推动个体社会化的日趋成熟，为以后适应真正的社会生活打下基础。通过班级活动，生生之间、师生之间的关系都会更加亲密。活动中师生之间、生生之间的交流碰撞，信息的传递、加工、储存、反馈，都能展示丰富的个人品格，增进彼此的认识和了解，发展良好的人际关系，增强个人的社会适应能力。

三、班级活动的特点

不同时期、不同类型的班级活动的组织与实施具有不同的特点，主要有以下几个方面。

（一）自主性

班级活动是在课堂教学之外进行的活动。组织者根据学校教育目标及教学的实际需要组织形式多样、内容丰富的活动，学生通过参与活动，展示自己的能力和成就，从而增强自信心，使自主性和创造性得到更充分的发挥。

（二）灵活性

班级活动的开展，可以根据学校教育教学的需要和实际情况，以及受教育者的身心发展状况等来确定。活动规模的大小、活动时间的长短、活动内容的设计、活动场地的选择等都可以灵活掌握，因地、因时制宜，没有固定模式。

（三）实践性

班级活动给每一个参与者都提供了充分实践的机会，这些活动一般由学生自己动手设计和组织，学生的角色意识很强，教师只能参谋指导，而不能包办代替。学生在自我设计、自行组织实践活动中，获得了知识，掌握了方法，获得了体验，提高了能力。

（四）差异性

学生是班级活动的主体。但每个学生的性格、志趣、爱好、智能各不相同，有的外向、开朗，有的内向、孤僻，有的学习成绩好，有的有文体才能。组织者要根据学生的个性特点，因材施教，使每个学生的潜能与特长都能得到充分的发挥。

四、班级活动的主要内容与组织形式

班级活动内容丰富多彩，组织形式灵活多样，了解其主要内容及组织形式，一方面可以加深对班级活动的认识，另一方面可以为班主任有针对性地进行班级活动方案的设计与组织实施提供参考。根据不同的标准可以对班级活动组织形式进行不同的分类。

（一）根据活动地点分类

根据活动地点，班级活动可以分为校内班级活动和校外班级活动。

校内班级活动是指在学校中组织进行的班级活动，包括例行性班级活动、主题性班级活动和综合性班级活动。例行性班级活动又称班会，主要处理一些班务，引导全班同学对班级进行民主管理。主题性班级活动是指根据学校的统一安排，或者学生的实际需要，以中心议题的形式开展的班级活动。其中的议题可以是针对某一普遍问题而对集体进行教育的活动，也可以是学习一定知识的活动，还可以是开发学生思维、发展学生想象力的活动。综合性班级活动由一系列形式多样、具有不同目标，但有一定相关性的活动组成。这类活动因其形式多样、内容丰富、娱乐性强，较受学生喜爱。

校外班级活动是指组织班级学生走出校门，为接触社会、了解社会、服务社会而开展的活动。校外班级活动形式多样，如以了解社会为目的的社会调查、社会考察，以培养学生的劳动观为目的的勤工俭学活动，以培养学生道德品质为目的的社区义务劳动、敬老爱幼、拥军优属活动，还有各种参观、瞻仰活动等。

（二）根据活动时间分类

根据活动时间，班级活动可分为常规性班级活动和即时性班级活动。

常规性班级活动是指那些周期性开展的活动，如夏令营、冬令营、春游、秋游、清明扫墓、重阳登高、学雷锋日等。这些活动时间规律，年年重复，并且有一定的模式。

即时性班级活动是指利用学生在学习、生活中遇到的偶发事件而迅速开展的活动。这类活动往往是临时决定的，一般时间短，但针对性很强。

（三）根据活动目标与功能分类

根据班级活动的目标与功能，班级活动可分为主题班会、学习类活动、科技活动、文体活动、心理辅导活动、社会实践活动等。

主题班会是指在班主任指导下，以班为单位，以学生为主体，围绕特定的主题对学生进行教育的一种重要活动，主要目的是帮助学生形成积极健康的精神面貌，包括良好的道德品质、积极的思想感情、健康的心理素质等。党的二十大精神内涵极为丰富，教师要深学细悟凝共识，将党的二十大精神融入主题班会活动，深化青少年思想引领，让学生对成长奋斗、家国情怀、党的创新、人类命运的理论真信之、拓展之、笃行之。

学习类活动侧重于学生对一定知识、技能、学习方法的获得与练习。例如，各种知识竞赛、演讲、科技创新、课题设计等可以针对学科教学的内容，也可以针对日常生活中的问题，既有利于知识与方法的习得、保持，又可以增强学生独立探索的能力、合作的能力、解决问题的能力，还可以培养他们的社会责任感和产生解决问题后的成就感。

科技活动是指以班集体为单位组织学生开展的科技活动。这种活动形式给学生创造了一个生动活泼的、自由的学习环境，使他们能根据自己的兴趣、爱好、特长，按照自己的意愿与最亲密的同伴一同选择性地参加活动。

文体活动是指学校通过健康的文化、艺术、娱乐、体育活动对学生进行熏陶和教育，以发展学生的美感和健康体魄的教育形式。

心理辅导活动是指以班级为单位，针对中小学生年龄特点和成长发展的实际需要而设计的心理辅导活动。

社会实践活动是指班级学生在教师指导下走出教室，进入实际的社会情境，直接参与并亲身经历各种社会生活和社会活动领域而开展的各种班级活动。

◯━◯ 资料链接

"四季活动"策划的"一"与"多"

跟"四季"相关的学生活动，几乎每所学校都会有，其中关于"春天"的活动做得相对多些。这样的活动通常以班级为单位组织，点状呈现居多，活动与活动、今年和去年的活动、不同年级的活动之间缺少内在的关联。虽说活动的内容和形式也呈现出一定的丰富性，但更多的只是"面"的铺陈，缺乏活动目标、组织方式以及评价激励等的整体和长程策划。所以，我们会看到制作"手抄报"成了每个季节大同小异的活动，而"秋天"则成为每个年级"树叶贴画"的内容。基于对已有实践的反思，近年来，我们把"四季活动"的策划与组织纳入学校学生活动体系，并以此为线索，进一步梳理、重组和开发基于学生生命成长体验的系列活动。我们的活动，一方面坚守儿童立场，降低重心，充分关注每一个学生参与并在活动中提升成长需要的可能；另一方面加强整体关联，提升价值，以学生正在进行的生活为背景，有机整合学生的学科学习、校园传统主题活动。

通过研究，我们形成了"一个季节多维度活动主题开发""一个载体多个年级活动设计""一个活动多门学科介入"的活动系列化设计思路。

1. 一个季节多维度活动主题开发

春夏秋冬，每一个季节都蕴含着丰富的育人资源，而每一次季节的转换都会带给学生们不同的期待和生活体验。我们以年度为单位，组织"探春""嬉夏""品秋""暖冬"四季系列活动，每一季的活动又从多个维度进行活动主题与育人资源的开发。一是自然性资源的利用。充分利用大自然中的各种资源，通过组织学生听一听、闻一闻、看一看、摸一摸、尝一尝等方式，丰富学生对每一个季节的感知，了解"二十四节气"对应时令、气候、物候变化规律的神奇，在季节转换的对比中发现、聚焦每一个季节的独特，体验大自然的多姿多彩，感受生命成长的美丽，并在走进自然、认识自然的过程中逐步形成健康的与之相融相吸的关系。二是人文性资源的引入。"二十四节气"凝聚了中华民族数千年的智慧，深刻影响着人们的思维方式和行为准则，是中华民族文化认同的重要载体。我们的"四季活动"以"二十四节气"为抓手，开发其内含的文化意蕴，组织并引导学生开展社团活动、研学实践，通过寻访探究、收集资料、动手操作等活动，进行与之相关的民俗、历史、艺术、人生价值等精髓的学习体验，以传承中华传统文化，吸纳劳动人民的智慧。三是成长性资源的转化。把自然与人文资源转化并关联为学生生活与成长的资源，使我们的"四季活动"不仅是"自然四季""人文四季"，更是学生们的"成长四季"。一方面，围绕季节的特点，我们组织开展生活指导，引导学生通过小课题研究的方式，自己想办法解决季节变化带来的烦恼，增强主动适应自然的信心和能力；另一方面，引导学生在"四季活动"的体验与涵养中，逐步把中华民族的文化精髓与精神特质转化为自己的成长动力与素养提升的参照。

一个季节多维度活动主题的开发，能引领学生不断地理解生活世界、生活意义，在对"四季"拥有个人感知的基础上，获得更丰富、更快乐、更健康的成长体验，继而形成人生智慧，让生活与成长更加美好。

2. 一个载体多个年级活动设计

秋天树叶变幻的色彩让人着迷，很多老师会想到"落叶贴画"，应该说这是教育敏感性的体现，但是在活动策划中，还少了对学生年龄特点的关注。试想一下，每年都是简单重复，我们的活动又怎能激发学生持续的参与热情与创造力呢？所以，一个好的活动载体，还需要我们能做出好的系列活动，才能满足不同年级学生的成长需求。以"玩转秋叶"为例，我们整体构建了各年级不同的活动。

一年级：带着学生在校园、小区、公园捡拾落叶，回到班级，用绳将树叶系在一起做成"落叶串"；引导学生观察、发现树叶的颜色、形状的丰富性，感受同一种植物不同季节"变色"的神奇。

二年级：创建小队，每个小队由队长带领，自行捡拾秋叶，自己设计、制作一个"落叶环"、一串"落叶风铃"或者一幅"落叶贴画"，要求作品中有每个小队成员喜欢的落叶。

三年级：同桌合作，在一张白纸上创意并镂空一个图案，以校园秋叶为背景自行取景，定格后请同学或老师拍下画面，完成一幅"创意摄影"。

四年级：以小队为单位制作一套"落叶书签"。同一颜色、同一形状落叶、同样的制作工艺（叶脉书签）；同一植物落叶，配不同颜色的装饰（丝线、小棒、图案）；等等。

五年级：鼓励学生独立或自主组队合作，制作或创作"落叶绘本"，当树叶与绘画巧妙结合，带给学生的是全新的涂鸦体验。

六年级：组织学生捡拾枯枝落叶，在教室做一棵"感恩树"，每根枝条挂上姿态各异的落叶和写上自己想要感恩的人、事的便签，班级由此启动感恩母校系列活动。

再如，可以对小种植活动进行长程设计，至于种植什么植物、以怎样的方式种植，一来可以听听学生的想法，二来需要关联每个年级的班级建设重点与能力所及。而且，这样的活动还能积极促成班级日常生活从岗位建设、文化建设等多方面实现新的发展：班级绿化及养护需要增设岗位；学生和大自然共同创造的艺术作品如美丽的落叶串、生动的贴画、小盆栽等，可以用来装点班级园地，作为班级文化建设水到渠成的物化成果。

3. 一个活动多门学科介入

长期以来，班级活动与学生正在进行的学科学习彼此割裂，缺少有机关联，这一方面加剧了班级活动的简单说教现象，另一方面也使得各学科本身蕴含的大量而丰富的育人资源不能充分凸显其价值。为此，我们在"四季活动"策划时，主动对接学生的学科学习，梳理学科学习内容与实践活动，并有选择地与相关学科一起进行"四季活动"的一体化设计。

学科介入，既可以借助学科学习资源，为"四季活动"提供"前移性"准备或"后续性"展示的相关知识、能力或方法支持，还可以把"四季活动"的主题直接作为学生学科学习的话题或内容，产生统分结合、相得益彰的效应。例如，我们在策划组织三年级"暖冬"活动时，围绕"怎样让寒冷的冬天变得暖和起来"这一问题，体育、综合实践活动、语文、道德与法治、数学等多个学科就以不同方式介入其中：体育课、大课间组织学生们花样跳绳（踢毽），创编课间冬令游戏、健身操，于是就有了"我们不怕冷"的妙招推介——踢起来，跳起来，迎着北风跑起来；综合实践活动，探寻生活中的创造，柴火取暖—手炉（汤婆子）—热水袋—油汀—暖风机—空调—中央空调，为劳动人民的智慧点赞；语文课上，学生习作；道德与法治课上，分享《父母的疼爱》，感受严寒冬日爸爸妈妈对自己的呵护，懂得"爱的传递"也会让冬天变得暖和起来……于是，学生们也开启了自己的"暖冬"行动：在给敬老院的爷爷奶奶准备新年礼物时，适逢数学课学习了"轴对称图形"，所以"巧手小队"的孩子们一边制作窗花，让数学智慧在手中流淌，一边感受"对称"的美，让温暖的情谊在活动中传递；"百灵鸟小队"的队员又是排练音乐课上学过的歌舞，又是自己创编小品，忙得不亦乐乎……

多门学科的介入，不仅丰富了"暖冬"活动的内容与表现形式，还促进了学生与周围环境，学生与教师、家长和社会人士之间、个体与团队之间新的多维、多向、多层的互动，学生们在综合融通的学习环境中实践体验，感受到了学以致用的乐趣，提升了对美的感知、表达和创造的能力。整体综合、丰富多彩的"四季活动"让师生的生命发展和大自然之间建立起了真实的、不同层次的、不同侧面的关联性，增添了教育与自然相融共生的可持续发展力，让我们真切地感受到了"活动育人"内在而独特的魅力。

（资料来源：袁文娟，2018."四季活动"策划的"一"与"多"[J]. 江苏教育（7）：9-11.）

第二节　班级活动组织的原则

班级活动一方面是班主任展现个人才华、形象和魅力的重要舞台，另一方面也是师生同欢共乐、情感交流的平台。通过丰富多彩的班级活动来实施班级管理工作，不仅可以丰富学生的感性认识，扩大他们的知识视野，而且还能够寓教于乐，将烦琐的管理规则置于富有趣味的活动中，进而提高学生的思想认识，增强自我管理、自我督促的自觉性。班级活动如此重要，开展好班级活动要遵循一定的原则。

一、教育性原则

班级活动的教育意义是多方面的，它可以是提高学生思想道德水平的，可以是开发智力的，可以是提高实际操作能力的，可以是增强审美情趣的、强身健体的。好的班级活动应发挥教育的综合功能。在制定班级活动目标时，要寓教于乐，最大限度地发挥班级活动的教育作用。活动准备的场地要有教育氛围，会场布置要体现教育情境、活动气氛，标题的书写、展板的摆放、桌椅的形式都要做整体设计。在活动进行中，要最大限度地调动学生动口、动手、动脑参与，让学生在亲身实践中受到教育。活动总结不容忽视，可以是班主任总结，也可以发动学生自己总结收获和体会。

二、生命性原则

尊重并完善人的生命存在，是教育的基本价值取向。班级活动首先必须指向人的生命存在，在全面了解学生生命特征、充分把握学生生命发展能力的基础上，致力于提升学生的生命质量和水平，让学生成为一个完整、和谐、健康的生命体。

班级活动设计和组织要遵循生命性原则，就意味着必须全面关照人的物质生命、精神生命和社会生命，而不能有所偏废。引导学生珍爱物质生命，意味着不仅要珍惜自己的生命，而且还要尊重他人的生命，爱护自然的生命。引导学生提升精神生命，即班级活动应当关注学生的精神领域，提升学生求真、向善、臻美的意识和能力，达到帮助学生升华德性生命、丰盈智慧生命、优化审美生命的教育目的。引导学生培植社会生命，就是要在班级活动中，引导学生学会自我发展，学会共同生活，学会融入社会，根据不同的角色要求积极主动地行使自己的角色权利，履行自己的角色义务和职责，成为一个角色丰富而尽职尽责的社会人。

三、个性化原则

个性和共性是对立统一，而不是水火不容的两个概念，两者之间相辅相成、相互补充，共同形成了班级活动的基本生命形态。班级活动设计与组织应尊重学生个性、彰显班级个性、突出活动个性。

（一）尊重学生个性

学校不是工厂的生产流水线，教育不应以培养规格统一的"标准件"为最终目标。

在班级活动的设计与组织中，我们应该尊重并培育学生的个性，让学生生动活泼、个性鲜明地成长，以成为有别于他人的独特的"我"。

在班级活动中，班主任要根据本班学生的年龄层次，分析、把握他们的身体发育水平和心理发展特点，依据班级学生的群体个性，有针对性地开展班级活动。班主任要尊重、发展学生的个体个性，帮助学生实现个性化成长。目前，有些班级活动成为少数班干部或有表演特长学生展示自我的舞台，大部分学生往往沦为配角，甚至是看客。这样的班级活动只是培养了少数学生的个性，却把大多数学生冷落一旁。每个学生的个性都有意义和价值，在班级活动中，班主任要根据学生的不同个性，让他们在活动中担任不同的角色，让学生在角色承担中发现和认识到自我的价值，从而积极主动地实现有个性的发展。例如，在开展"家乡历史知多少"班级活动时，可以让乐于交际的学生访问家乡的老人，让喜爱读书的学生查找地方志等文献资料，让擅长摄影的学生拍摄家乡的文物古迹，让行事严谨的学生分析、梳理、整合各种资料，让擅长写作的学生撰写家乡发展简史……如此，不仅能使绝大多数学生参与到活动中来，而且能使学生根据自己的个性、特长找到自己合适的位置，在获得成就感的同时锻炼自己的能力，发展自己的个性。

（二）彰显班级个性

作为相对独立的教育组织，每一个班级都应具有自己的特征，体现自己的个性。培植个性化班级的意义不仅在于让班级成为独特的"这一个"，而且为学生营造了个性化成长环境，对学生的个性化发展具有积极的促进意义。师生应该利用丰富多彩、生动活泼的班级活动，自觉地、主动地打造班级的个性。通过班级活动打造班级个性，能够让学生在具体可感的活动中潜移默化地形成共同的价值观念、共同的发展目标和共同的行为方式，为班级个性的形成奠定坚实的基础。

（三）突出活动个性

活动教育是对以"知识本位""教师中心"为特征的传统教育不断反思与超越的产物，是在与传授式、灌输式教学相抗衡的过程中逐步形成的一种教育主张。班级活动与学生的生活紧密相连，学生生活中很多情境具有教育价值，班主任应该善于捕捉这些稍纵即逝的机会，在真实的情境中开展班级活动。班级活动是集体活动，要求参加活动的每一个参与者都应该在独立思考、独立判断的基础上参与，在人际交互中合作、交流，实现观点和行为的碰撞、交融和整合。

四、开放性原则

班级活动在保持自我独立性的基础上，应该面向生活、面向社会、面向未来开放，培养具有生活自主性、社会责任感和自我发展力的合格社会成员。

班级活动面向生活开放，就意味着班级活动要全面关照学生的全部生活领域，让学生在活动中学会把握生活、创造生活、享受生活。中小学生的生活领域主要包括个人生活、家庭生活和集体生活三个部分，班级活动应该以开放的姿态积极引入和介入学生生活，帮助学生提升个人生活，参与集体生活，融入家庭生活。教育是面向未来的事业，要关注学生的未来、社会的未来、人类的未来，追求教育的可能性。班级活动面向未来开放，主要是要用发展的眼光看待学生，通过塑造学生的美好未来，实现教育对于人类未来的担当。

五、生成性原则

班级活动作为一种校本甚至是"班"的教育形式，在内容确定、过程演绎、形式选择和结果形成上很难预先进行统一的控制和限定，具有很强的灵活性和生成性。

（一）活动主题的生成性

因为学生教育和管理的复杂性，班级中的很多情况是班主任事先无法预设的，这就需要班主任根据班级的实际情况，临时确定主题和内容，经常开展随机性的班组活动。当然，班级活动的随机生成不是随意生成，而是要看有没有活动的必要和有没有教育的可能，只有必要性和可能性都具备了，生成的班级活动才有价值。

（二）活动过程的生成性

如果班级活动预设得过于细致、教条，就有可能束缚活动的开展，活动过程中生成的火花被忽略，活动显得呆板、滞涩，如果预设不充分，完全靠生成，那么班级活动难免会过于随意。因此，强调班级活动过程的生成性，不是说不要预设活动方案，而是针对当前班级活动预设过于琐碎、活动过程近乎按"剧本"表演的弊端，主张活动预设灵活一点、线条粗一点，让班级活动更加活泼灵动、丰富多彩。

有时班级活动并不一定会沿着预设的路径向前发展，会在活动过程中出现意外的情况，从而让班级活动偏离预定的轨道，向其他方向发展。这些意料之外的情况不仅考验着班主任的教育智慧和应变能力，同时也会检验班主任的教育思想和教育理念。在班级活动中，班主任不能因为学生的表现不符合事先的预设，就不分青红皂白地断然予以制止，强行把学生拉回预设的轨道，而应该迅速对出现的情况进行分析判断，如果学生的言行有一定的道理，具有教育的价值，就应该改变预定的进程，生成新的活动过程。

（三）活动形式的生成性

班级活动的形式多种多样，有主题活动，也有常规教育；有实践活动，也有思辨活动；有小组活动，也有个人活动……采取什么样的班级活动形式，不仅要看班级活动的目标与内容、学生的个性、班级的特点，还要与活动的具体情境保持一致。因为影响因素比较多，班级活动形式的选择具有较强的灵活性，经常需要在具体的活动过程中进行调整。

（四）活动结果的生成性

由于班级活动主题、形式、过程是生成性的，丰富而灵活，因此，班级活动的结果呈现也是丰富多样的，会产生出其不意的效果。活动的效果和作用是慢慢形成和逐渐提升的，学生的优秀品质在润物无声中逐渐形成，持续地促进学生的全面发展。

资料链接

　　2020年新年初始，面对突如其来的新型冠状病毒，举国上下共同打响了对抗新型冠状病毒的防控战役。全国各地中小学通过网络用特别的方式开展了多种有教育意义的线上班级主题活动。下面内容选自青岛市教育局下发的《关于在全市中小学生中开展"同心战疫——共铸爱与责任的中国力量"主题德育活动的通知》。

"同心战疫——共铸爱与责任的中国力量"主题德育活动

　　为贯彻落实中央、省、市关于疫情防控工作决策部署，应对新型冠状病毒疫情带来的挑战，全面落实立德树人根本任务，青岛市教育局决定在全市中小学生中开展"同心战疫——共铸爱与责任的中国力量"主题德育活动。

　　全国人民抗击疫情的伟大"战疫"，为深入开展思想政治与品德教育工作提供了鲜活的事例与素材。全市各区市、各中小学要在进行防疫知识教育的同时，充分挖掘全国人民众志成城、同心战疫这一重大事件中的德育元素，面向全市中小学生加强五项专题教育，组织开展八项教育活动。

　　1. 五项专题教育

　　（1）加强爱国主义教育

　　引导学生深切感受中国共产党坚强领导和中国特色社会主义制度显著优势是我们战胜疫情的根本保证和强大力量，切实增强爱国主义情感。

　　（2）加强生命教育

　　引导学生学会认知生命、珍惜生命、尊重生命、热爱生命，敬畏自然，树立珍视和热爱生命的价值观。

　　（3）加强责任教育

　　引导学生自觉担当社会责任、敢讲真话，正确认识困难，养成坚韧不拔和勇于斗争的精神。

　　（4）加强规则教育

　　引导学生遵守规则，分清是非，提升自身规则意识和理性精神。

　　（5）加强爱与感恩教育

　　引导学生从抗疫阻击战"逆行者"的大爱中、从父母无微不至的关爱中感受爱、体验爱，学会感恩，努力做一个充满爱、奉献爱、传播爱的人。

　　2. 八项教育活动

　　（1）开设网络班会课，组织好班级德育活动

　　延期开学期间，以"同心战疫——共铸爱与责任的中国力量"为主题，广泛搜集各方面教育资源，精心设计方案，创新途径方法，通过开设网络班会课、线上专题思政课等形式，开展教育活动，落实教育内容，提高教育实效。

　　（2）发挥全员育人导师作用，加强对学生个体的人文关怀

　　各中小学校要充分发挥班主任、全员育人导师等德育队伍作用，为每一名学生安排好育人导师（联系教师），特别要加强延期开学期间与家长的沟通交流，共同做好学生的

教育、管理和服务工作。既要关心他们的学习生活，又要关心他们的身心健康。对于抗疫一线医护人员子女、家庭经济困难学生、学业困难学生等特殊群体，更要"点对点"做好服务，有针对性地帮助他们解决疫情防控过程中遇到的实际困难，让他们切实感受到关爱和温暖。

（3）精心设计主题作业，推进"五育并举"

各区市、各中小学校要认真落实市教育局关于延期开学期间教育教学工作的相关要求，要以中小学生全面发展"十个一"项目为指导，组织开展丰富多彩的居家教育活动，精心设计各项主题作业及必做作业并监督落实，提升学生综合素养。每天必做四项作业，包括每天半小时经典书籍阅读、每天20分钟新闻时事了解、每天1小时体育锻炼、每天一次家务劳动。

（4）组织开展形式多样主题教育活动

各级教育行政部门和中小学校要结合不同年龄阶段学生特点，以"同心战疫——共铸爱与责任的中国力量"为主题，组织学生寻找、学习、宣传基层一线抗击疫情的感人故事，开展征文、绘画、书法、微视频、研究性学习、创意作品制作等形式多样的网络主题教育活动，引导中小学生至少完成一篇作文（或一幅美术作品）、一项研究性学习成果（或制作一件创意作品），全面反映中小学生的所见所闻、所思所想和所感所悟。可以组织开展"如果我是一名医生（护士、志愿者……）"等角色体验活动，引导学生感受抗疫阻击战中各行各业、各个阶层"逆行者"英勇无畏、共克时艰的责任担当和家国情怀。

（5）指导开展好家庭教育活动

疫情防控期间，家庭是学生的主要活动场所，大多数家长有了更多的时间陪伴孩子。各级教育行政部门和中小学校要高度重视与家长的沟通与合作，通过微信公众号、班级联系群等多种途径向家长普及疫情防控、健康教育知识；指导好家庭教育活动，强化亲情教育、感恩教育，融洽亲子关系；帮助家长指导学生科学制定延期开学期间的学习生活计划，引导学生坚持良好作息时间，控制电子产品的使用，配合老师完成各项主题教育任务。

（6）精心组织好"开学第一课"活动

各学校要聚焦"同心战疫——共铸爱与责任的中国力量"主题，精心设计、组织开展好正式开学后的"开学第一课"活动，通过举行开学典礼、升旗仪式、主题班会、团队活动等，厚植爱国主义情怀，增强为铸就不可战胜中国力量而不懈奋斗的使命感与责任感。

（7）组织好对疫情防控模范人物事迹的学习活动

结合国家、省、市对疫情防控期间先进模范的宣传推介，依托青少年"红色大讲堂"等教育资源，组织开展开学后的"战疫故事汇"等活动，邀请医生护士、解放军指战员、志愿者、一线公务人员、新闻记者等"最美逆行者"，讲好基层一线抗击疫情的感人故事，感受中华儿女众志成城、共克时艰的精神风貌，引导学生在感动中感悟、在感悟中成长，努力成长为担当民族复兴大任的时代新人。

（8）与思政课教学紧密结合，持续进行主题教育

开学复课后，要充分发挥思政（道德与法治）课及相关课程课堂教学主渠道作用，将抗疫阻击战中的鲜活案例与课程内容密切结合，开展主题教育。学校日常德育工作中，

要深化"同心战疫——共铸爱与责任的中国力量"主题，组织开展形式多样的参观学习和德育实践、体验等活动。

（资料来源：青岛市教育局，2020. 关于在全市中小学生中开展"同心战疫——共铸爱与责任的中国力量"主题德育活动的通知［EB/OL］.（2020-02-20）［2020-10-26］. http://edu.qingdao.gov.cn/n32561765/200220110841171685.html.）

第三节　常见班级活动的设计与组织

班级活动的教育性不仅体现在活动内容上，活动的过程和方法也是班级活动教育性的具体体现。就一次班级活动来说，只有从计划、发动到实施都全心投入的学生，才会获得真正的成长。一般来说，班级活动由计划、实施、检查、总结四个基本环节组成，这四个环节既相互联系，又统一于教育活动过程之中。

一、开展班级活动的一般过程

（一）计划

计划是教育活动过程的起始环节，包含班级的学年活动、学期活动计划，以及每次活动的实施细则。计划的具体内容包括活动名称、目的、形式、步骤、时间、地点、活动器材、各项具体活动的负责人、活动管理、活动评价等。

（二）实施

实施是教育活动过程的中心环节，是达到活动目的、完成活动要求的基本手段，是活动全过程中的关键。班级活动要按照活动计划去展开，允许在实施过程中对原计划做必要的修改。

（三）检查

检查是教育活动进行过程的中继环节。计划实施一段时间之后，就要将计划的实施情况与计划相比较，看实施情况是否符合计划的预设要求，了解实际效果。要发动全体学生自觉地参加检查，在检查中要加强指导，不断提高活动质量。要关注学生活动的无形结果，对活动过程与方法、情感态度价值观要有正确的评价。

（四）总结

总结是教育活动进行过程的终结环节，要用科学的方法，对已经做过的工作进行评价，肯定成绩，总结经验，指出缺点，进而明确下一个活动应努力的方向。

班级活动的四个基本环节之间既相互联系，又统一于教育活动过程之中。其中计划统率着整个活动过程，实施是为了计划的实现；检查是对实施的监督，是对计划的检验；总结是对计划、实施、检查的总评价。这四个环节的有机结合，形成了班级活动的系统过程。

二、组织班级活动的策略

班级活动无论是依据学校德育工作开展，还是结合本班特色实际，都应该把班级还给学生，让班级充满成长的气息，且从学生的年龄特点、生活实际出发，行之有效地设计并开展活动，只有这样才能让学生从中获得情感体验，养成良好的道德品质，得到最优化的发展。

（一）主题选择

适切的教育主题是设计班级主题活动的开端，其实质就是确定班级活动的教育目标，即活动的意义。主题的选择固然应该与学校整体安排协调一致，应该考虑到落实上级安排的德育活动，但并不是盲目地服从、机械地部署、被动地执行。在没有具体的课程标准可供参考的情况下，班主任要以高度的责任感与敏锐的洞察力，将目光向下，关注学生的真实生活及发展需要，立足学生的实际问题。在校园生活中，每天都会发生各种事件，其中有些是突发的，有些是具有普遍性的。对此，班主任要理清头绪，抓住当前学生中普遍存在的或具有普遍意义的问题设计活动主题。当然，班主任还可以针对班级内某个时期存在的问题提炼班级活动主题，抓住时机及时解决问题。例如，班主任可根据学生课间追跑打闹的现象，开展"玩具总动员"活动。首先，在班级中发出"玩具总动员"的倡议，并动员家长制作玩具总动员"开幕海报"；接着家长和学生一起开展"我教大家玩玩具"活动，为玩具设计"家"——玩具箱；定期组织"玩具大擂台"活动，评选出各项玩具的"擂主"并颁发奖状。"玩具总动员"活动不仅能使学生课间追跑打闹的现象减少了，而且能让学生在玩具制作和游戏中学会沟通、包容、合作，从中体会到成就感。家长也能由关注自己的孩子扩展到关注班级群体，从而增强班集体的凝聚力。

（二）内容设计

教育目标必须通过多次教育过程的循环更替才能实现，但教师往往缺乏对班级活动整体思考的意识和系统设计的能力，仅仅在较浅显层面进行思想教育。班主任在开展班级活动时要看到学生更高层次的发展需要，并从学生的真实生活中提炼出意境更高的教育主题内容，层层深入，逐步加深学生的体悟，深化其认识，更新其行为。活动推进的过程是不断追求更高水平的内化、产生积极主题效应的过程。例如，有的老师从"纸飞机留下纸屑"这一寻常事情中发现不寻常的教育价值，并以此开展系列活动：将纸飞机作为主人公创编童话故事，学生以"纸飞机的快乐之旅""纸飞机的忧愁""纸飞机的抗议"等为题展开创作；在分享纸飞机的故事后，引导学生思考"纸飞机的故事带给我们怎样的警示"。学生由此讨论总结出玩飞机的规则：听到音乐按时进教室，不迟到；爱玩飞机的学生中，每天出一人值班，提醒同学按时进教室；节约用纸不浪费，用废纸叠飞机；等等。班级还组织"纸飞机现场创意大赛"，并评选出造型最新颖（创意奖）、玩纸飞机奖（文明奖）等，以此引导学生玩出创新的意识、玩出文明的举止、玩出科技的含量。

（三）形式策划

班级活动的形式有很大的选择余地，但要注意考虑两方面的因素。一方面要与活动内容相适应。例如，当学生对同一事件或问题有各种不同的看法或评价，甚至有尖锐对立时，可采取讨论、辩论等形式；如果目的是树立某种学习的榜样，则可以采取报告会、讲演、读书评论、编演反映先进事迹的节目或者组织学先进的相应实践活动等形式；如果是为了总结班集体与学生取得的成绩，弘扬其先进事迹和先进思想，可采用汇报会、作业与成果展等方式；如果是为了促进师生之间、学生之间的了解、交流，就可以采用联欢、游园等方式。另一方面考虑活动形式的吸引力和为学生提供的积极参与面。这就要求相联结的几次班级活动在形式上的变换，寻找在同样能为内容服务的前提下活动形式的新颖性。有时，可以围绕同一主题开展一系列活动，把教育影响不断扩大、不断深化。

对于教育活动来说，如果趣味索然，那么"有意义"就无从谈起，因为主体性是教育的灵魂。仅仅着眼于"有意义"的班级活动往往与学生的认知起点、发展需要相对割裂，把充满生命气息的德育简化为知识性的传授或行为的管束。以"有意思"为导向的班级活动，则回归班级生活本身，让学生在与各种关系的亲身实践与感悟中进行积极的自我建构。因此，在活动内容与形式策划上，教师要以"是否便于学生主动参与"为价值判断，让学生在经历、体验、感受和领悟等直接经验中发展道德素质。例如，老师将自然引入教育，以"关注社会、保护大自然"为主题开展小课题研究；将生活引入教育，带领学生走进食堂，随后在学生有所体悟的基础上召开"午餐——同学，你怎么看"的班会活动，提升学生"尊重劳动者""尊重劳动成果"的思想情感；将社会引入教育，开展"请进来走出去"活动，带学生参观汽车制造厂等。在这种教育活动中，学生不是面对外在世界的冷漠看客，而是更为广阔的人类生活世界的积极参与者，这既丰富了学生精神生命的内涵，也拓展了学生的生活空间。

（四）情境创设

班级活动情境的创设，可分为两种情况：一是利用自然环境和社会环境，如游览名山大川、参观历史博物馆、祭扫革命烈士墓等；二是创造环境，如模拟法庭、晚会现场布置等。但无论是利用或者是创造，都必须精心设计，精心构思，精心组织，精心加工，使之与教育内容相呼应，与教育形式相陪衬，与时间空间相结合。班级活动情境的创设，可使学生在特定的时空，感受到更真切、更形象、更深刻的教育。

（五）发挥学生主体作用

班级活动的主体一定是学生，班主任在活动中一定要充分发挥学生的主体作用，这直接关系到活动的育人效果。例如，在为某小学六年级学生组织的一次"寻访老地名"活动中，班主任明确要求后，大胆放手，从活动前的老地名资料收集，到活动时的实地走访、调查研究，再到活动后的老地名寻访资料归纳和整理，都请学生分组分工合作完成。学生在寻访"常府街"老地名时，由于周边变化较大，许多房子已经拆迁了，要想找到准确的"常府街"遗址还是有很大困难的。学生们通过事先的资料调查，发现"常府街"得名于明朝的常遇春在此兴建的王府和花牌楼，而今天的秦淮区太平南路东侧，西起太平南路，东至复成桥都属于"常府街"的范畴。就这样，学生们通过一点一点地寻访和资料补充，"常府街"老地名的形象变得清晰起来。因为这次活动是学生自己全程参与组织的，学生们的感受特别深、收获特别大。活动结束后，大家把活动中的收获用作文的形式表达出来，一些学生的作文还得以在期刊上发表，他们切身体会到了活动带给自己的成长。

（六）评价活动成效

班级活动的组织，一定要有评价反馈和价值提升。经过活动前期的精心策划、活动过程中的有序组织，学生们的激情被点燃，个个都感到内心充实、收获满满。如果活动结束以后，班主任没有继续跟进的延伸活动，没有及时评价反馈学生的活动成效，没有对活动价值进一步的提升，那么，学生对为什么参加活动以及参加活动对自身的价值依然是不得而知的。

活动评价能够强化活动开展的教育效果。活动评价的方式主要有三种。一是学生自评和互评。作为活动的参与者，学生是最有发言权的评价者。可以借助班会课或者暮省课，及时组织学生对活动过程和结果进行评价，学生简短的自评和同伴间的互评是展现活动成效最好的呈现形式。二是家长参与评价。借助家庭教育阵地，让家长参与评价，为孩子的成长点赞，同时发现孩子身上的不足。三是班主任评价。作为活动的组织者，班主任对学生活动前、中、后的表现给予充分的肯定，客观公正地指出活动中存在的问题，引导学生明白活动背后的深层次价值，可以让学生真正从活动中得到启发。活动结束后，班主任可以引导学生完成一篇活动心得，抒发活动中的感受，畅谈活动带来的收获，展示活动中的精彩瞬间等。有些活动结束后，引导学生围绕活动主题，呈现一期黑板报，将学生、教师和家长的活动评价展示出来，能够进一步加深学生的活动体验和感受。

三、班级活动需不断创新

（一）班级活动的观念创新

党的二十大报告指出，必须坚持守正创新，创新才能把握时代、引领时代。我们要以科学的态度对待科学、以真理的精神追求真理，紧跟时代步伐，顺应实践发展，以满腔热忱对待一切新生事物，不断拓展认识的广度和深度。班级活动能否创新，关键在于教育者的观念。班主任要树立教育民主观和现代学生观，承认学生的主体价值，建立起民主和谐的师生关系。要认识到学生具有巨大的潜能，开展班级活动是开发学生潜能的有效途径，要承认学生是具有主体地位的人，尊重学生的主体人格，激励学生主动参与班级活动。班主任应为学生提供创新的氛围、契机和一定的空间，鼓励和引导学生在各项班级活动中思索、探求和创造，从而培养学生的创新精神和实践能力。

（二）班级活动的手段创新

世界日新月异，教育环境今非昔比，科技给我们的生活带来了很多的变化和精彩。在强调课程知识体系创新、学生能力创新的同时，班主任应该在班级活动的内容、方式、途径等方面有所创新。一个好的班主任，绝不满足于一成不变的教育模式，而是让班级活动搞得有声有色，让学生不断产生惊喜。

利用创新班级活动提高班主任能力素养。创新是班主任工作的推动力，更是新时期班主任能力素养的主要体现。班级活动的创新，对于提高班主任的规划能力、沟通能力和执行能力等素养有着十分重要的意义。

创新是一种智慧，这种智慧需要在日常工作中积淀。班主任应该创设有趣而又有意义的班级活动，营造一种宽松的教育氛围，给学生一片自由想象的天空，让学生在班级活动中积极地成长。

☐━☐ **资料链接**

班级活动的创新方法

创新是班级活动发展的必由之路，只有以培养学生为目标点，坚持不唯书、不唯上的创新理解，做到广泛学习，借鉴不同做法，才能保持强大的生命力，确保为教育服务、为学生服务。

1. 注重在继承中发展

可以采用传统的组织方式，但决不能照搬照抄，每次班级活动的组织，要注重结合实际做出微小改进。教师在创新班级活动时，要经常走出去看一看，学习先进做法，并在原有基础上，不断充实新内容，丰富班级活动内容，创新组织方式，在继承发展中不断深化活动的主题。例如，低年级学生的组织班级活动的能力不高，主要让他们在老师的带领下体验、参与班级活动的组织流程；进入中年级后，应该让学生逐渐从参与设计几个班级活动的环节到独立设计整体流程；到高年级后，学生的班级活动组织能力越来越强，老师只是做一定指导，全程都尽量让学生独立组织和参与，将活动主动权归于学生。这种班级活动组织能力的逐级培养也是较为科学的。

2. 注重在联想中拓展

班级活动的组织，不能仅局限于传统的内容和方式，要善于通过身边的事物，以极强的洞察力和联想力，把社会环境中好的做法运用到班级活动中来，创新班级活动的组织。例如，近年来，央视每年开展感动中国人物评选活动，既起到了宣扬中国好人的作用，同时，也进一步积累了社会正能量。班级活动同样可以参照这样的模式，每年组织校园好人好事评选活动，让学生在平时就注重从身边小事做起，逐步培养良好的习惯，端正价值追求，从根本上规范学生的言行举止，提高学生的道德情操。当然，联想要符合社会发展的主流，贴合学生发展的需要，不能脱岗离谱。这样，不断丰富活动内容，提高活动质量。

3. 注重在学习中深化

班级活动的创新，必须以扎实的理论作为基础。要跟进学习教育方针政策，有针对性地加强对本年级相关内容的学习，掌握基本精神，领会基本精髓，切实把握班级活动的发展方向。同时，要学习班级建设和开展班级活动的相关理论，以先进的教育理论武装头脑，实现班级活动创新的科学性。既要总结反思自己开展班级活动问题的原因，也要学习他人组织班级活动的成功经验。只有学习、了解班级活动的前沿信息，摸清班级活动的特点规律，全面提高个人的理论素养和实践经验，才能更好地去创新班级活动。例如，主题为"校园规范你我他"的班级活动，传统方式就是学习和巧读《小学日常行为规范》，利用晨会课谈感想，学生发言千篇一律，所以在问卷调查中有学生就直言这种班级活动无聊至极。如果我们换个方式来进行，组织一次小组合作活动，分工明确，一部分学生负责校园不良行为现象的收集工作，另一部分学生负责良好的行为规范的收集工作，两相结合后，撰写小组观察报告，解析各种行为产生的动机、原因，并制定出相应的建议和解决方案。在这个过程中，只有每个同学配合默契，才能完成任务。教师不但要设立各类奖项，更要在学生团队做任务时认真观察，评选出团结奖、最佳人气奖、金点子奖等，让学生逐步发现活动的意义并不一定只是争第一，还包括与同学们共同合作、体验活动所带来的快乐体验，这就达到了"润物细无声"的教育目的。

4. 注重在互动中挖掘

学校的教育离不开社会和家长的影响，因此，班级活动的开展，必须把家长作为重要的教育和参与者，同步纳入筹划，发挥作用。例如，很多学生认为当家理财、主持家务是家长的分内事，可以破除这种旧观念，在学生中开展"今日我当家"活动，让每个学生在星期天当一天家，由他来计划星期天的开支、主持家务、学习当家理财。教师组织开展"我身边的好学生"和"互评会"活动，发动学生自我总结、自我评价、自我批评，以调动学生的积极性，提高学生自我管理的自觉性。只有把学校教育与家庭教育结合起来，做到班级活动师生与家长的同步参与，共同教育，才能发挥事半功倍的成效。

5. 注重在体系中增效

坚持围绕教育的一个重大主题，筹划系列活动，从学习基本内容、掌握基本精神，到融入学习生活，做到常态开展，步步深入，确保实现认知、认同到践行的转变。例如，在宣传社会主义核心价值观上，这既是学校的德育教育的重点，也是学生一生学习践行的准则，必须着眼长远，根据不同年级学生的思想和行为特征，首先从学习基本内容抓起，再到基本精神的理解，融入日常生活的具体抓手，每学期突出一个重点，小学阶段实现一个过程的教育，切实改变班级活动年年都是一年级的现象，真正实现由认知到认同，再到践行的转变。因此，班级活动的创新要注重保持活动的一贯性、连贯性和持续性，使每次活动都成为促进学生健康成长的承先启后的环节，增强教育的持续效应。

（资料来源：陆金晶，2016. 小学班级活动的有效性研究［D］. 苏州：苏州大学：44-46.）

四、主题班会的设计与组织

从小学到中学，基本每周都有一次班会课，因此，主题班会是班级活动的重要形式。

（一）主题班会的概念及形式

班会主要有三种类型：临时性班会、例行班会和主题班会。主题班会是在班主任指导下，由班委会组织领导，针对班级中某一倾向性问题，全班同学围绕一个主题开展的对学生进行集体教育的班级会议。

主题班会可以多种形式开展，班主任应该根据主题班会的类型选择不同的开展形式。一般来说，主题班会有讲演、座谈、讨论、辩论、报告会、竞赛、参观、访问、瞻仰等形式。

（二）组织主题班会的步骤

1. 确定班会的主题

主题班会的主题是教育活动的核心，常常是由教育目的所确定的，包括根据教育计划的实施确定，配合节日活动的开展确定，针对班集体的特点确定等。

2. 准备阶段

（1）制订活动方案

班会主题确定后，班主任应该召集班委会制订班会活动方案，活动方案应该包括主题班会的目的、时间、场地、实施过程、注意事项、主持人、责任分工等。

（2）分工落实任务

班会活动方案制订以后，班主任应该指导班委会按照责任分工情况落实每个人的任务，在主题班会举行之前，检查各项任务的完成情况，以保证主题班会的顺利进行。例如，检查主持人主持词的准备情况，检查主题班会所需音响、彩带、服装等器材准备情况，询问邀请家长、任课老师参加主题班会的通知情况，等等。

（3）精心布置场地

为了保证主题班会达到良好的教育效果，充分发挥情境教育的作用，班主任应该指导班委会精心布置主题班会活动场地。

3. 组织实施

（1）安排学生就位

主题班会开始前要安排学生到场，学生或坐、或立要有明确的规定，活动场所在室内与在室外学生的编排要有所不同。如果在室内，座位的安排要有利于学生的疏散，万一有紧急情况，学生能够很快地撤离；如果活动场所在室外，要注意场地的安全，避免学生位于危墙、交通要道等危险场所。

（2）活动的进行与调控

班主任指导班委会按照主题班会活动计划规定的程序进行活动的实施，主持人、活动者、班委会、班主任在主题班会进行过程中要注意加强沟通，班主任和班委会要注意根据实际情况对主题班会的进程进行调控，保证主题班会的顺利进行。

（3）场地的最后整理

主题班会结束后，班主任要指导班委会把活动场地恢复原状，以保证其他教学工作的顺利进行。

4. 总结巩固

（1）资料整理归档

主题班会结束后，班主任要协助班委会和其他参加者对活动中的资料进行收集、整理、归档。这些材料包括主题班会活动计划、主持词、现场实录（录像、录音、照片、文字资料）、实物资料（学生制作的手工作品、卡片、可保存的教室装饰等）、个人小结、活动总结等。

（2）活动经验总结

主题班会结束后，班主任应该尽快召集班委会对活动进行总结，将主题班会的活动方案与实际实施情况进行对比分析，看看是否达到了预期目的。达到了预期目的，要分析活动的长处，总结活动中做得比较好的地方，注意在以后的活动中发扬光大；未达到目的，要弄清是方案的不足还是组织者的失误、实际因素的干扰等，避免在以后的活动中出现类似情况。

（3）活动效果巩固

主题班会结束以后，班主任要注意巩固活动的效果，以达到对全班学生稳定而长期的教育。

资料链接

主题班会活动设计——战胜挫折

一、活动背景

当今社会迅速发展，生活节奏加快，来自四面八方的压力让部分学生很受打击。现如今，很多学生在家是父母宠溺的对象，如同温室里的花朵，承受挫折的能力非常薄弱，他们只有增强耐挫折能力，才能坦然面对生活中的种种逆境，成长为新时代的"四有"新人，因此对学生进行挫折教育，刻不容缓。挫折不是拦路虎，而是垫脚石，只有经历生活中的一次次挫折，才能渐渐成熟，逐步长大。

二、活动目标

1）知识与技能：理解何为挫折，明白挫折背后蕴含的人生哲理；会收集并讲述生活中或名人的耐挫小故事，并从中得到启发。

2）情感态度：学会正视生活中的挫折，明白苦难是生命的一份礼物，只有坚强勇敢，积极应对，才能如鹰搏击长空，收获人生更大的幸福。

3）价值观：树立远大的理想，放眼未来，学会勇敢乐观地面对生活中的挫折，化挫折为成长的基石。

三、活动准备

1）学生查阅搜集相关资料。

2）学生编排小品节目、练习歌曲《阳光总在风雨后》。

3）活动开始前会场布置。

四、活动过程

（一）游戏热身，体验挫折

1）男生为1元，女生为5角，共同玩"1元与5角"的游戏。

2）请未与他人搭成一个数字而被淘汰的同学讲述自己内心的感受（如被同学推开时的失落、孤独与无助等）。

3）教师小结：同学们，这就是生活中的小挫折，凡是你觉得不顺心的事，都能成为你生活中的小挫折。

（二）生活溯源，回忆挫折

1）在你的人生中，都遇到过哪些不顺心的事呢？交流课前罗列的生活小挫折，以及当时的心理感受。

2）你当时是如何应对的呢？时间过去这么久了，你当初觉得很严重的打击现在还有多少分量？回顾自己抗挫折的故事。

（预设：早就忘记了，或者其实事情根本没有当时想的那么糟糕。）

教师小结：挫折并不可怕，只要我们勇敢地面对它，想办法积极应对它，挫折就会成为人生的垫脚石。

（三）名人故事，如何耐挫

1）请学生讲述马云在创建阿里巴巴的过程中，是如何靠着坚毅的决心和团队的力量战胜创业过程中的各种挫折的。

2）小组讨论会：谈感受。

（四）剧情表演《考砸以后》

1.《考砸以后第一幕》

1）剧情简介：小明本是个学优生，可这次考试时粗心，只考了七十几分，他觉得无颜见父母，于是消极堕落，一蹶不振的样子。

2）分析讨论：小明的这种做法是否可行？谈谈自己的理解。

3）如果你是小明，你会怎么做呢？

4）如果你是小明的朋友，你会怎么劝他？可能的对策有：①分析考砸的原因，找出薄弱点；②端正态度，勇敢地告诉父母；③扬长避短，争取下回考得更好。

2.《考砸以后》第二幕

1）根据同学商量的结果，换种态度看待问题，下回果然取得了更大的进步。

2）教师小结：原来挫折是人生的礼物，如让你懂得坚强、变得豁达并放眼未来等。

（五）歌曲演唱：《阳光总在风雨后》

同学们共同演唱歌曲《阳光总在风雨后》。

五、活动总结

通过活动，让学生体验挫折，正视挫折，战胜挫折，从而树立正确的人生观、价值观，引导学生通过"知""情""意""行"的学习过程，学会做一个生活的强者。

（资料来源：董秀丽，朱海荣，2018. 枣庄市立新小学 2013 级五（九）班主题班会.）

？ 思考与探究

1. 如何理解班级活动？

2. 试述班级活动的主要内容和组织形式。

3. 组织班级活动的原则是什么？

4. 根据所学知识，设计一个小学班级活动。

第九章　班级教育力量的协调与管理

第一节　班级教育力量概述

　　班主任是班级工作的组织者、班级建设的指导者、学生健康成长的引领者，是学生思想道德教育的骨干。在班级中，班主任既是教育者也是管理者，是班级的灵魂，但班主任不是唯一的教育者，也不是唯一的管理者。在班级管理和建设中，任课教师、其他教职员工、学生、家长、社区等都对班级管理发挥着重要的影响和作用。当任课教师开展课堂教育教学活动时，任课教师是班级的直接教育者和管理者；当班级生活向家庭延伸时，家长对班级生活会发生影响；学校和家庭都与社会紧密相连，与社区生活密切相关，因此，社区也是班级管理的重要影响因素。《中小学班主任工作规定》明确指出，班主任要"经常与任课教师和其他教职员工沟通，主动与学生家长、学生所在社区联系，努力形成教育合力"。因此，为学生营造一个和谐的成长与发展环境，协调影响班级管理的各种教育力量，形成教育合力，是班主任工作的一项重要内容。

一、班级教育力量协调与管理的含义

　　班级既是学校进行教育教学活动的基本单位，又是一个开放性的特殊社会群体组织。任何一个班级都会受到来自教师、学生、学校、家庭、社会环境等方面的影响。班主任是班级的灵魂，是班级管理的核心人物，是学校德育工作开展的重要依托对象。但是高效的班级管理，单靠班主任的力量是不够的。正如教育家魏书生告诉我们："一个班级如果每天靠班主任不知疲倦地去管理，肯定不是一个好方法，而且永远也不能真正管理好这个班级。"因此，要使班级发挥积极的应有的功能和作用，班主任就要善于整合、协调和利用好各种教育管理力量。

　　班级教育力量的协调与管理，是指班主任将学校、家庭、社会中的各种教育力量进行协调，各种教育资源进行整合，形成在方向上一致、时空上密切衔接，在作用上互促互补、相互沟通、协调一致的有利于学生发展的教育合力。这种合力不是各种教育力量的简单相加，而是经过班主任的引导、协调和整合而形成的，是以学校教育为主体、以家庭教育为基础、以社区教育为依托的共同育人的力量。

　　教育力量协调与管理的具体内容包括如下三点：①充分发挥本班任课教师的作用；②培养优秀班集体，协助和指导班级团队活动，引导学生参与管理和自我管理；③争取运用家庭和社会教育力量。班主任要与学生、家庭和社会有关方面取得联系，加强学生的思想政治工作，具体包括如下三点：①借助社会力量到学校来影响学生；②把学生有组织、有目的地放到社会上去接受积极影响；③学校与社会形成有组织的来往，使其成为班级活动的一部分。

二、班级教育力量协调与管理的意义和原则

（一）班级教育力量协调与管理的意义

　　为了更好地开展班级教育工作，班主任应树立教育资源的意识，调动一切可以调动的力量，主动向学生借力、向任课教师借力、向家长借力、向社区借力。

　　首先，协调与整合班级教育力量，是做好班主任工作的必然要求。《中小学班主任工作规定》明确指出，选聘班主任应当突出考查其与学生、学生家长及其他任课教师沟通的能力。可见，班主任在协调本班任课教师的教育工作和沟通学校与家庭、社会教育之间的联系方面起着重要的作用。

　　其次，协调与整合班级教育力量，是教师劳动集体性的要求。教师劳动看似是个体劳动的形式，但某一个教师的能力是十分有限的，各学科教师、德育教师、心理教师等相互配合、共同影响，才能取得良好的效果。从这个意义上可以说，教师劳动的成果不只是个体劳动，更是集体劳动，教师的个体劳动包含在集体劳动之中，教师劳动的成果是个体劳动和集体劳动相结合的产物。另外，从终身教育的视角来看，教师劳动的成果是学校、家庭、社会相互协作的结果，这一特点在小学教师身上尤为突出。

　　最后，协调与整合班级教育力量，是新课程改革的要求。《中共中央　国务院关于基础教育改革与发展的决定》指出："学校要加强和社区的沟通与合作，充分利用社区资源，开展丰富多彩、文明健康的教育活动，营造有利于青少年学生健康成长的社区环境。"社区是从事一定的社会活动，具有某种互动关系和共同文化维系力的人类群体及其活动区域，是学校组织所处的一个外在环境，是班级管理的外在资源。社区拥有环境资源、物质资源、人力资源和组织资源等，这些都是班级进行教育的社会资源，是促进小学生发展的重要教育力量。

（二）班级教育力量协调与管理的原则

　　班主任要想有效调动各方面的教育力量，提高班级管理成效，需要学会与各种人员相处时的态度和技巧。班主任由于其工作的特殊性与复杂性提高，每天要与许多人打交道，包括学生、同事、学生家长、社区工作人员等，无论面对什么样的对象，教师都要注意作为教师应有的行为准则，掌握一定的原则。

　　1. 尊重性原则

　　尊重他人是个人修养的直接体现，是一种美德，是人际交往的基石，更是班主任顺利开展工作、建立良好的社交关系的基石。马斯洛的需求层次理论指出，尊重是人的基本需求，尊重他人才能赢得他人的尊重。在班级管理中，班主任要尊重他人的人格、尊

重他人的观点、意见等，允许班级管理中的不同声音。班主任同其他教育力量在人格上是平等关系。因此，班主任要善于站在他人的角度，虚心接受对于班级管理的不同意见和建议，要善于欣赏他人，接纳他人，允许他人有超越自己的地方。只有这样，才能同其他教育力量互通有无，形成教育合力。

2. 沟通理解性原则

班主任协调班级各方教育力量，必须坚持沟通和理解性原则。人与人的矛盾往往是因为缺乏沟通、缺乏理解、缺乏支持引起的。沟通是人际关系的润滑剂。正如卡耐基所说，一个人的成功，只有15%是由于他的专业技术，而85%则要靠人际关系和他的为人处世能力。研究表明，我们工作中70%的错误是由于不善于沟通，或者说是不善于谈话造成的。由此可见，沟通在各方面教育力量管理中具有不可忽视的影响。良好的沟通可以提高班级群体的凝聚力。在沟通中学会移情，学会多站在对方的立场去看待问题，多体谅和理解对方。如果我们先体谅和理解别人，那么自己就容易被别人体谅和理解；如果用体谅和理解来表达需要，那么自己的需要就容易得到满足。

班主任在同任课教师、家长以及社区进行交往和联系的过程中难免会遇到意见分歧、观点有别、立场不一致甚至对立的问题，这就需要班主任在尊重的基础上多与各任课教师、家长、学生和社会工作人员等教育力量沟通，取得家长和各任课教师的理解，达成育人观念一致。

班主任要注意重视家长的请求和诉愿，听取他们的建议，与他们保持长期的联络，切勿对各种教育力量态度生硬，或将责任推给他们，埋怨他们，要学会与各种教育力量形成合力，努力通过沟通与合作来达到共同教育学生的目的。武断、埋怨、指责、命令的态度，会挫伤各种教育力量的自尊，这些教育力量也就不会主动配合班主任的工作。

3. 合作共赢性原则

合作育人，是一项学校影响家庭、家庭带动社会的工作，更是家、校、社会联手共同为学生的幸福与发展奠定基础，使学生全面、积极、健康、和谐发展的一项社会系统工程。特别是在信息化社会里，要实现教育的高效益，单凭学校教育的有限资源是远远不够的，必须引导家庭、调动社会力量，形成教育合力。按照现代教育理念，学校、家庭、社会是平等的教育主体，学校对家庭教育担负着指导的责任，家庭对学校教育有参与、管理和监督权，对学校教育工作也负有支持和配合的义务。

教育是一项系统工程，培养学生不是某一个教师个体可以单独承担的，要靠教师群体齐心协力，共同努力。教师之间要相互尊重和信任，教师个人要处理好与他人、与教师整体的关系，以集体主义的精神和合作的态度携手完成培养接班人的重任。同时，班主任还要协调与学生家长、与社区的关系，调动家长的积极性，努力使学校、家庭、社会各方形成合力，为学生成长创造良好的环境。

三、班级的各种教育力量

（一）校内教育力量

校内教育力量除班主任外，还有任课教师、班级的学生及学校领导和有关部门的教师等。把这些教育力量整合起来，协调一致地对每个学生产生影响，这是班主任的基本职责。

1. 各科任课教师

课堂是班级组织的重要存在形式，很多的课堂教学活动是在任课教师的组织下进行的。任课教师在课堂上除了开展教学活动之外，还进行着班级管理，因而任课教师在课堂上是班级组织的直接教育者和管理者。在班级组织中，班主任和任课教师共同组成了管理班级的团体，任课老师是班主任进行班级管理的重要合作者。从课堂占据的时间看，学生在学校大部分时间其实就是在各种学科的课堂上度过的，与任课老师接触的时间较长。

因此，各科任课教师是班级教育中的重要力量，优秀班集体的建设离不开他们的密切配合。在现实中，或因为班主任习惯于"单打独斗"，或因为一些任课教师"育人"意识的淡薄，任课教师往往容易成为班级工作的"旁观者"。我国九年义务教育课程安排涉及一系列科目。例如，小学低年级开设有品德与生活、语文、数学、体育、艺术（或音乐、美术）等课程，小学中高年级开设有品德与社会、语文、数学、科学、外语、综合实践活动、体育、艺术（或音乐、美术）等课程。各任课教师都会成为班级中影响学生发展的力量。班主任应当主动邀请任课教师共同进行班级管理，与任课教师合作育人。

2. 班集体与学生

（1）班集体

班级是管理集体的单位。苏联教育家马卡连科提出了集体教育思想，即"在集体中，通过集体和为了集体"，并提出了平行教育原则，而且非常重视纪律在集体教育中的重要性。这体现了班集体本身就是班级管理的重要教育力量。在教育发展过程中，形成了以管理学作为学科背景的"班级"内涵，班级是管理集体的单位。

在学校教育中，良好的班集体对学生健康成长是非常重要的，具体表现在以下几个方面：①有利于形成学生的群体意识；②有利于培养学生的社会交往能力与适应能力；③有利于训练学生的自我教育能力。

（2）学生

班级作为一种学习的组织，其管理的对象自然主要是班级中的学生，但是学生在班级组织中，不仅是管理的对象、教育的对象，也是管理的主体和教育的主体。作为教育对象的学生虽然也作为管理的客体，但是这个客体作为具有主体性的人，管理的积极结果恰恰是由于他们主体性的发展。学生可以是自我管理者、自我教育者，在班级积极的管理过程中，学生的自我管理和自我教育能力得到发展。学生的自我管理和自我教育可以从两个方面去理解：第一，每个学生进行自我管理和自我教育；第二，他们作为学习组织的成员对其他成员发挥着管理和教育的作用。

3. 校领导与各部门教师

（1）校领导

班级是学校的最小管理单位，班级管理的好坏直接影响到整个学校的管理。因此，班主任要协调班级与学校领导及主管部门领导之间的关系。教师要正确地理解领导的决策，主动向领导汇报自己的工作、倾诉自己的困惑、申请所需要的帮助，争取领导的重视，通过积极、良好的沟通达成与领导之间的相互理解和信任关系，最终达成班级管理的目标。

（2）校后勤人员

教育无小事，事事是教育。学生在学校中不仅要接受班主任、任课教师的教育，还会与教辅教师、学校医务工作人员、保安、食堂师傅等工勤人员接触，并受到影响。班主任应教育班级学生尊重学校的所有工作人员，争取他们对学生教育的支持。

（二）校外教育力量

1. 家庭

家庭教育和学校教育是促进学生健康成长的两个重要方面，没有家庭教育的学校教育和没有学校教育的家庭教育都不可能完成培养人这一极其细致和复杂的任务。家庭与学校教育有着密切的关系，现代教育已经证明：学生的成长绝不仅仅是在学校中发生的，也绝不是仅仅靠学校的教育力量就能实现的。家庭不仅影响着青少年的发展，而且学校的教育影响往往需要家庭的助力才能发挥积极的作用。

2. 社区

社区为学校所在地，良好的社区自然环境和文化氛围是年轻一代健康成长的重要外部条件。社区向学校开放公共图书馆、科技馆、文化馆等教育场馆设施，这对发掘社区课程资源、开设综合实践活动的核心课程、增强学校教育的实效性有着重大作用。

（1）社区教育资源

社区为人们提供了社会交往的组织空间和地理上的活动区域。人们的日常活动大都在一定的社区范围内进行，学生也不例外。社区对学生的思想观念、行为规范有着深刻的影响。社区蕴藏着丰富的教育资源，因此，必须充分开发和利用社区教育资源。

（2）社区人力资源

校外教育历来都离不开社会各界的支持。根据我国校外教育的实践情况，可开发的人力资源主要有当地劳模、社区负责人、企业界人士、专家学者、离退休干部等。我们可以请他们为学生做报告，讲述他们自己的奋斗经历，使学生从他们的先进事迹中受到教育，感悟人生。

第二节　校内教育力量的整合与协调

班主任是班级管理的核心，但是班主任在工作中，不可能只依靠个人力量来完成教育任务和班集体建设。无论哪一个教师，都不能单独地进行工作，都不能做个人冒险，不能要求个人负责，而应当成为教师集体的一分子。学校的每个部门、每名工作人员都对学生负有教育责任。班主任需要主动和各科教师联系，协调与整合学校各方面教育力量，发挥好纽带作用，只有这样，才能使班级工作计划目标一致，在实施中步调一致，取得殊途同归的整体教育效果。

一、班主任与任课教师协调

任课教师承担着班级的教学任务，是班主任最需要协调的最重要的教育力量。教师群体是班级教育力量的重要组成部分，是以班主任为核心发挥教育管理作用的集体。各科任课教师是授课班级的教学责任教师，对授课班级及每个学生负有教育培养的责任，是影响学生成长的重要因素。早在 20 世纪 80 年代，教育部就提出了"全员育人"的要求。由于岗位不同、分工不同，任课教师虽然不像班主任那样对班级负有专门的、全面的和首要的责任，但学生的向师性的特点，使得任课教师的教学思想和教学方法，教学过程中体现的教育智慧、世界观、人生观、价值观及日常生活中的人格魅力都会对学生产生很大的影响。任课教师必须和班主任一起，以相对统一的工作方法要求学生，密切合作，共同完成学校的各项教育任务，正所谓"众人拾柴火焰高"。

怎样使任课教师形成合力，怎样使师生形成一个强有力的巅峰团队，怎样充分发挥教育教学的最大效益，这些问题都离不开班主任的协调工作。

首先，班主任与任课教师要建立共同的班级发展理念，一旦班主任与学科任课教师在教育理念方面存在冲突，就会形成教育反力，对学生造成不可逆的负面影响。

其次，班主任与学科任课教师要根据班级中学生的具体情况，形成整体融通的班级建设教育设计。班主任与学科教师共同合作，以班级为单位建设出一支跨学科的教育团队。以研究学生、成就学生为目的，双方的合作势必会形成不可估量的教育合力，对学生的整体发展共同起到良性的影响。具体措施如下。

1. 构筑好任课教师管理学生的基础工程

一个任课教师要对一个班级进行良好的组织教学，先要知情，要了解班级和学生，所以，班主任要准备好班级学生名册、成绩表，编好座次表、学号，提出本班的学优生、中等生、学困生情况表，并在学期初就主动地把这些表册交给任课教师；同时召开任课教师会，把班上学生情况，班级的优点、缺点介绍给任课教师，使任课教师们心中有数，有的放矢地进行教育教学。

2. 做好组织性工作

很多人以为，任课教师按照课表上课就行，无须班主任再进行组织。其实，一个班级就是一个团队，这个团队作为一个集体，就需要组织。只有有效地组织起来，明确其目标、任务、工作计划与方案、工作方法、工作重点与难点，才会高效地运作，发挥最大的工作效益。一个班级，需要班主任经常组织任课教师会议，团结教师，研究班级工作方案；需要班主任组织师生交流活动，让师生良好地交流与沟通；需要班主任给任课教师们恰当地安排班级教育的工作任务，分派学优生、中等生、学困生承包名单。

3. 主持制定治班方略，进行思想引领

思想指引行动，思路决定出路。俗话说：羊群走路靠头羊。一个班级的任课教师们要想在一个统一的计划、方案之下目标明确、齐心协力地进行班级管理和教育教学，需要一个核心人物，需要一个灵魂，需要一种思想。这就要求班主任成为这个核心，成为这个灵魂，提出一个方案，拿出一个思路，并组织任课教师们共同研究一个切实可行的治班方案，从而引导全体任课教师去实践，去高效管理、高效教学。

另外，在协调任课教师方面，还可以通过加强学生的尊师教育，树立任课教师在学生心中的威信；妥善处理学生与任课教师的关系，善于化解矛盾；协助任课教师处理教学过程中出现的问题，建立了解和信任。例如，当有任课教师反映学生不遵守课堂纪律，没有按时完成作业时，班主任要及时找学生做思想工作，制定相关制度来引导和约束学生。班主任与任课教师的管理方法方向要一致，不能对着干，不能让学生找不着北、无所适从。

二、班主任整合班级集体和学生的教育力量

班级中蕴含着丰富的育人资源。当我们在"教育"意识之光下，我们看到的班级不仅仅是管理学生的工具，而是一种充满着成长气息的生命场：在这里可以感受到组织建设对学生服务与责任意识的培养；环境建设对学生创造能力的激发，活动开展对学生自主能力的提升；学生之间因长期的共同活动形成的各种正式和非正式的关系，形成了具有班级特征的文化、心理氛围。这些都构成班级丰富的育人资源，以整体综合的方式对学生的生命质量产生着全方位的影响。

（一）班主任应努力建设好班集体，发挥集体教育作用

班级管理的愿景就是达到班级自治，达到"不管"而"管"。班集体形成后，有了共同的奋斗目标，建起了共同的生活方式，培养形成了正确健康的集体舆论、良好班风和学风，确立了班级规范。这些将成为班级管理的重要因素，潜移默化地影响班级每位学生的发展。班级成员的积极发展是班级教育力量影响的结果。集体的规范、舆论对个体的行为产生压力，促使个体的思想和行为朝着集体占优势的方向变化。个体对集体的归属需要是个体思想和行为改变的内在原因。为此，班主任应努力建设好班集体，发挥班集体的教育作用。

班级为学生的发展提供着无限可能。以动态、可能的眼光认识人的成长与发展，班级生活也是不断生成的。维果茨基的"最近发展区"可以给我们以启发，班级生活的重建要走在学生发展的前面，随着学生不同年龄阶段与时期的成长需要去不断创建新的生活形态。班级生活的动态变化为学生的发展提供了无限的可能。

🔗 **资料链接**

创建优秀班集体

一个优秀班集体对于学生养成健全人格、健康发展有着巨大的教育作用。什么样的班集体才是优秀的班集体呢？有人认为班级学生的成绩好，这样的班级就是优秀班级。这样的看法，我认为过于片面。一个优秀的班集体，除了学习成绩优秀这一标准外，还要有共同的奋斗目标，形成良好的班风和学风，培养得力的班干部，班级管理实现民主、自治，等等。这里就如何发挥学生的主体作用，实现班级管理民主化谈谈自己的做法。

学生是班级管理的主体，班主任要有意识地让学生参与管理，创设各种表现机会，充分调动全班每个同学的积极性，使学生自我表现心理得到满足。小学生的精力是十分旺盛的，表现欲又非常强，都想通过一定的方式来展示自己，因此，班主任可以适时给学生提供一个展示才能的舞台，从而使学生在班集体这个学生成长的重要园地里，能够快乐、自信地成长。

1. 事件回放

元旦前夕，我和同学们商量着举行一次"元旦游艺会"活动。刚确定下活动的主题，我便接到外出听课学习的通知。怎么办？活动是否还能如期举行呢？举行的话，什么都没准备；不举行，同学们又会非常失望。正当我一筹莫展时，得知这一消息的同学们倒是先找上了我。"老师，我们想搞活动。""老师，我们自己准备，您看行吗？"同学们像是洞悉了我的心中所想。望着那一张张热切而满怀期待的小脸，我重重地点下了头，"耶……"欢呼声在教室里回荡。唉，能行吗？

几天后，带着几分担忧，我结束了学习任务回到了学校，此时距离预定的活动时间还有一天。到底准备得怎么样了呢？刚进教室门，那一张张满是笑容的脸就已经告诉了我答案。原来同学们还真是准备得有条不紊：先是去了图书馆，又上了网，查找了各种游戏项目，从中截取了八个他们认为比较适合的游戏；然后将全班分为八个小组，每个小组负责一个游戏，包括确定游戏规则，准备游戏道具和奖品；他们还选择了两个同学作为主持人，撰写了主持稿，确定了班级的环境布置……

第二天，我便被热情的同学们拉着参加了一个又一个游戏节目，玩得不亦乐乎。

2. 我的思考

一次偶然，我延迟了参与学生活动的时间，从"台前"走到了"幕后"，不，更准确地说应该是"退居二线"，这反倒给了同学们一个展示自我的空间，也给我带来了惊喜。当然，要想这样的惊喜常在，离不开班主任对学生民主意识的培养和各方面能力的锻炼。

一个优秀班集体不可能自发地产生，只有通过班级所有成员共同努力，才能逐步形成优秀班集体。

（资料来源：佚名，2017. 班主任的延迟艺术［EB/OL］.（2017-01-13）［2020-12-02］.
https://www.doc88.com/p-1176343467291.html.）

（二）培养班干部，发挥班委会的力量

"火车跑得快，全靠头来带"，对一个班集体来说，班委会的队伍状况直接影响到班级的班风和学风的形成。班委会是班集体的领导核心，班干部是班主任搞好班级工作的左右手。培养一支精练的班干部队伍，努力调动其班级工作的积极性和主动性，充分发挥他们参与管理、模范带头作用，对于搞好班级工作具有十分积极的影响。

⚭ 资料链接

做个会偷懒的班主任——培养班干部

班主任工作是纷繁复杂的，为了把班主任从繁忙中解脱出来，减轻班主任工作的负担，必须发挥学生的自主管理作用，正如陶行知先生所极力倡导的"学生自治"。班级需要班干部，优秀的班级更需要优秀的班干部。因此，班主任在班级管理中，要精心选拔和培养班干部，充分调动班干部的积极性，使之成为教师的得力助手。

在实际工作中，班主任要想培养一支有效率的班干部团队，却不是一件简单的事情。班主任要充分相信班干部、鼓励班干部大胆工作。在班干部的工作过程中，班主任要细心观察、巧妙指导、及时肯定，创造性地开展工作，同时更要鼓励虽遭受挫折甚至失败了，但仍努力工作的班干部，不断帮助他们总结经验和教训。对待班干部，班主任要有正确的态度，既要关心爱护、培养教育他们，又要严格要求他们，帮助他们认识到当干部是为了学习为大家服务，在努力学习的同时也要挤出时间把工作做好。为了增强每个学生的责任感、服务意识以及协调管理的能力，除了固定的班委外，还可以设立值日班长岗位。

如果班主任能够循序渐进、脚踏实地培养班干部，培养出的班干部就必然会成为班级中的中流砥柱，成为教师的左膀右臂。

（三）班主任调动学生的积极性，引导学生自我管理与参与管理

在班级管理中，一方面，教育行政部门、学校和教师要承担起应尽的职责；另一方面，要引导学生开展自我管理和参与管理。可以说，让学生学会自我管理和参与管理是班级管理的重要追求目标，因为这达到了"管，是为了不管"的最高境界。

陶行知十分注重学生的自我管理和参与管理，他在《学生自治问题之研究》一文中指出，学生自治的好处是：第一，学生自治可为修身伦理的实验；第二，学生自治能适应学生之需要；第三，学生自治能辅助学生之进步；第四，学生自治能促进学生经验之发展。①

在今天，管理者更要大胆地放手让学生进行自我管理和参与管理，强化学生的主体意识和参与意识，引导他们在知、情、意、行方面实现自觉、自律、自强、自理。在认知方面，要引导学生自我观察、自我分析和自我评价，让学生自己认识自己，提高自我管理的自觉性。在情感方面，要引导学生自我体验、自我激励、自我肯定和自我否定，正确处理好自己与他人的关系。在意志品质方面，要引导学生自我监督、自我誓约、自我命令、自我控制，使自我和环境协调一致。在行为习惯方面，要引导学生自我计划、自我训练、自我检查、自我总结、自我修养和自我调节，实现自律化。

◯━◯ 资料链接

学生的问题让学生自己解决

在信息时代，学生上网早已不是什么新鲜的话题。在我们班要说网络成瘾的学生可能是没有，但喜欢上网的学生那是不在少数的，如何引导学生正确对待上网问题，也成了我亟待解决的一个问题。这不，前一阵子我就遇到了这样一件事。

1. 事件回放

班上小毅的妈妈几次向我反映，孩子在家痴迷上网，平时还有所收敛，一到星期六、星期天就整天耗在网上，吃饭都不见人影，因此拜托我让我和他谈一谈。听说这一情况，我便准备在随后的班会课上谈谈上网的问题，建议他们还是少上网或者不上网为宜。转念一想，要不，先听听同学们对这一问题的看法？对，就这么办。

我刚在班上提出学生上网的问题，班上就开始热闹了，一只只小手举起来，急于说

---

① 中央教育科学教育研究所，1981. 陶行知教育文选［M］. 北京：教育科学出版社：11.

出自己的想法。"我认为网络可以开阔我们的视野，增长我们的见识。""我反对，我认为网络对我们的危害很大，有的同学沉迷于网络游戏不能自拔，学习成绩一落千丈。"反对的声音刚响起，就有人反驳道："我们玩玩游戏丰富自己的生活没有什么错，只要不上瘾就可以了。"此时有同学振振有词地说道："我坚持认为网络是百害无一益的。它让一个个小学生变成了小'网虫'，对同学们的毒害很大，这是对同学们的警钟。我们要杜绝网络，不能让它控制我们，成为我们的主人。"

闻听此言，我频频点头，正想表示赞同时，又有学生站起来说："网络虽有害处，但它的好处更多，方便了我们的生活，像上次我们班举行'元旦游艺会'活动，那么多游戏不都是从网上找到的吗？"呵呵，这不是以子之矛攻子之盾嘛。争论还在继续……

2. 我的思考

原本的班会课演变成了一场小小辩论会，学生们对于上网问题的认识也更加全面，这远在我的意料之外。学生是有个性的人，不同的学生、不同的想法，在班主任延迟对学生上网这一事件评价的短暂时间中共同被激发，智慧的火花在此碰撞。在这样的氛围中，学生对于上网问题的认识比教师一个人说教更恰当、更精彩、更全面。

学生爱上网，教师切不可像对待洪水猛兽那样一味地加以制止，在适当的时机里，让学生自己来说服学生效果更好。

（资料来源：佚名，2017. 班主任的延迟艺术［EB/OL］.（2017-01-13）［2020-12-02］.
https://www.doc88.com/p-1176343467291.html.）

三、班主任与学校领导和职能部门的协调

班级的成长和发展、班级工作的顺利开展，都离不开学校各级领导和相关部门的支持和配合。学校内部的各种教育力量都是在学校制度的统一安排下，在校长的统一领导下，共同承担教育学生的责任的。只有树立学校教育工作一盘棋的观念，做到教书育人、管理育人、服务育人，才能完成学校教育的培养目标。班主任应该充分依靠学校领导、各职能部门、全体任课教师、团队组织的力量，形成班级教育合力。例如，建立"班级备课组"制度，在班主任的领导和组织下，各科教师、年级组组长、教导主任和学校领导分工合作，共同研究解决班级中存在的问题。班主任要做学校领导的得力助手，服从服务于学校教育教学大局。当班级工作与学校工作发生冲突时，要尽量服从于学校统一安排，和学校各部门保持一致，共同承担起对学生的教育责任。

第三节　校外教育力量的整合与协调

全面推进素质教育，单靠学校教育教学改革是不够的，要实现培养高素质人才的目标，就必须构建一个教师、家长共同参与，学校、家庭、社会形成合力并共同发挥作用的开放的、立体的大教育环境。国民教育由家庭教育、学校教育、社会教育三部分组成。在素质教育不断深化的今天，如何调整学校、家庭、社会三种教育力量之间的关系，取得最佳的教育效果，是值得深思的问题。苏联教育家苏霍姆林斯基说过，生活向学校提

出的任务是如此复杂，以至如果没有整个社会首先是家庭的高度的教育学素养，那么不管教师付出多大的努力，都收不到完善的效果。可见，学校教育不是单独发挥育人功能的，必须得到社会和家庭的支持与配合，尤其是家庭和学校之间的合作尤为重要。为此，班主任在工作中，应该善于与家长沟通与合作，利用社区资源，共同为学生的成长创设有利的社会环境。

一、形成教育合力的含义及意义

（一）教育合力的含义

党的二十大报告指出："必须坚持系统观念。万事万物是相互联系、相互依存的。只有用普遍联系的、全面系统的、发展变化的观点观察事物，才能把握事物发展规律。"教育也是如此，教育理应坚持系统观念，形成教育合力。教育合力是指学校、家庭、社会三种教育力量相互联系、相互协调、相互沟通，统一教育方向，形成以学校教育为主体、以家庭教育为基础、以社会教育为依托的共同育人的力量，使学校、家庭、社会教育一体化，以提高教育成效。

（二）形成教育合力的意义

学校、家庭、社会三者协调一致的意义主要有以下三个方面。

1. 有利于实现整个教育在时空上的紧密衔接

家庭、社会和学校这三个方面以不同的空间和时间形式占据了学生的整个生活，搞好三种教育的衔接是整体化教育的一个十分重要的方面。

2. 有利于保证整个教育在方向上的高度一致

如果家庭教育、社会教育和学校教育在基本方向上不能保持高度一致，那么，它们各自的作用不仅会相互抵消，还会给学生的思想造成很大的混乱。因此，要统一组织好社会教育的工作，提高家长的素质，从实做好家庭、学校、社会教育在方向上的协调一致工作。

3. 有利于实现各教育间的互补作用，从而加强整体教育的有效性

家庭教育、社会教育、学校教育不仅在时空上有所不同，而且在教育内容、教育方法、教育效果上也有各自的特点，发挥各自特点进行互补，能够增强整体教育的有效性。家庭、学校和社会教育有着各自的特点和优势，它们之间很难互相代替，只有把这三个方面协调一致起来取长补短，充分发挥它们各自的特长和多渠道一致影响的叠加效应，才能取得最佳的整体教育效果。

二、整合家庭教育资源

学校和家庭教育是一体的，家庭和学校在对孩子的教育上各有所长，若能进行优势互补，形成家校合力，定能更好地促进孩子的幸福成长。苏联教育家马卡连科说过："谁在教育孩子？是家庭？还是学校？既是家庭也是学校。"著名教育家苏霍姆斯基说过："只有学校教育而没有家庭教育，或者只有家庭教育而无学校教育，都不能完成培养人这一极其艰巨而复杂的任务。"家校合作，才能促进孩子更健康地成长。

家庭是社会的细胞，它以夫妻关系为基础，包括父母子女关系的最小社会基层组织，是人们生活和消费的基本单位，承担着生养和教育子女的基本社会职能。家庭对儿童和青少年身体的发育、知识的获得、能力的培养、品德的陶冶、个性的形成，都至关重要。家庭教育是学校教育的基础和补充，有不可替代的作用。教育家魏书生说："民风、世风，皆起于家风。家庭要正确地引导孩子，不但'养'，还要'教'，更要'育'。"提高家庭教育水平既是儿童发展的重要保障，也是提高全民族素质的重要前提。一个国家的先进，首先是基于教育的先进，而国家教育的先进，又首先基于家庭教育的先进。

（一）家庭教育的特点

1. 教育内容的生活化

生活化是家庭教育的主要特点。家庭教育与家庭生活是融为一体的，家庭教育与家庭生活在各个方面互相渗透，且随着家庭生活的变化和受教育者的发展不断地变换着形式和内容。家庭生活的各个侧面都影响着青少年身心的发展。

2. 教育方式的情感化

家庭的血缘关系使教育者和受教育者之间有着深厚的感情，这种深厚的感情使任何教育动机和措施都带上浓厚的感情色彩。家庭教育的这种情感性可以加强家长的责任心和影响力，使子女对家长的教育具有依赖性。但它也容易让情感蒙蔽家长和子女的理智，导致家长的溺爱和子女的任性。

3. 教育方式的多样化

家庭教育的方法不是一成不变的，它随家庭教育内容的不同以及子女年龄的不同而发生变化。在家庭教育中经常采用的方法有以下几种。

（1）解答疑难

解答疑难是一种有效的教育方法。家长在回答问题时要注意两点：一是要有启发性；二是要考虑子女的可接受性。

（2）指导读书

家长要根据子女的思想状况和学习需求指导他们读书，介绍和购买适合他们阅读的书籍，并有针对性地与他们讨论书中的有关问题。

（3）树立榜样

家长自身的知识修养、品行、兴趣爱好等，都会对孩子起到潜移默化的影响。家庭教育是在不自觉、无意识中进行的，因此，家长要注意检查自己的言行，以身作则，言传身教。

🔗 资料链接

一次集体汗颜的家长会

接到学校的通知：周六下午去开家长会。

家长会我参加了许多次，内容无非是老师通报学生在校的学习成绩、日常表现等，然后班主任恳请家长提出相关建议、参与学校管理等。可那次家长会却没有讲这些，内容虽然有些匪夷所思，但那却是一次令家长集体汗颜的家长会，终生难忘的家长会。

周六下午两点，我们60多个家长如约来到学校，班主任早已候在教室里了。

家长们相继落座后，班主任站起身说："各位家长，耽误大家的休息时间，很是抱歉！今天的家长会只有一个内容，请各位家长如实回答两个问题。"出乎意料的开场白让家长面面相觑。

班主任接着说："在座的各位家长，请大家诚实地回答，有谁知道自己父母生日的确切日期，请举手！"

怎么会突然问这个问题？所有的家长都不解地看着班主任。接着，教室里有6人慢慢举起了手。其他家长或皱眉苦想，或低头不语。

"好，请放下！"班主任扫视了一下，又接着问，"各位家长，记住自己孩子生日的请举手。"唰——所有家长都高高地举起了手，脸上现出了得意之色。

"非常好，请放下！"

班主任看了看记录本，说："刚才的测试结果是这样的，今天到场的65位家长中，记住自己父母生日的家长有6位，约占9%，而100%的家长记住了自己孩子的生日。一个是9%，一个是100%，请各位家长认真想一想，今天这个测试结果正常吗？"

家长们又是面面相觑，有的家长脸上开始现出愧色了。

"你们平时总是抱怨孩子在家里是小公主、小霸王，不体谅父母的艰辛，可你们知道孩子在家里为什么不帮大人做家务吗？知道孩子们为什么不体谅大人吗？那是因为孩子们缺少一颗感恩的心！他们心中的感恩意识非常淡薄！"班主任说到这里，语气加重了，"各位家长，大家再想想，孩子们变成这样，原因固然是多方面的，但我们做家长的就没有责任吗？孩子们缺少感恩之心，并不是他们天生就不懂得感恩，而是后天缺少家长的引领与垂范啊！你们在家里的一言一行，其实都是在给孩子们上课啊！"

家长们这才明白老师今天召开家长会的良苦用心！

我坐在下面听着老师的问话，真是如坐针毡！是啊，女儿过生日时，我大呼小叫地邀来亲朋好友，在饭店给她摆隆重的"生日宴"，可我从来没有给我的父母过一次庄重的生日，更不要说摆什么"生日宴"了。家长尚且如此缺乏感恩，还能怪孩子感恩意识淡薄吗？当家长的在责怪孩子们不懂感恩的同时，难道不该扪心自问："我为父母做了什么？""我对父母感恩了吗？"在家庭中，父母是孩子的第一任老师，父母的言行举止，无时无刻不在潜移默化地影响着孩子。以其昏昏，使人昭昭，这难道不正是当下家教中存在的误区和欠缺吗？

那天，我和其他家长一样，都"汗颜而退"。尽管我们红着脸，淌着汗，但每个家长都觉得在家长会上收获了很多，更懂得了今后该如何去做。

感谢那次家长会，它使我懂得在繁忙喧嚣的现代都市生活中，如何怀揣一些不能忘却的东西踏上生命旅途，更使我懂得在今后的家庭教育中，如何以身作则，言传身教，把孩子塑造成懂得感恩施恩、尊老敬老的有用之才！

（资料来源：刘凯，2019. 一次集体汗颜的家长会. 中国青年报［N］. 2019-07-15（7）.）

（4）游戏

家长在游戏活动中能借助游戏规则来调整和约束孩子的行为，有利于孩子形成良好的心理品质。家长要注意把娱乐和教育有机结合起来。

（二）家庭教育的基本要求

1. 创造和谐的家庭环境

民主和谐的家庭气氛是子女健康成长不可缺少的条件。它包括父母间的互相关心、爱护，互相尊重支持，共同关心子女的成长；父母对子女既不溺爱放任，也不粗暴专横，严而有慈，在思想上和生活上予以关怀，爱护、鼓励、诱导；在严格要求的基础上，为子女健康发育成长提供必需的物质生活条件，创造安静的学习环境；注重子女的心理健康，并根据子女身心发展的实际情况建立合理的生活作息制度。

2. 对孩子的要求要合理、统一

家长对孩子的要求是多方面的。家长的要求要合理，要考虑到孩子的心理和生理的特点，切不可成人化。

如果要求是合理的，就必须坚持，不能半途而废。对孩子的要求还应做到统一，它包括长辈之间的要求要一致，所提要求在先后上要保持一致，否则就会影响教育的效果。例如，在管教孩子方面，如果一方严格，而一方护短溺爱，结果就会收效甚微，甚至无用。

3. 要理解和尊重孩子

理解和尊重孩子是进行家庭教育的前提和基础。家长可以进行有计划、有系统的观察，把握孩子的思想活动的脉络，从中洞悉孩子的内心世界，了解孩子在性格、气质、志趣、爱好等方面的心理活动。只有对孩子有了充分的了解，才能理解他们提出的种种要求。家长还要尊重孩子的自信心、自尊心，发展其独立自主的能力，如鼓励他们发表自己的意见，放手让他们承担责任。

4. 不断提高家长自身的素养

强化家庭教育效果、提高家庭教育质量，首先应提高家长的文化素养和思想素养。正处在生理、心理迅速发展阶段的孩子们兴趣广泛、求知欲强、爱学爱问，这就要求做父母的要不断充实和更新自己的知识，要注意学习教育学、心理学等专门知识，把握科学教育子女的原理和技能。此外，家长对孩子道德观念的形成起着非常重要的作用，家长的一言一行都会成为孩子学习的榜样，因此，家长要不断提高自己的道德素养，在家庭教育中以身作则。

（三）家校合作

家校合作是协调和整合家庭教育力量的基本方式。

1. 家校合作的含义

合作是一种社会互动的形式，是指两个或两个以上的人或群体为达到共同目的自觉或不自觉地在行动上相互配合的一种互助方式。

家校合作目前并没有一个统一的定义。英语中关于这一概念最常见的有 home-school-cooperation（家校合作）、parent-teacher collaboration（家长教师配合）、education-intervention（教育介入）、parental-involvement（家长参与）等几种表达形式。

　　我国的教育实际工作者，从 20 世纪五六十年代开始重视家校合作的问题，70 年代末期和 80 年代初期，许多学校在教育实际中逐渐意识到学校要主动争取家庭、社会各方面的支持和配合，将家校合作进一步扩展和延伸至社会各方面；在实践中探索学校、家庭、社会三结合教育的形式和方法。

　　国内较早关注家校合作教育的马忠虎教授认为，家校合作教育就是指对学生最具影响的两个社会机构——家庭和学校形成合力，对学生进行教育。家校合作是指"在教育活动中，家庭和学校相互支持、共同努力，使学校能在教育学生方面得到更多的来自家庭方面的支持，使家长能在教育子女方面得到更多的来自学校的指导"①。这一概念具有直观、明了的特点，但同时又把家校合作所涉及的范围仅界定于学校和家庭两个领域。

　　也有人认为："家校合作是家庭与学校以沟通为基础，相互配合，合力育人，使孩子受到来自两方面系统一致、各显特色、相辅相成的教育影响力。家校合作既是种关于家庭教育与学校教育两者关系的理念，也是一种处理两者关系的行为模式。"②

　　还有人认为，家校合作是指在家庭及学校中动员家长潜能，使家长自己、他们的孩子和学校所在的社区获益的过程。也有人将家校合作定义为家庭与学校以促进青少年全面发展为目标，家长参与学校教育，学校指导家庭教育，相互配合、互相支持的双向活动。

　　有人认为家校合作是国内的提法，在国外（以及本书）对应的概念是学校、家庭和社区合作伙伴关系（School，Family，and Community Partnerships）。这一概念来自美国霍普金斯大学学者爱普斯坦的观点。她把家校合作的范围扩展到社区，创建了交叠影响域理论（Overlapping Spheres of Influence），指出家校合作是学校、家庭、社区合作，三者对孩子的教育和发展产生叠加影响的过程。合作伙伴关系不仅将家庭和学校看作家校关系中的平等成员，而且还强调了社区对儿童发展和成长的影响和作用；不仅将学校和家庭看作家校关系中的成员，而且还将学生自身也看作家校关系中的重要一员，并强调了学生在家校关系中的主体地位和作用。

　　综上所述，家校合作的基本内涵概括起来有以下几个方面。

　　第一，家校合作的实质是一种双向互动交流活动。家长要主动、积极地配合和支持学校工作，同时，学校要服务于家庭教育，鼓励、引导、接纳家长参与学校教育，最终使家庭教育再来支持和强化学校教育。

　　第二，以促进学生的全面发展为最终目的。开展家校合作目的是更好地发挥家庭和学校的优势，实现优势互补，让学校教育指导家庭教育，家庭教育支持和强化学校教育，两者目的统一。家校合作以学生为出发点和中心，以提高教育质量、完善教育措施、促进学生的全面发展为最终目的。

　　第三，家校合作是社会参与学校教育的一个重要组成部分。家长的参与离不开社会大背景，是广泛的社会背景意义上的参与。因而，家校合作必然会进一步扩展至与社区乃至社会方方面面的合作。学校教育、家庭教育、社会教育各自承担着不同的职能，只有三者之间相互协调、相互配合才能保证整个教育系统的协调，忽视任何一个环节都有

① 马忠虎，1999．家校合作 [M]．北京：教育科学出版社：155．

② 周丹，2001．对家校合作若干理论和实践问题的思考 [J]．无锡教育学院学报（2）：34-37．

可能影响整个教育作用的发挥。因此，在家校合作过程中，要鼓励、接受社会各界的参与，共同促进家校合作。

因此，家校合作可以泛指家长在子女教育过程中，与学校一切可能的互动行为，是以促进学生的全面发展为目的，以学校为主体，家长参与教育和管理，共同承担儿童成长责任的一种双向互动活动，包括当好家长、相互交流、志愿服务、在家学习、参与决策和与社区合作等实践类型。

从管理学的角度分析，如果在学校管理过程中各项相关决策、措施的制定有家长的参与，就会增强家长在学校管理中的主人翁意识和责任感。同时，由于家长最了解学生的成长经历，了解学生各方面的需要、兴趣、爱好，由家长参与制定的决策，才更具有针对性。家校合作的最终目标，首先在于促使家庭教育和学校教育保持一致，形成合力，促进学生在品德和学业及其他各方面的良好发展，身心健康成长；其次是通过家校之间的合作，提高教师、家长的教育素质和能力，促进学校和班级管理水平的提高，强化教育机构的自我管理，推进教育社会化和社会教育化的进程。在班级管理中，班主任整合家庭教育资源，与家长相互配合、相互支持、相互促进，共同促进学生的发展，实现全面育人的目的。

2. 家校合作在班级管理中的意义

（1）家校合作有利于班主任对学生的了解

了解学生和研究学生是班主任工作的基础，班主任需要了解学生的家庭生活。班主任可以从家长那里了解学生入学前的情况，及时跟踪了解入学后学生在校外的各种表现：不仅了解每个学生的个性特点，更重要的是通过家长了解学生成长的家庭环境，包括物质环境、精神环境、人际环境。班主任对学生及其家庭情况了解得越多，就越能够准确地诊断学生并采取比较有效的因材施教的教育对策。

（2）家校合作有利于巩固班级管理教育的效果

班级管理和教育的效果既体现在学生在校时间的表现，也体现在校外生活场所，尤其是家庭生活中。在现实的教育中，我们常常听到教师抱怨：我们在学校里对学生进行苦口婆心的教育，刚使学生在思想行为上有了一点进步，但经过周六、周日两天或暑假、寒假的休息，就削弱或抵消了教师几天或几个月的教育。班级管理的目标，需要学生在校与在家行为一致，克服 $5+2=0$ 的现象，这就需要家长的配合、支持和监督，这样才能最终将良好行为习惯巩固下来。苏联教育家苏霍姆林斯基说："教育的效果取决于学校和家庭教育影响的一致性，如果没有这种一致性，那么学校的教学和教育过程就像纸做的房子一样倒塌下来。"可见家庭参与教育对学校教育的效果具有极大的影响。

（3）家校合作有利于拓展班级管理的教育资源

班主任是学生班级管理的最重要的教育力量，但光靠班主任个人的力量是做不好班级管理工作的。家校合作教育有利于做到优势互补，使学校在教育学生时能得到更多的来自家庭方面的支持，而家长在教育子女时也能得到更多的来自学校方面的指导。

家长具有不同的职业、经历、爱好、特长等，这是一种非常有用的教育资源。班主任可以发挥家长的力量，开设家长讲堂，介绍他们的职业、爱好，讲述他们的人生经历，指导学生兴趣小组，丰富学生的课内外知识，辅助课堂教学或丰富课外活动。

（4）家校合作有利于增强班集体建设

有研究表明，家长对班级活动的参与和支持，能增强孩子对班级生活的安全感、归属感和荣誉感。这些是影响班集体形成的重要心理因素，因此，在班集体初建时期，家校合作有利于帮助学生尽快适应新的集体生活，建立起良好的班级人际关系。在班集体形成之后，家长的支持与配合，能使班集体活动更加顺利和丰富多彩，有利于增强班集体凝聚力和荣誉感。而且小学的班风、学风都与家庭的影响息息相关。

3．家校合作的类型

国外一些专家学者把家校合作的方式从不同角度进行了分类。

1）美国学者按家长在家校合作中担任的角色不同，将家校合作划分为三类：①家长作为支持者和学习者，如家长学校、家长会、家校书面联系、电话联系和个别家长约见等；②家长作为学校活动的自愿参与者，如家长报告会、家长讲堂、课外辅导、家长帮助指导职业实习和特殊技能训练等；③家长作为学校教育决策参与者，如家长咨询委员会、家长出任校董事会成员等。

2）美国学者戴维斯按合作的不同目的，将家校合作划分为四类：①以解决目前教育中存在的问题为目的的合作；②以促使家长参与其子女的教育为目的的合作，如家庭教育指导、开放日等；③以利用社区教育资源来丰富学校教育为目的的合作，如参观博物馆、开辟教育基地等；④以吸收家长参与教育决策为目的，如家长咨询委员会、家长教师协会等。

3）北爱尔兰大学教授摩根等人按家长参与的不同层次，将家校合作分为三类：低层次合作、高层次组织上的参与、正式组织上的参与。

（四）班主任与家长协调的途径

1．家长学校

广义的家长学校是指专门为家长就如何养育子女问题提供教育服务的社会教育机构。狭义的家长学校是指学校为了加强家校合作，整合教育力量，根据教育政策法规而举办的以本校的学生家长为教育对象的业余学校。

家长学校的基本任务主要包括四个方面。第一，更新家长的教育观念，提高家长对家庭教育重要性的认识。引导家长按照国家教育方针和培养目标教育孩子，促使孩子德、智、体、美、劳全面发展，培养孩子成为社会主义所需要的建设者和接班人。第二，传授科学的家庭教育知识和方法，帮助家长掌握家庭教育的方法和技巧，提高家庭教育的质量和效率。第三，向家长介绍学校、班级的教育情况，争取家长关心并积极参与学校、班级的教育活动，实现家校合作。向家长提供孩子在校的各方面表现，同时向家长了解孩子在家庭、社会上的情况，共同研究教育孩子的方法和措施，沟通家庭与学校的联系。第四，介绍当前教育改革的一些新动向、发展新趋势等，取得家长的理解和配合。例如，及时让家长了解和理解当前基础教育改革的理念、发展趋势等，使家长能与学校同步配合。

班主任在家长学校活动中发挥着不可忽视的作用。第一，班主任参与家长学校活动计划的制订。学校在制订家长学校活动计划时，既要考虑家长学校的常规性工作，又要考虑各个年级班级家长工作的特殊性。因此，学校在制订计划时，要召集各班班主任讨论，征集意见。形成计划之后，还要靠班主任落实。第二，班主任以班级为单位主持家长学校活动。家长学校活动通常由学校统一组织，但由于家长人数太多，活动可以有不同的形式。有的以年级为单位，有的则以班级为单位。以班级为单位的家长学校活动，一般都是由班主任主持的。

2. 家长委员会

家长委员会简称家委会，可分为学校家委会、年级家委会和班级家委会。

（1）学校家委会

学校家委会由关心学校、关心教育事业，具有教育子女经验的家长代表组成，作为家长与学校沟通的桥梁，关注学生的教育和发展。学校家委会是增进学校与学生、家长之间沟通的桥梁。家长委员会代表一般不限制人数，学校可以提供他们商议讨论的场地，也可以由家委会成员自行组织讨论，将议题进行整理记录后与学校沟通。中小学家长委员会是由本校学生家长代表组成，代表全体家长参与学校民主管理、支持和监督学校做好教育工作的群众性自治组织，是学校联系广大学生家长的桥梁和纽带。年级家委会是由年级的不同班级选派家长代表组成的为本年级家校合作服务的组织。

家长委员会这一组织可以使家长增进对学校工作的了解、理解，加强监督，增强学校工作的透明度，有利于各种教育渠道的畅通和各种教育资源的有效利用。

学校家委会的组织设置一般包括家长学校讲师部、家长教师部、家长爱心助学部、科学学习指导部、科普创建部、学生互动组织策划部、学生家长导师等。

学校家委会具体职能如下。

第一，家校双方在育人方向上达成共识，把德育放在首位，以《中小学生守则》为准则，共同加强思想品德和行为规范的养成教育。

第二，家长理解、支持、配合学校在新时期下所进行的素质教育，注重学生的全面发展，分工合作，开展各种促进学生个性发展的课内外教育教学活动，共同克服片面追求升学率的现象。

第三，家校双方共同商量，相互帮助，解决教育中的各种困难，优化家庭教育环境和学校教育环境，构建和谐一致的隐性教育大环境。

第四，家校双方行动一致，采取各种有效措施，防止社会上各种不良现象对青少年的侵袭，减少易诱发青少年违法犯罪的消极因素。

家长委员会工作开展有两种模式：一是学校主导型的，即家长委员会受学校的领导，由学校召集召开，征求家长意见，商量教育事宜；二是家长自治型的，即家长委员会由家长自发选举产生，代表广大家长意见，维护家长利益，就家庭教育权益问题和家校关系问题，集中向学校反映，或以集体的方式对学校的教育决策与管理施加影响。

（2）年级家委会

年级家委会是由本年级各班的家长经由各班推荐选举产生，是负责联系学校家委会和班级家委会的桥梁。学校的每个年级由于工作的内容和重点不同，年级家委会对本年级的各项活动和工作起着统筹、规划、沟通、传递信息的作用，指导班级家委会的活动和助学工作。

（3）班级家委会

班级家委会是由本班家长代表成立的协助班主任做好班级管理与教育的组织。为了使家委会有效开展工作，班主任要做到：负责组织建立班级家委会，定期召开家委会成员会议，就班级学生发展和班级教育管理的问题征求意见和建议，邀请家长进班助学，协助班主任和各任课教师做好学生的教育工作等。

班级家委会的组织设置一般包括活动实践指导委员、卫生健康指导委员、纪律规范（安全法制）指导委员、学习习惯指导委员、家庭教育指导委员等。

班级家委会应配合班主任进行班级管理与教育。例如，家委会进班助学，组织励志远足等课外活动，成立小义工团，带领孩子们周末在家长的陪同下去公园、广场等地捡拾垃圾，为环境美好尽一份力；组织孩子们去敬老院看望老人，并给老人表演节目；去消防大队参加消防演练；去军营亲身体验军旅生活；去红色旅游、去植树、参加小手拉大手文明共出行活动等。

三级家委会的组建往往是先通过家长自荐、班主任推荐、民主选举产生班级家委会；然后通过班级推荐产生年级家委会委员，在此基础上选举产生年级家委会主任委员、委员；最后经过学校家委会委员代表大会产生新一届家委会主任委员、常务委员和各部部长。

3. 家长会

家长会一般是由学校或教师发起的，面向学生、学生家长及教师的交流、互动，介绍性的会议或活动。家长会是班主任与家长群体进行沟通交流最常见的方式，它为班主任认识家长及让家长了解班队情况、了解班队工作意图、了解孩子在学校情况提供了快捷的平台。家长会以促进学生的健康全面发展为目的，平等对待家长，班主任要站在平等交流者、对话者的位置上与家长沟通。开家长会的主要目的是实现学校和家庭互动，让家长了解孩子在学校的表现，同时也让教师知道学生在家的表现，从而协调家庭和学校对学生的教育。召开家长会要注意以下方面。

（1）明确家长会的目的

家长会作为班级管理工作的一个方面，必须目的明确，包括两个方面：第一，整个学期的家长会计划目的明确；第二，每次家长会根据具体情况，明确目的。

（2）制订学期召开计划

家长会是班级规范管理的组成部分，是班主任工作计划的组成部分。班主任应根据一学期的班级管理任务确定好召开家长会的时间和次数。由于家长的时间和精力都是有限的，因此家长会不宜多开，通常情况下一学期开三次家长会为宜。学期初，帮助家长了解本学期教育任务；学期中，反馈学生半个学期的情况和问题，并与家长沟通交流，协调矫正；学期末，向家长汇报一学期来班级教育工作情况，总结交流，以便新学期获得新的发展。若有特殊需要，也可临时召开家长会。

（3）制订开会计划

召开一次家长会并不容易，时间往往也有限，因此每次家长会均应事先制定好开会计划，并形成计划文本。计划文本一般包括以下几点：①开会的目的；②会议的主要任务；③会议的议程，包括事项、主讲人、时间安排等；④会议的形式。家长会虽然是"会"，但不可以僵化，形式应活泼多样，力求有效。

（4）创新家长会的形式

家长会的形式多种多样，主要有以下一些形式。

1）交流式。在班主任主持下，家长、任课教师们或学生们一起就一些共同关心的教育教学问题或一些急需解决的问题进行讨论。通过讨论，形成共识，群策群力，共同解决。

2）展示式。通过各种方式展示孩子们的作业、作品、成就或才艺表演，让家长们在班队背景中了解孩子，增强孩子和家长的信心。

3）报告式。邀请专家或一些教育孩子比较成功的家长，就家庭教育、学生心理健康、青春期教育做报告，让家长通过报告提高教育素质。

4）联谊式。教师、家长、学生相聚一起，以娱乐的方式，共同营造和谐家校关系，增进感情和了解。

5）通报式。期末、期中或某一个特定的活动（如××活动周、××文化节）结束后向家长们汇报本班学习情况或取得的成就，同时提出问题，谋求进一步发展。

除了上述方式外，班主任还可以创新家长会的形式。开家长会应注意，家长会不能单纯地成为班主任"讲"、任课教师"讲"，家长"听"的会，要通过家长会使家长主动地参与到班级管理中来，参与到对孩子的教育中来。在小学教育实践中，一些学校创造的课堂"开放日"活动、"亲子"活动、学生主持家长会等，都是家长会的好形式。尤其是学生主持家长会，它能改变传统家长会的格局，而且学生的加入拓宽了家长会的平台和参与主体，有利于调动家长、学生的积极性和主动性，增强家长会的实效性，是一种行之有效的家校合作方式。

资料链接

学生主持家长会

学生可不可以主持家长会？我刚开始尝试的时候，就有老师笑我异想天开。他们还教训我说："家长会之所以叫家长会，就是老师召集家长开的会议。由学生来主持，那叫什么会？"我就不相信学生不能够主持家长会。德国一些学校开家长会的时候，学生、家长一起参加，开家长会时并不就只讲学生的学习成绩，还搞一些活动，如亲子活动、游戏，只要有利于孩子成长，他们什么都做。我为什么就不能够把家长会变一变呢？打定主意之后，我就把班委找来。他们从来没有主持过家长会，一听说由他们主持家长会，个个都很兴奋。于是，我们一起商量开这样的家长会要做些什么。

首先是会议提纲。虽然交给学生主持了，但会议要做哪些事情，我还是要知道的，因此，我要他们两天内把提纲给我。同学们很快就把我要的东西拿来了，我一看，可真好！平时在开会之前，我要反复思考的问题，这上面什么都有，如这次开会的目的有哪些，该向家长汇报些什么情况，哪些事情适合在公开的场合说，哪些必须个别交谈，更重要的是他们还安排了文艺节目。他们说要给家长们一个意外的惊喜。多么精心细致的提纲啊！

我提了个意见，在向家长介绍情况时，要做到既力求全面，又重点突出；既讲成绩，又谈不足；既有事例分析，又有理论阐述；对家长要既有鼓励，又有要求；既有了解商讨，又要指导。他们认真地接受了我的建议。

第二次来的时候，他们连会议程序都安排好了。会议程序的第一项是"家长报到"。由当天的值日班长王小诚负责做家长接待组组长，组员有六个，分别由杨和、李雪飞负责家长签到，马立民和王开怀负责为家长引座，王小诚与另外一个同学负责茶水工作。其他还有家长陪同工作、家长参观工作等。

由学生主持的家长会如期召开了。会议开始时，先由班长刘艳向家长汇报，介绍上一学期的学校要求、本班的情况，着重讲同学们中间涌现的好人好事，接着讲同学们中仍存在的不良倾向，最后提出今后的打算、措施及对家长的希望与要求。小家伙讲得头头是道，家长们很欣赏。然后，根据他们事先的规划，安排两个学生代表讲话，请了四位家长代表介绍了家教经验，然后分发了调查表，征求家长对学校工作的意见和建议。最后一个程序是欣赏学生自编自演的反映学生生活学习的文艺节目。我暗中调查了一下，基本上每个学生都参加了家长会，人人都有事可做。家长会还没有结束，就有家长对我说，这样的家长会好，他们愿意参加。会后，我安排了个别家长的谈话，是预约有事交谈和必须沟通情况的家长，整个家长会共用了 2 小时 12 分钟，效果出奇地好。看来，家长会也要让学生从后台走出来，才能够更好地发挥他们的作用。

（资料来源：郑学志，2005. 班主任工作招招鲜［M］. 长沙：湖南师范大学出版社：9-10.）

（5）做好家长会的记录

家长会是班主任的工作的一项重要内容，应做好记录，主要记录内容包括两方面：一是家长反映的情况和提出的意见，以便进一步有针对性地开展工作；二是可用作分析与反思的材料，以进一步改进家长指导工作，包括开会的时间、地点、主题、家长到会情况、会议议程及会议的主要内容等。

4. 家长沙龙

家长沙龙是以家长为主体，以学生学习成长为中心，以教师及专家学者为咨询指导的，旨在提高家长教育素养、提升教育理念、转变传统教育观念，实现以家庭教育为突破口的家校通力合作，最终形成教育合力，以提高家庭教育和学校教育的效率，促进儿童的健康发展为目的的合作形式。家长沙龙为家长们在家庭教育中遇到的问题答疑解惑，也为学校提高家教理论水平、探索家庭教育方法、密切家校配合提供丰富实例。

在开展家长沙龙活动时班主任要注意以下几点。

第一，正确引导，明确目标。家长沙龙活动首先要向家长传授家教理论，引导家长正确认识不同年龄层的孩子在生理、心理方面的特点和成长规律，帮助家长充分理解全面关心孩子成长的重要性，从而积极配合学校推进素质教育和创新教育。

第二，针对问题，开展讨论。家长沙龙要针对家长在家庭教育中存在的问题进行剖析，给予理论的指导，使家长既能解决具体问题，又能明白问题的根源，不仅能掌握解决家庭教育的方法，还能提高家庭教育的理论水平。常见的问题如下：有的家长对孩子期望值过高，给孩子造成过重的心理压力；有的家长脾气暴躁，教育方法简单，经常打骂孩子，造成孩子逆反心理；有的家长溺爱子女，对子女百依百顺；有的家长只管孩子的学习，不管孩子的思想品行和心理健康等。可以专题的形式给家长做诸如"家教的艺术与家长修养"这样的讲座，分析比较家长采用的不同的教育方法，产生的不同结果。例如，有的家长平时很少与孩子交流，对孩子存在的不良习惯，犯的错误，做的错事，没有深入了解原因、认真分析孩子的思想动态，而是不问青红皂白地打骂孩子。有些孩子受了委屈，家长也不知道，长此以往孩子就会产生逆反心理，形成暴力的性格。因此，在开展家长沙龙活动时，班主任要帮助家长学习正确的家庭教育理论，调整对孩子期望的心态，以平等的身份、科学的方法与孩子相处，用自己的言行品格魅力影响、教育孩子。

第三，形式多样，提高兴趣。家长沙龙活动的方式多种多样，如知识竞赛、游戏互动、学生展示与家长启示、情景再现、现场辩论、亲身体验等，只要是家长喜欢的都可以，它是家长获得教育知识与能力、帮助家长树立教育好孩子的信心、获得教育经验的一个平台，在这个过程中，它能改变家长、改变教师、改变学生受教育的过程。

5. 家访

沟通是架起友谊的桥梁。家访即是一种沟通，是孩子、家长、教师三者之间面对面的一次坦诚的交流，是架起孩子和教师、家长和教师、孩子和家长心灵和谐的桥梁。家访是班级管理者与家长进行交流的重要方式，班主任通常通过家访与个别学生家庭进行交流，以协调班级与家庭教育的力量。要成功地进行班级管理，班主任必须坚持家访。

家访的特点在于，家访是班主任面对单一的家庭进行教育协调。家访的优点是，可以深入地掌握每一个学生家庭的教育情况，班主任与家长的交流是个别化的、更有针对性的。

班主任在家访时应注意如下事项。第一，明确家访目的。家访的根本目的是班主任与家长交流信息，了解学生的情况，为学生谋求更好的发展。班主任忌把家访当成告状。第二，分析家访对象，做到家访的针对性。第三，家访要面向全体学生，家访对每一个学生都是必要的。第四，家访要有计划性，班主任要把家访纳入班级管理计划。第五，家访要提前告知。班主任对学生进行家访前，应提前告知学生，并与该学生家长取得联系，约定时间，以保证家访能顺利进行。第六，家访前应预先拟好家访内容。家访时与学生家长谈什么要事先确定，以免与家长见面时不知如何谈起。第七，家访应守时守信，以免耽误家长时间。第八，做好家访记录。家访的一般目的是掌握学生在家庭中的生活情况，因此把家访所了解的情况以文字记录下来是必须的。家访记录应根据一定的格式保证信息的完整性。

随着信息化时代的到来和媒体信息技术的发展，人们的交流方式也发生了很大的改变，出现了家访的变式——电话家访和网络家访。家访不再只是班主任登门拜访，更多的是采用电话、网络沟通等方式，使家访变得快捷，提高了家访的效率。

6. 家长开放日

近几年，在一些学校实行家长开放日，邀请家长前来学校参加各种活动，使家长们通过听课、观察学生活动、与教师同学交流等方式了解、熟悉孩子的教育环境及老师和同学们。听课，是家长开放日的主要内容。家长参与教学对师生都是很好的促进。首先，它把教学活动放在公开的监督之下，有利于教学质量的提高。其次，有利于家长了解学生在学校的学习状况。例如，有一位家长在小组教学时听自己的孩子代表小组发言而且很有深度，高兴得不得了，课后他对教师说："孩子在家里很少讲话，真想不到他的口才这么好，谢谢你们的班集体，谢谢你们的课堂教学改革。"并且表示今后要更多地配合学校，教好孩子。最后，有利于家长了解孩子所生活的班集体的状况及孩子与同学之间的差异，使教育更具针对性。

　　总之，班主任与家长的沟通协调方式很多，在实际工作中，班主任需要结合班级管理的需要，灵活地采用，并且不拘一格，敢于尝试新的方法。

资料链接

携手撑起和谐蓝天，家校共筑教育辉煌

——追梦四班"家校合作，聆听花开"

一、缘起：聆听花开的声音

　　家庭、学校是孩子成长的两个重要"摇篮"，家庭教育是教育的基础细胞，一所名校的成长史一定是家校共育的合作史。学校从创建走向发展，学生从懵懂走向成熟，不仅要有一批高素质的教师队伍，而且有赖于一支既有工作热情，又有一定家教理论功底和实践经验的家长队伍。学校、家庭、社会形成整体的育人网络，发挥家庭教育和家长学校的特殊作用，实现优势互补，形成教育合力，为学生、教师、学校提供更广阔的发展平台。

二、策略：百花齐放春满园

（一）家长进课堂

　　为了进一步加强学校与家庭、教师与家长之间的密切联系，增进每一位家长对学校工作的了解，感受孩子在校的学习氛围，真正达到家校携手共同培养孩子的目标，我班邀请部分家长以"班主任助理"的身份，在自习课时间走进教室，教室里精心准备了"家长如何教育好孩子"方面的书籍，让家长走进教室与孩子共同学习。本次活动得到了学生家长的大力支持和广泛参与。通过本次活动，家长们了解了孩子的学习和在校表现情况，也学到了一些家庭教育的方法，拉近了学校与家长之间的距离，融洽了教师与家长的关系，对学校的科学发展和孩子的健康成长起到了积极的促进作用。

（二）成立家长委员会

　　为了促进班级与家庭教育整体水平的提高，现制定家长委员会职责如下。

　　1）关心学校教育事业发展，支持班级教育教学工作。

　　2）每月召开一次家长委员会会议，听取班主任班级每月的工作总结，积极参与班级管理，为班集体的建设出谋划策。

　　3）组织家长对班级工作进行监督，初步设定用书面民意测验的方法广泛收集学生家长意见，并通过健康有效的渠道提出合理化建议。

　　4）协助班级做好个别对班级工作有误会的学生家长的疏导工作。挖掘和利用家长资源，促进学校与社区、家庭建立更加密切的联系。

5）收集家庭教育方面的成功经验和案例，进行交流，做好家庭教育工作，在全体家长当中起到表率作用。

6）积极参加班级、学校及教育系统组织的各项活动（亲子活动、教育教学活动、家校开放日活动、综合实践活动，每学期至少一至两次），关注孩子的校园活动。

7）平时主动关心学校及班级的教育教学工作，及时提出学校及班主任工作中存在的问题，共同商定整改措施，不断完善班级各方面的管理工作。能采取多种形式，及时了解家长们对学校工作和班级工作的意见或建议，及时向班主任沟通与反馈。

（三）搭建高效新颖的互联平台

教师与家长之间的沟通成功与否，对学校与家庭教育"工作战线"的统一起着不可忽视的作用。

1. 新生家访

开学后，我根据学生提供的家庭信息，开展了"爱心家访"活动。因为我们学校地处农村，所以我只能利用晚上的时间去家访。家长们不顾一天的疲劳，热情接待，让我很受感动。"爱心家访"在老师和家长、学校和社会之间架起了一道五彩缤纷的心灵彩虹。一家家真心实意的热情接待，一番番和风细雨的情感交流，一场场深入人心的亲密接触，拉近了学校与社会、家庭的关系，增进了老师与家长、学生的感情，促进了家庭教育与学校教育的互动。

2. 三位一体式家访

三位一体式家访是指教师、家长、同学三者都参与的家访，家访形式为电话家访、直接去学生家中家访、家长来学校；家访时要记录学生平时及周末在家看电视、玩电脑、玩手机的时间，以及平时和周末在家学习的时间和在家的表现，如干家务、尊重老人、业余爱好等方面。

3. 书面联系

我班还精心制作了"家校联系册"，使它成为教师与家长日常沟通的有效载体。"家校联系册"的使用以班主任为核心，将每周学生在校的学习内容、双休日的家庭作业、孝心作业、温馨提醒、书香诵读等情况详细地记录下来，每周五放学前反馈给学生家长，从而使家长全面了解孩子的闪光点、点滴进步、存在问题及学校对家庭配合教育方面的具体要求。

此外，在"家校联系册"里我还特别设置了"父母的话"一栏，主要是请家长填写学生在家的学习习惯、生活习惯、自理能力等方面的情况及家长的要求和建议。"孝心作业"更是我们"家校联系册"的亮点，这是一项实践性很强的爱心作业，又是一种润物细无声的爱心教育，一种潜移默化的自我道德实践教育。"家校联系册"的有效使用，使老师、学生和家长间架起一座心灵沟通的桥梁，也为促进学生全面发展、健康成长奠定了良好的基础。

4. 微信在线——资源共享

我班大多数的家长使用智能手机，为使教师与家长开展及时有效的双向互动交流，从而进一步推动家校共育的实施，我组建了微信群。微信这一互联平台是学校教师与家长联系的主阵地，它具有开放、共享、互动的功能，从而使家长能在网上与自己孩子的任课老师展开双向便捷的交流。例如，班主任老师可以利用自习或者课下时间拍摄学生在校的视频，家长能及时关注到自己孩子的表现；家长和老师在群里可以及时交流，询问孩子的表现，老师也可以及时地把孩子的表现以图片或者视频的形式发送到家长的手机上。

5. 短信平台——沟通互补

"短信平台"是一个相对隐秘而又适时适度的交流空间，让家校联系得以深度延伸。由于具有相对隐秘这一特点，因此，当家校双方互相有困惑时，可以通过短信交流，避免了面对面的那种尴尬。

（四）家校联谊

教师、家长、学生相聚在一起，用表演的形式，共同营造和谐的气氛，增进感情。学校创设这一平台，使家长之间有更多机会交流孩子的情况、介绍各自先进的育儿经验，从而使我们的家庭教育更具魅力。

1. 家校联谊——活动篇

今年元旦我们举办了学生、家长、老师共同参加的元旦联欢会。学生们表演小品、家委会主任表演节目，师生、家长共联欢，家长与任课老师、学生与家长之间亲密交流，共同吃饺子。

2. 家校联谊——感恩篇

在"三八"妇女节、"母亲节"期间，学校启动孝敬父母"五个一"体验活动，让学生给父母过一次生日、给父母洗一次脚、帮父母做一项家务、和父母谈一次心、写一篇感恩家信、改正一个缺点或取得一项进步。在这些活动中，学校、家长、学生间促进了交流，增进了感情。

（五）亲子活动

1. 亲子共游

为了让孩子过一种幸福完整的教育生活，就不能杜绝学生和大自然亲密接触。在家委会的协调下，去年暑假我们班全体学生和部分家长代表共赴北戴河，目睹了毛主席笔下的北戴河的壮丽。

2. 亲子共读

学校全面推进经典诵读工程，倡导家长和孩子共读一本书，同写一篇心得体会，共创"书香家庭"。家庭内每周开展一次"家庭读书汇报会"活动，每个家庭成员集中汇报一周来的读书体会。班主任结合"书香班级"创建活动，每周一次组织学生开展"家庭成员读书交流活动"，并做好记录、评价；每月一次指导学生开展好"我和父母"共读书征文比赛。鼓励学生家庭开展"好书交换看"活动，换一本书，交一个朋友，不仅读到好书，还加深了同学家庭间的友谊。在书这种精神食粮的引领下，在各位家长的支持下，我班"亲子共读"活动取得了巨大成功，带动了一大批书香家庭，让家长们和孩子们都共同浸润在书香之中。

3. 亲子表彰

我为鼓励家长积极参与到家校共育中来，特设立了家校共育"金点子"奖，表彰那些家庭教育出色、关心班级发展，并为班级发展提出合理化建议的热心家长。这样，让家长在分享孩子学习成果的同时也能深深体验到家教成果的喜悦。

三、收获：拨开绿叶闻花香

家校共育的活动，在深化学校德育工作改革的同时，也丰富了学生的校园生活，丰富了自身的精神世界，使学生生活态度更乐观，生活方式更健康，生活信念更积极，生活情趣更高雅，促进了学生的健康成长和整体素质的提高，精神面貌积极向上，逐步形成良好的班风。通过家校共育的活动，我班各项工作的开展都非常顺利，学习成绩年年全镇第一名，年年都被评为学习优秀班集体、全镇缔造完美教室优秀班集体、校运动会冠军、校足球赛冠军。我撰写的"每月一事"获得市一等奖，我班武术运动员获得滨州市武术展演大会长拳金奖，以我班足球运动员为班底组建的校足球队参加了"市长杯"邀请赛和滨州青少年足球联赛，获得联赛第三名。虽然取得了一定的成绩，但我们深知家校共育活动任重道远。今后，我们会在摸索中不断前进，在前进中不断总结，面对新形势探讨家庭教育新思路、新方法，突出特色，注重实效。我们将继续探索家校合作的新机制，让孩子们的双翼更加丰满有力，展翅翱翔在未来的天空里。

（资料来源：宋金路. 携手撑起和谐蓝天，家校共筑教育辉煌［EB/OL］.（2017-03-22）［2020-10-27］. http://bbs.eduol.cn/thread-4064323-1-24.html.）

三、整合社会教育资源

（一）社会教育

社会教育主要是指学校和家庭环境以外的社区、文化团体和组织等对学生的影响。社会教育要通过以下途径和形式来影响学生的身心发展。

1. 社区对学生的影响

社区环境是指家庭所处的地区及邻里关系，它对学生的价值观念和生活习惯的养成有着直接影响。一方面，要鼓励和支持儿童和青少年走出家门，同更多的同龄人交往，参加群体的活动，因为只有在群体中生活才能使他们更快地认识自己、了解社会，并注意克服自己的不良行为；另一方面，也要帮助他们选择交往的伙伴。

2. 各种校外教育机构

各种校外教育机构主要是指少年宫、少年科技活动站、各种业余学校等。它们可以满足学生的更多不同的需要。这些机构在一定程度上弥补了学校教育的不足，它们在培养学生的不同兴趣爱好和特长方面发挥着重要的作用。

3. 报刊、广播、电影、电视、戏剧等大众传媒的影响

报刊、广播、电影等大众传媒具有灵活、生动形象、趣味性强等特点，因此深受学生的喜爱，对他们产生了巨大的吸引力和影响力。教师和家长在指导接受宣传教育时要注意培养他们的辨别能力和批判能力，使其能够自觉抵制不良影响。

（二）班主任整合社会教育资源途径

1. 依托社区教育委员会

《学习的革命》一书的作者珍妮特·沃斯和戈登·德莱顿认为，对于未来的学生而言，"整个社区教育应该是一种教育资源"，"如果没有社区参与其中，你不可能有一所优秀的

学校"。由此可见，开展社区教育已成为新时期班主任工作新的生长点。

社区教育委员会是在当地政府领导下，由学校、家庭、社会团体、企事业单位、部队等单位组成，旨在发挥社区教育导向作用，整合社区教育力量，创设有利于青少年成长的社会环境。社区教育委员会的任务很多，包括宣传教育方针政策，共商办好社区学校事宜，坚持社区、学校双向服务，共创"两个文明"等。虽然社区教育委员会的工作并非指向某个班级，但是班主任可以主动参与其中，并请他们参加班级的教育活动。例如，邀请社区教育委员会中的学生家长代表或社会团体的成员参加本班的某些教育活动，邀请专家、学者、先进工作者为学生做报告，或聘请他们为校外辅导员。

2. 建立校外教育基地

校外教育基地是学校对学生在校内实施一切教育手段、途径和渠道的延续和拓展，是帮助学生学知识、长技能的好场所。校外教育要与学校教育有效衔接，实现资源共享。

3. 采取走出去、请进来的方法与社会各界保持密切联系

社会各界是指有关工矿、企业和部队等单位。建立这种联系的目的主要有两点：一是请这些部门的优秀者来校做报告或者聘请他们为校外辅导员；二是组织学生到这些地方参观、访问和劳动。在我国，家庭、学校和社会的根本利益是一致的，为了使受教育者身心得以健康发展，学校应成为三方面互相联系与配合的最积极的倡导者和组织者，而家庭和社会应大力支持学校工作。

？ 思考与探究

1. 教育力量协调与管理的含义是什么？意义是什么？
2. 结合体验理解和阐述校内教育力量及如何对其进行整合和协调。
3. 结合实际谈谈如何进行家校合作。
4. 结合实际谈谈你熟悉的社区教育资源及其对学生的影响。

第十章　班级管理评价

学习目标
1. 理解班级管理评价的含义、意义。
2. 掌握班级管理评价的原则、内容。
3. 掌握班级管理评价实施的程序。

　　班级管理评价是班级管理不可或缺的一个环节，是对一定时间内的班级管理活动达成目标的情况进行判断，以有效开展后续班级管理活动。因此，班级管理评价不只是要判断班级管理的现状，更重要的是为改进班级管理提供依据。

第一节　班级管理评价的功能和原则

　　班级管理评价不同于学生评价。学生评价是对班级活动中的学生个体进行评价，而班级管理评价则是对整个班级管理工作进行评价。

一、班级管理评价的含义

　　班级管理是学校管理的基本组成部分，也是班主任工作的重要内容。一个成熟的班级，是实现了有效管理的组织，是一个具有高效能的组织，能有效地激发教师和学生的成就感，为教师和学生创造一个"自我实现"的学习和生活的平台，并与教师和学生一同成长。

　　班级工作的内容包括班级管理工作和班级教育工作，从对象看包括班级集体和学生个体。班级管理工作主要是在班主任的领导下协同班级任课教师和全体学生，通过各种方式进行的管理活动。班级教育教学工作主要由任课教师通过上课等活动来进行。在教育评价实践中，班级工作评价主要是学校对班级管理工作的评价，但是毋庸置疑，班级管理工作评价必须考查学生通过教育获得发展的信息和内容，二者是不能截然分开的。

　　由于班级是一个特殊的组织，学术界对班级的管理在性质和任务方面尚有不同的观点和看法。建构合理的班级工作评价体系，科学开展班级工作评价，有助于保障班级管理的效能，促进班级组织的有效运行。

　　评价的本质是作出价值判断，评价的目的是为改善和优化教育提供反馈信息。班级管理是教育活动的重要组成部分，班级管理评价是教育评价的一个方面，是教育评价的一种具体形式，是根据学校管理的规律和班级管理目标，应用一定的教育评价方法和手段收集班级工作的信息，对班级教育活动和教育结果进行价值判定的过程。例如，学校组织的先进班集体的评选就是一种班级工作评价。

班级管理评价的含义可以从以下几个方面来理解。

第一，班级管理评价的标准是班级管理目标。班级管理不是盲目地进行，而是有其特定的目标，这个目标就是通过有效的管理去实现班级教育目标。什么是班级教育目标？就是使学生在班级中获得全面发展，努力使班级成为拓展师生精神境界、提升生命质量的空间。

第二，班级管理评价的对象是班级教育活动的效果，也就是对于一个班级经过一段时间的管理活动所产生的效果进行价值判断。

第三，班级管理评价的过程是一个在事实判断基础上进行价值判断的过程。事实判断就是采用各种方法收集与班级管理目标实现程度相关的事实材料和依据，用以测定班级管理的效果；价值判断则是将评价中取得的事实和数据进行比较和分析，判定实现班级管理目标的程度，作出对班级管理的价值判断。

二、班级管理评价的功能

教育评价作为一种重要的管理手段，对提高管理效能、实现管理目的具有重要作用。班级工作评价是实现班级目标的不可缺少的手段，其作用主要表现在以下几个方面。

（一）诊断作用

班级管理评价的诊断功能是指班级管理评价对班级管理的成效、矛盾和问题作出判断的作用。班级管理评价的过程是：评价者利用观察、问卷、测验等手段，搜集被评价者的有关资料并进行系统的分析，根据评价标准作出价值判断，分析出或者诊断出班级教育活动中哪些部分或环节做得好，应加以保持和提高，哪些地方存在问题，需要寻找原因，再针对这些原因提出改进途径和措施。

（二）导向作用

班级管理评价的导向功能是指班级管理评价本身所具有的引导评价对象朝着理想目标前进的作用，这是由评价标准的方向性决定的。因为在班级管理评价中，对任何被评对象所做的价值判断，都是根据一定的评价目标、评价标准进行的。这些评价的目标、标准、指标及其权重，对被评价对象来说，起着"指挥棒"的作用，为被评者指明努力方向。被评价对象必须按目标努力才能达到合格的标准，否则就达不到合格标准，得不到好的评价。通过班级管理评价的导向作用，可以引导班级教育教学活动和管理朝正确方向发展，可以引导班级成员围绕班级建设、班级管理、班级教育目标提高自身素养，不断提高班级管理效能。

（三）鉴定作用

班级管理评价对班级管理达到目标的程度有提供证明的作用，即鉴定作用。班级管理评价活动可以衡量评价对象是否达到合格标准及区分其达到目标的优劣程度，并把结果作为对其进行确认或甄别的依据，以调整改进班级工作。评价者通过评价活动，根据被评价者达到目标的程度，可以进行有针对性的正确指导，以促进被评者确切地了解自己与评价目标的差距，从而明确努力方向。班级管理评价结论可以为管理上的奖罚提供有力的依据。

（四）监督作用

班级管理评价对班主任等班级管理者有检查、督促的作用。班级管理评价通过将评价对象与评价目标相比较，确定其是否达到目标，以及达到目标的程度，这体现了它的检查作用；通过评价找出评价对象与目标的差距，使其明确今后努力的方向和途径，督促评价对象朝评价目标前进。监督作用可以使班级工作不偏离方向。

（五）发展功能

班级管理评价的发展功能是当代教育评价最为关注的问题。它是指评价的根本目的是班级发展（教师与学生发展），其评价的目标、内容和方法及评价结果的处理等都是为促进班级的有效发展服务的。而且，实施评价的过程就是班级管理主体不断地认识自我、发展自我和完善自我的过程，强调班级管理评价的形成性作用。

（六）激励作用

班级管理评价的激励功能是指班级管理评价能够激发和维持评价对象的内在动力，调动被评价者的内部潜力，提高其工作的积极性和创造性的作用。评价通常要区分出水平高低、评定等级。由于评价结果往往直接影响评价对象的形象、荣誉和利益等，评价常能激发被评者的成就动机，使他们追求好的评价结果，激励他们全力以赴做好班级管理工作。在评价中，要在肯定成绩和优点的同时，诚恳地、富有建设性地指出评价对象存在的缺点与问题，激励他们进一步做好和完善有关的工作。只有公平、合理、客观、科学的评价，才能真正起到激励作用。

三、班级管理评价的原则

班级管理评价是教育评价的一个方面，其评价原则应遵循教育评价的原则，其中，素质教育评价原则对班级管理评价活动具有普遍的指导意义。

素质教育评价原则是指开展素质教育评价所必须遵循的法则或标准。构建素质教育评价体系必须从素质教育评价的客观需要和人们对素质教育评价的期望出发，建立起科学、合理的素质教育评价体系。建立素质教育评价体系要遵循以下五个基本原则。

（一）正确导向原则

教育评价具有反馈、鉴定、选拔、激励等多种功能，但是，它的最基本、最重要的功能是导向。因此，在构建素质教育评价体系时，必须坚持正确导向的原则。坚持正确导向的原则，关键是要制定合理的评价标准，科学地设计评价指标体系，恰当地确定权重。

教育评价标准的制定者，首先要树立现代正确的教育思想观念、正确的人才观和教育质量观，要把握党和国家教育方针的精神实质，明确素质教育的宗旨和重点，这样才能把党和国家关于素质教育的要求和宗旨贯穿在具体的教育教学实践中和教学评价工作中，确保教育评价的正确导向。

（二）科学合理原则

科学合理原则是指进行教育评价必须符合教育和教育评价的客观规律。坚持科学合理的原则，应当注意以下两个问题。

1. 必须建立科学合理的评价指标体系

制定评价指标体系，一是要注意评价指标的全面性、系统性，既要考虑到那些表面可见的因素，又要注意到某些不可见的潜在因素。二是要注意区别评价对象的不同情况，做到统一性与灵活性相结合。目前我国教育存在着地区发展不平衡的状况，各地、各校的教育资源、办学条件、师资水平、生源等情形迥然有别，如果评价指标体系千篇一律，评价标准完全一致，那么，就会挫伤条件较差的学校的办学积极性，达不到教育评价的目的。

2. 必须坚持定量评价与定性评价相结合

定性与定量评价相结合是搞好教育评价并使评价结论科学、客观、全面的一种重要方法。由于教育活动的参与者人数众多、空间广阔、时间较长、内容丰富，而且活动对象各自的条件、状况千差万别、情形复杂，因此，教育评价的指标体系不能过于强调量化，应当坚持定性和定量有机结合的原则。该用定量评价的就要进行定量评价，有些评价内容无法进行定量描述，就应用定性评价。如教师、学生的思想道德、人格品质、兴趣爱好、毅力意志、价值取向、性格特长，又如学校的德育工作、教师的创造性劳动、学生的创新精神等，这些是不易进行定量评价的，只能用定性评价的方法。

（三）多元标准原则

教育评价的标准是一定时期人们价值观念、价值取向的反映，是人们对教育价值、教育功能认识的结晶。与一定的教育模式相适应的教育评价标准是由一定的教育模式的价值取向所决定的。

应试教育的模式把教育的价值、功能定位在筛选功能上，与此相应的教育评价就是以学生掌握知识的多少、考分的高低来选拔学生，其标准是单一的；素质教育则是把教育的功能与价值定位在学生素质的发展提高的功能上，与此相适应的教育评价关注的重点是怎样有效地提高教育质量及如何提高每一个受教育者的素质，其功能与标准是多元性的。

尽管目前人们对素质教育评价标准有多种多样的看法，但有一点是共同的，即素质教育评价的标准必须是多元的。有学者从教育评价标准的两种分类角度，即评价标准内涵、确定评价尺度的方法与途径的角度，将多元标准做了归纳和分析。从教育评价标准内涵的角度划分，素质教育评价标准是素质标准、职责标准、效果标准三者相结合的标准体系。

从确定评价标准的方法与途径的角度来划分，素质教育评价标准包括相对标准、绝对标准、个体标准，也是三者结合的一个多元性的标准体系。总之，要使评价体系有利于素质教育质量的提高，有利于受教育者素质的全面发展，就必须坚持评价标准的多元性。

（四）简易可行原则

简易可行原则是指教育评价体系在保证正确导向、科学合理的前提下，做到既能对教育现象进行度量，又便于评价过程中的操作实施。坚持这一原则要注意以下四个问题。

1）评价指标体系应当在确保科学合理的前提下简明清晰，表述准确，指标多寡适当，难易适度。

2）从实际出发，不同情况，区别对待，避免不讲究实效，防止搞花架子、形式主义。

3）指标体系中的各项指标要有权重，权重的比例要科学合理。

4）有利于评价工作的操作实施，有利于评价对象的正常工作，有利于节省人力、财力。

（五）依法治教原则

依法治教，就是依据法律法规来管理教育，规范教育行为。通过教育评价依法管理教育，把教育评价纳入法治的轨道。为了加强教育法治建设，我国先后颁布了《中华人民共和国义务教育法》《中华人民共和国教育法》等一系列法律法规。这些法律法规的颁布，使我国的教育管理和教育评价工作逐步走上了依法治教的轨道，为教育事业的健康、持续发展提供了法律保证。

坚持法治性原则有利于教育管理部门和教育工作者依法治教，依法保证教师、学生的合法权益。因此，科学合理的教育评价体系应当包括对学校、教师、学生和教育行政部门在学法、知法、执法、守法方面的评价，并对其做出判断。

四、班级管理评价的类型

班级管理评价可以按不同标准进行分类。从评价目的与进行的时间来看，可分为诊断性评价、形成性评价和终结性评价；从评价方法来看，可分为定性评价与定量评价；从评价主体来看，可分为内部评价和外部评价。

（一）诊断性评价、形成性评价和终结性评价

诊断性评价是指在班级管理活动开始之前，对班级管理的现状及存在的问题、产生的原因所进行的价值判断，其主要目的是确定产生结果的原因，以便对症下药采取相应的改进措施。例如，在新的学期开始之前，为了了解班级管理与班级学生的状况而进行评价，以便明确班级发展的起点，确定适当的班级发展目标；或者在班级管理中发现班级发展存在的问题，为了寻找产生问题的原因而进行班级管理评价。

形成性评价是指在班级管理活动过程中所做的价值判断，以反馈调控和改进完善为主要目的。形成性评价侧重于班级管理工作的改进和不断完善，可以及时探寻影响班级发展和目标达成的原因，以便立刻采取措施加以补救。

终结性评价是指在班级管理活动结束时，对班级管理工作状况所做的价值判断，目

的是确定班级管理目标的达成程度。终结性评价侧重于确定已完成的班级管理效果，可以获得总结性的结论，为甄别优劣、鉴定分等提供依据。

诊断性评价、形成性评价和终结性评价是班级管理评价中常用的三种评价形式，有各自的适用条件，各有其特点与利弊。

（二）定性评价与定量评价

定性评价是采用非数量化的方法，对班级管理状况及其发展进行描述和分析，作出定性结论的价值判断。定性评价强调关注现场和专业判断，对评价对象的种种表现作出具有教育学、心理学意义的解释与推论。因此，定性评价主要依靠评价者的认识、经验和主观判断，没有确定的指标体系、实证的评价方法和可操作的评价方案，只能概括性地说明某个问题，在评价实践中常显示出主观随意性及某些片面性的缺点。同时，评价结论也易受评价者自身因素的影响，评价者水平越高，评价越公正，反之则越失实。但是，定性评价的特点是侧重于评价对象的质的方面。面对班级管理和教育过程中的许多复杂问题，只有进行定性评价才能抓住事物的本质，所以它对教育问题进行价值判断有其独到之处，能起到定量评价难以起到的作用。

定量评价是采用数量化的方法收集和处理数据资料，对班级管理状况及其发展作出定量结果的价值判断。定量评价的特点是侧重于评价对象的量的方面，其资料客观、可靠，统计分析科学、精确，具有较高的客观性和可靠性，可操作性强，能使一些含糊概念精确化，减少主观随意性。但是，班级管理和教育过程中难以量化的因素很多，定量评价的运用具有一定的局限性。

定性评价与定量评价是两种重要的教育评价形式。定性评价侧重质的方面，概括性强，意义明确；定量评价侧重量的方面，用数字说话，精确、明了。任何事物都同时具有质和量两个方面，班级管理也不例外，两种评价单独使用都有不足之处，在班级管理评价实践中应把定性评价与定量评价结合起来。

（三）内部评价和外部评价

内部评价是由参与班级管理的人员实施的评价，可分为由班级管理者（班主任）实施的自我评价和由学校相关人员实施的他人评价。班级管理者的自我评价就是依据班级目标对照一定的评价标准主动评价班级管理和发展状况。自我评价是班级管理者自我分析、自我提高的过程，有利于及时发现班级管理中的问题，不断提高班级管理水平。班级管理者对自己的工作情况比较熟悉，评价所需信息搜集较为全面，评价易于实施。不过，由于缺乏外部评价标准的参照，评价结果的客观性较差。

学校相关人员的他人评价相对比较客观，但由于班级管理中许多问题难以量化，评价者与被评价者存在关系亲疏与利益纠葛，评价结果的客观性就在很大程度上取决于评价者自身的素质。

外部评价是由班级所在学校之外的人员，包括教育行政和教育督导部门、社会有关机构及学生家长等实施的评价。教育行政和教育督导部门实施的评价是一种自上而下的评价，具有权威性，评价结果对学校和班级具有较强的约束力；学校聘请的校外专家实施的评价，具有较强的专业性，评价结果容易得到重视和采纳；家长和校外其他人士实施的评价，代表社会各阶层对学校和班级管理的看法，但由于难以获取全面的评价信息，评价结果往往失之偏颇。

（四）班级管理评价的新趋向：发展性班级评价

现代教育评价的目的与功能是多元的，在教育评价发展的不同时期，其选择是不同的。早期的教育评价多将测验、评价视为对学生进行鉴别、分等和检查、筛选的工具，通过评价选拔出适合教育的学生。现在的教育评价则视其为改进工作、推动教育发展、提高教育质量的手段，运用教育评价的目的是要创造一种适合学生的教育。在发展性教育评价的影响下，班级管理评价也走向发展性班级评价。

发展性班级评价是在班级发展的整个过程中进行的，以班级发展的基础为评价起点，以班级的发展为评价内容，内部评价与外部评价相结合，旨在促进班级不断发展的评价活动。简言之，就是基于班级的发展、为了班级的发展、关于班级的发展和在班级发展中进行的评价。

第一，发展性班级评价的起点是班级的发展基础。班级的发展不是凭空的，它总是在一定基础上的"增值"和"进步"，而每个班级的发展基础是不同的。发展性班级评价的目的就是要在可能的范围内使具有不同基础的班级都得到有效的发展，因此它必须对班级发展的基础进行充分调查、诊断和分析。在此基础上，再以班级自身的进步作为评价标准，即以一段时间内班级取得成绩与以前的成绩相比，对班级进行评价。正因为这一标准本身处于不断的变化之中，而且呈现出不断提高的倾向，才由此实现评价促进发展的目的。

第二，发展性班级评价的目的是班级的发展。发展性班级评价是一种面向未来的评价，其目的不在于鉴定和总结，而是着眼于班级的自主发展。发展性班级评价将班级视为一个发展中的教育主体，密切关注班级某一发展阶段的各种障碍和问题，明晰班级发展的积极条件和潜质，为班级发展提供有效的专业支持和服务，使班级评价真正成为班级管理和发展的一个有机组成部分。发展性班级评价也是外部评价者与班级内部评价者平等合作、公开对话、共同创造的过程；班级管理者要认识到外部评价对班级发展带来的机遇和意义，外部评价者对班级发展要充分关注、理解和尊重，本着为班级发展服务的原则开展评价。

第三，发展性班级评价的内容是关于班级的发展。班级的发展是多方面的，发展性班级评价主要考察班级在一定时期内，在学生发展、班级组织建设、班级活动、班级文化等方面班级自身的纵向自我比较，即在班级原有水平上的"进步度"或"增加值"，鼓励班级追求自己的发展目标、形成自己的班级特色、塑造自己的班级文化，最终形成班级自主发展、不断追求卓越的机制和能力。

第四，发展性班级评价是在班级发展中进行的评价。发展性班级评价是内在于班级发展过程中的一种动态的评价过程。它不是外在于班级的评价，而是在动态的班级发展过程中，将评价作为班级管理工作持续改进的过程。

第二节 班级管理评价的标准与内容

开展班级管理评价活动，首先要制定正确的评价标准。评价标准是在实施评价过程中进行价值判断的准则。标准正确与否，对于评价工作有极大影响。评价标准正确，才能起到导向、激励、推动和改进工作的作用；评价标准片面、不客观，就会起到相反的作用，挫伤被评价者的积极性。正确的评价标准来自全面而合理的评价依据。

一、班级管理评价标准的依据

按照发展性班级评价的要求，制定班级管理评价标准需要依据下列因素。

（一）教育目标

教育目标就是人们在进行教育活动之前，预先设想和确定的关于教育活动最终期望达成的结果。教育目标可分为宏观教育目标、中观教育目标和微观教育目标。

宏观教育目标就是国家教育的总目标，是抽象程度最高的教育目标，一般在宪法或教育基本法中用高度抽象、概括的语言加以规定。《中华人民共和国宪法》第四十六条规定，"国家培养青年、少年、儿童在品德、智力、体力等方面全面发展"。《中华人民共和国教育法》第五条规定，教育要"培养德、智、体、美等方面全面发展的社会主义建设者和接班人"。近年来，主要强调以培养学生的创新精神和实践能力为重点。

中观教育目标是各级各类学校的培养目标，是各级各类学校根据宏观教育目标，结合学校的性质、任务和学生的年龄特征而制定的，是宏观教育目标的初步分化。按照国家对义务教育的要求，小学和初中对儿童、少年实施全面的基础教育，使他们在德、智、体诸方面生动活泼地主动地得到发展，为提高全民族素质，培养社会主义现代化建设的各级各类人才奠定基础。小学阶段的教育目标是：初步具有爱祖国、爱人民、爱劳动、爱科学、爱社会主义的思想感情，初步养成关心他人、关心集体、认真负责、诚实、勤俭、勇敢、正直、合群、活泼向上等良好品德和个性品质，养成讲文明、讲礼貌、守纪律的行为习惯，初步具有自我管理以及分辨是非的能力；具有阅读、书写、表达、计算的基本知识和基本技能，了解一些生活、自然和社会常识，初步具有基本的观察、思维、动手操作和自学的能力，养成良好的学习习惯；初步养成锻炼身体和讲究卫生的习惯，具有健康的身体；具有较广泛的兴趣和健康的爱美的情趣；初步学会生活自理，会使用简单的劳动工具，养成爱劳动的习惯。

微观教育目标是指课程目标或具体教学目标，是中观教育目标进一步分化的结果，是为各种教育活动，包括班级管理活动设计的各种指导性的目标，具体、明确。其中，班级管理目标是制定班级管理评价标准的直接依据。所谓班级管理目标就是班级组织为实现班级教育活动目标，从本班实际出发确定的班级管理活动所要达到的一种理想状态。

（二）教育发展观与班级管理思想

制定怎样的班级管理评价标准，与评价者的教育发展观和管理观念有关。我国教育发展的指导思想正由工具主义的教育发展观向以人为本的教育发展观转变。

以人为本的发展价值观已经成为我国教育发展的价值导向。以人为本是以每一个人的自由的、全面的发展为本，这实际上就是人类社会发展最高层次的价值目标，也是教育发展和班级管理评价的终极目标。

在班级管理活动中，以人为出发点，以学生为出发点，就是一种以人为本的管理思想。这种管理思想与素质教育的要求也是一致的。素质教育就是重视人的全面发展、重视学生完整人格的养成及个性的充分发展的教育。从这个意义上说，正确的管理思想，应当是体现素质教育要求、以学生为本的管理思想。当然，以学生为本也不仅仅是一种口号，而是具体的、有现实意义的。

（三）班级管理经验

在班级管理实践中，班级管理者积累了丰富的班级管理经验。这些经验，有的上升为理论，成为班级管理的科学知识；有的还未上升为理论，但它又确实是由实践得来的知识或技能。这些知识或技能也是非常宝贵的，能作为制定班级管理评价标准的依据之一。在制定评价标准时，既要克服经验主义（即轻视理论，夸大感性经验的作用，把局部经验误认为普遍真理），又要反对不重视经验作用的倾向。而且，在评价过程中往往需要运用访谈或问卷调查等方法征询与班级管理评价活动相关的人员的各种实践经验。

（四）班级实际情况

班级管理评价要从班级所在地区、学校和班级自身的实际出发，因地制宜地制定班级管理评价标准。实施评价时，在考虑不同班级共性的同时，应根据不同类型和层次的班级的实际情况，制定不同的评价标准和评价指标，采用不同的评价形式，有针对性地开展班级管理评价。

二、班级管理评价的内容

班级管理评价的内容包括评价学生、评价班级、评价班主任工作。

（一）评价学生

评价学生主要是评价学生发展的现状，分析存在的问题和原因，为制定教育管理策略提供依据。评价学生个体，主要是评价学生的学习能力和成绩表现、学生思想行为表现、兴趣爱好的倾向和特长、与班级其他同学的人际关系、心理健康的水平、参与班级活动的态度、能力和行为表现、对班级其他学生的影响力、学生的自我期望及自我教育管理能力等。

（二）评价班级

评价班级可以从以下几个方面来把握。

1. 班级发展起点、发展现状及发展潜力的评价

对班级发展起点、发展现状及发展潜力的评价包括班级学生对班级的自我评价，班

级的原班主任及任课教师、其他团队辅导员等对班级的评价，对班级的各种资料分析。该评价为制定班级发展的规划及策划班级教育管理活动提供依据。

2. 班级发展目标的评价

对班级发展目标的评价主要是从班级目标的全面性、针对性及可行性来衡量。

3. 班级组织结构的评价

班级组织结构的评价主要包括评价班级管理组织结构是否具有合理性、是否能够发挥学生的主体性、是否有助于形成班级和谐的人际关系、是否让每个学生都有锻炼的机会。

4. 班级规范及舆论环境的评价

班级规范及舆论环境的评价包括评价班级是否有健全的、对学生的言行能够发挥作用的规范，学生对班级规范的认同程度和接受程度，班级的舆论环境是否有利于学生形成遵纪守法的品德和行为习惯。

5. 班级人际关系及心理氛围的评价

班级人际关系及心理氛围的评价主要包括评价班级的师生关系和生生关系的和睦程度，学生对班级发展是否关心，是否有民主、宽松、包容的心理环境。

6. 班风和班级传统的评价

通过对班级的班风和传统的评价，可以判断一个班级的发展水平和特点。

（三）评价班主任工作

评价班主任工作是对班主任工作及其成效的评价。从学校管理的角度，以及班主任自我管理和发展的角度看，评价班主任工作主要包括以下几个方面：实施全面育人的方针，实现学校培养目标的情况；开展班级教育管理活动，促进班集体发展和学生成长的情况；协调各方关系、构建合力系统的情况。

第三节 班级管理评价的实施

班级管理评价的实施包括班级管理评价的策略和实施的程序。选择合适的评价策略，遵循班级管理评价的实施程序，可以有效保证评价实施的进度，限制评价者主观随意性的自由度，减少评价失误。

一、班级教育管理评价的策略

（一）定量评价与定性评价结合

定量评价和定性评价两种评价方法各有自己的特点和适应范围，班级教育管理评价应该注意将二者结合起来，这样有助于比较全面真实地反映班级和学生的发展状况，为教育管理者科学决策提供可靠的依据。

（二）诊断性评价、形成性评价与终结性评价结合

诊断性评价、形成性评价与终结性评价的目的和功能各不相同，在班级教育管理中

应该注意将其结合起来。在班级教育管理实践中应该避免只重视终结性评价、忽视诊断性评价和形成性评价的倾向，使班级教育管理评价的各种功能更好地发挥，真正实现通过评价促进发展的目的。

（三）自评、他评和互评结合

班级教育管理评价的主体包括班主任、科任教师、学生及家长等。将各方面的评价有机结合，一是可以从多方面收集信息，有助于对班级和学生的全面、客观的评价；二是可以帮助评价对象从他人的评价中发现自身的问题，提高自我认识的水平，明确发展的方向；三是可以通过他评、互评等活动学会欣赏他人的优点，借鉴他人的经验，促进自身的发展。所以，将三者有机结合，对班级及学生的发展都具有积极的意义。

二、班级管理评价实施的程序

班级管理评价的实施过程是一个由多阶段、多环节组成的连续的动态过程，也是有计划、按步骤进行的一系列活动。规范化的班级管理评价活动在程序上是大致相同的，即都要经历三个相互关联又相互区别的阶段：准备、实施和总结。

（一）准备阶段

做好评价准备是班级管理评价的前提与基础。班级管理评价准备是指在评价实施前进行的组织准备、方案准备和舆论准备。

1. 组织准备

班级管理评价的组织准备是指成立专门的评价工作领导小组，小组成员既要有代表性，又要有较高的素质，既具有一定的评价理论知识和能力，又有一定的班级管理经验和比较丰富的教育教学经验，公平公正。评价领导小组负责制订和审核评价工作计划，建立评价工作的规章制度和对评价人员的考核奖惩条例等，并对评价人员进行业务和规则培训。

2. 方案准备

班级管理评价方案准备是指在评价前，评价者对整个评价过程进行全面规划和对主要工作进行合理安排，主要解决为什么评、由谁来评、评什么、怎样评的问题。评价方案包括以下几个方面。

（1）确定评价对象和评价目标

确定评价对象和评价目标即解决为什么评价和评价什么的问题。为什么评价取决于评价的目的，评价什么依据的是学校教育目标及其分解的评价指标。

（2）设计评价指标体系

设计评价指标体系即选择评价方法，解决怎么评价的问题。评价指标体系既要具体化，又要防止过于烦琐，不便操作；评价方法既要有针对性，又要综合运用。

（3）安排评价进度

评价方案应由起草小组制订，并经过论证，征询群众意见，特别是要征求评价对象的意见。

3. 舆论准备

班级管理评价的舆论准备是指在评价实施前，对被评价者进行广泛、深入的宣传动员，调动被评价者的参评积极性，赢得被评价者对评价工作的理解、支持和配合。

（二）实施阶段

班级管理评价的实施阶段，主要是评价人员根据评价指标和评定标准，去收集、整理和分析反映被评价者达标状况的信息资料，进而作出定性或定量的评价结论。实施阶段是整个评价过程的中心环节，包括以下几个环节。

1. 收集评价信息

收集评价信息是一项基础性的工作，班级管理评价者要根据评价指标体系，确定评价信息收集的范围，选择信息收集的途径，运用多种手段和方法，全面、客观、真实地收集评价信息，为科学评价奠定基础。收集评价信息应注意评价信息的全面性、准确性、真实性。另外，收集的评价信息不仅要有一定的数量，而且要有一定的次数积累，以保证做出正确的评价。

2. 整理评价信息

整理评价信息就是对收集的信息进行检查、分类、汇编或统计。检查就是对所收集的评价信息的真实性、准确性和完整性进行考察和分析，以确保资料的可靠性和有效性。分类就是根据评价信息的性质、内容或特征，将相同或相近的资料归为一类，将相异的资料区分开来的过程。汇编是对分类后的定性资料进行汇总和编辑。统计是对量化的原始数据资料，按评价标准的要求进行统计或标准化处理。

3. 测量评价指标

测量评价指标是指以评价指标为根据，以评价指标的评定标准为基点，把经审核、归类的评价信息与每项评价指标的评定标准进行比较，对评价对象的每项评价指标达到评定标准的程度进行判断（赋值）的过程。测量评价信息的方式主要有以下几种。

（1）数量化测量形式

数量化测量形式是指将评价对象的评价指标、达到评定标准的程度用数量形式表示。例如，在班级管理评价中，涉及学生科学文化素质这项评价指标的测量，就可以采用数量化的形式。完全达到评定标准的，在 85 至 100 分之间赋值；达到评定标准但稍有欠缺的，在 75 至 84 分之间赋值；基本达到评定标准的，在 60 至 74 分之间赋值；达不到评定标准的，在 0 至 59 分之间赋值。

（2）描述性测量形式

描述性测量形式是指用文字或语言对评价对象达到评定标准的程度作出描述。例如，在班级管理评价中，涉及学生思想道德素质这项评价指标的测量，如果不能采用数量化的形式，就可以采用描述性形式。完全达到评定标准的，评定为优秀；达到评定标准但稍有欠缺的，评定为良好；基本达到评定标准的，评定为及格；达不到评定标准的，评定为不及格。

（3）综合性测量形式

综合性测量形式是指综合利用数量化测量形式和描述性测量形式，对评价对象达到某项评价指标的评定标准的程度作出测量的形式。例如，在班级管理评价中，对学生素质进行综合评价，科学文化素质可以用数量化测量形式，思想道德素质可以用描述性测量形式。

4. 整合评价结果

整合评价结果是指经过测量评定取得各项评价指标的评价结果。如果要取得反映评价对象整体状况的评价结果，就需要将各项评价指标的评价结果加以整合。整合评价结果常用的方法是等级整合法和分数整合法。

（1）等级整合法

等级整合法可分为直接整合法和等级量化整合法。直接整合法是直接用等级进行整合。等级量化整合法是先按一定法则对等级赋值，将等级转换为数量形式，再将各等级的分数相加，最后将分数转换为等级。

（2）分数整合法

常用的分数整合法是加权求和，即将各评价指标的数量化形式的评价结果乘以相应评价指标的权重，相加求和。用加权求和法整合评价结果，如果遇有评价指标的测量结果为描述性形式，则要先将描述性形式转换为分数，然后按数量化形式的评价结果加权求和。

（三）总结阶段

班级管理评价的总结阶段是评价后，处理评价结果、反馈评价信息、撰写评价报告、总结评价活动经验教训的过程。总结阶段的主要工作有以下三个方面。

1. 撰写班级管理评价报告

班级管理评价报告是整个评价活动的结晶，也是评价者能力与水平的重要体现。评价报告要使用班级管理者能看懂的语言和图表。报告的内容要明确，不仅指出成绩，更要反映问题，特别要指出问题的原因及改善措施。

一份规范而完整的班级管理评价报告的基本结构包括以下几个部分。

（1）标题页

标题页包括班级管理评价报告的题目、提交日期、提交对象、提交人。其中，评价报告的题目设计应当尽可能醒目、生动，具有鲜明的针对性和视觉冲击力。报告题目既可直接陈述评价对象或问题，使评价的主要内容一目了然，也可以使用某种结论式的语言或判断句作为标题。

（2）评价报告摘要

评价报告摘要是整个评价报告的提要，其内容一般包括班级管理评价的主要程序、简要的结论和分析得出的建议。评价报告摘要应简明扼要，能反映报告的主要观点。

（3）引言

引言是评价报告的开头部分，使用简短的语言，描述班级管理评价的大致背景和轮廓，主要包括以下三个方面：第一，阐述所要评价的对象是什么，有时还需要简要、完整地描述评价对象的主要特征，目的是使阅读者清晰地了解该评价对象的基本情况；第二，说明评价该对象的价值或意义；第三，介绍为收集和分析资料所采用的技术方法和程序，也要对使用的评价方法的局限性加以说明。

（4）评价结果

评价结果是评价报告的主要部分，将研究的分析结果逻辑清晰地予以阐述，对一些相关的图表要精心安排，以给阅读者一个明确的导引。

（5）结论和建议

结论和建议即在评价结果的基础上，简要概括评价中的主要发现，并提出相应的建议。结果或发现不应再包括新内容，建议应与所依据的事实相联系，使阅读者明确建议是如何做出的。

（6）附录

附录包括详细的图表和统计分析、资料收集工具、分类编码的工具与形式、实地调查程序和其他一些必不可少的信息。任何破坏报告流畅的内容最好都放在附录里，作为报告正文的参考。

2. 反馈班级管理评价信息

由班级管理评价获得的信息一般需要向三个方面反馈。第一，向有关学校管理部门和教育行政部门反馈，为班级管理政策的制定和改进提供依据。当然，由评价获得的信息是学校决策的一个重要依据，但它并不是决策的唯一依据。学校管理者的决策需要考虑众多的因素，评价结果只是其中的一个因素。第二，向班级管理的有关利益群体，主要是班级管理者和学生进行反馈，使他们了解班级管理评价的相关信息，以更好地改进班级管理工作。第三，在有些情况下，还需要在一定范围内（如公告栏、校园网）公布班级管理评价的结果，接受社会公众和同行的评议，使同行能相互借鉴、相互督促和相互鞭策。

3. 总结班级管理评价工作

评价工作结束以后，要根据评价结果和评价过程中遇到的问题，评估本次评价活动的质量。如果评价活动本身质量不高的话，评价结果的准确性就难以保证。对评价活动本身质量的估计可以发现评价中存在的问题，为评价方案的改进提供科学依据，不断积累经验，提高班级管理评价的科学化水平。

班级管理的评价需要注意发挥评价的引导和促进作用，要注重评价内容的多元性、评价方法的多样化、评价的层次性，除学业成绩、纪律遵守情况等以外，还要尊重学生的个性特点，用积极的眼光，发掘学生的闪光点，全方位、多角度地进行评价，使学生和教师体会到成就感，获得成长和发展。班级管理涉及内容众多，管理细节处理更是千差万别，只有建立完善的评价体系，给出具体的评价指标，才能为班级管理带来最客观的评判。管理达成深度测评需要运用科学的操作方法，合理选取评价因素，确保评价的公正性、公平性，促进班级管理品质的不断升级。

🔗 **资料链接**

基于"互联网＋"的班级自主管理量化评价

1. 把班级自主管理量化评价与互联网结合起来

让学生养成良好的行为习惯，纠正不良的习气，激发学生自身的潜力，使其身心健康地成长，要求我们教师与时俱进，改变原来的班级管理模式。去年，我们在本班开始实行学生自主管理操行量化评价。通过一学期的实验，学生行为习惯的自我约束和自我管理的能力有所提高。但是，在实验的过程中，积分的计算、奖励及统计很费时费力，而且评价信息反馈也非常不及时。

互联网给我们的生活带来了很多方便，那我们何不把班级自主管理量化评价与互联网结合起来呢？于是，我们大胆进行尝试：秉承"学生自主参与班级管理，人人有事做，事事有人做"的宗旨，我们让学生民主制定班级各种规章制度，并把各项制度进行量化，制作成二维码，把电子扫码器拿进教室，在学生进行班级管理时，用扫码器扫描加分或扣分二维码，记录学生的表现情况，并通过校园网上传数据，利用网络平台，把数据传到学校操行评价系统。家长、老师和学生可以随时查访，便于老师和家长及时了解学生情况并对症下药。学校领导和上级部门也可以登录平台，及时地了解学生的在校表现。经过一年的实践操作，我们取得了一定的效果。

2. 具体操作步骤

为了更好地实施基于"互联网+"的小学中高年级学生班级自主管理量化评价体系，在班级管理中，我们的具体做法如下。

（1）制定操行评分细则，阅读并宣誓签字

我们和班上的学生、家委会的成员们群策群力，制定出适合我班学生的《班级管理操行评分细则》，并把它打印出来，每人一份，一起阅读并宣誓签字。

（2）把评分细则制作成二维码

把《班级管理操行评分细则》中的加分和扣分条款制作成二维码，在学生进行班级管理时，用扫码器扫描加分、扣分二维码，利用网络平台，把数据传到学校操行评价系统，家长和老师及学校领导登录平台，就可以及时地了解学生的在校表现。

（3）人人参与班级管理，人人有事做

为了便于操作，首先在班上选出两名班长和两名班长助理，选举方式是自愿报名参加竞选。其他的学生也要参与到班级管理中来，学生根据自己的特长和能力，根据班级管理的需求，自由选择班级管理岗位。每个学生可以申报一个或两个岗位，老师做适当调整，分成几个部门，如学习部、安全部、生活部、宣传部、体育锻炼部、卫生部等，每个部门选一个学生当部长。学生的岗位定下来后，我们就用一张表，把每个学生的岗位职责打印下来，贴在教室里。部长与本部成员一起商量怎样管理好自己的部门，怎样能更好地为大家服务，怎样能把班级工作做得有条不紊。如果哪个部门这段时间有点松懈，我们就会通知部长，召集本部成员开会，商量对策。在操作评分细则时，每个部门就负责自己部门的同学的操行表现，进行加减分。班长和班长助理轮流值周，监督统计各部门的评价情况。

（4）每周制定一个小目标

每周一我班宣传委员都会督促每个学生制定本周的目标，张贴在墙报"我的愿望"一栏，这样做，不仅能够让学生坚持不懈地实现自己的小目标变得更加容易，而且可以使学生不断地进步。每周五班务总结时，老师和同学共同评价该生是否达到目标，如果达到，则在本周操行积分中加 5 分。如果达标就进步一小步，一学期下来就可以达到好几个小目标，也就是进步一大步。

（5）选一个旗鼓相当的竞争对手

为了调动学生的学习兴趣，激发学生的潜力，我们在班上大胆引入竞争机制。我们提议每个学生选一个与自己各方面表现旗鼓相当的同学作为竞争对手。同学们积极响应，都选出了自己的竞争对手，大多数学生选得很不错，对个别选的竞争对手悬殊太大的，我们征求学生的意见后，给他们做了适当调整。确定好竞争对手后，我们制作了一张表格，把竞争对手打印出来，如果本周谁的操行积分高，就在表上谁的名字下面画一面小红旗。如果一个学生老是落后，我们就会找他谈话，帮他分析原因，争取反超。期末获得红旗多的学生就会被评为"上进星"。

（6）在互相评价中提高班级管理水平

为了提高管理班级的水平，每周五我们都会请学生自评和互评本周的工作做得如何，教师也适时地进行评价指导，在评价中学生的责任心越来越强，管理水平也越来越高。

（7）运用好操行积分，激励学生不断进步

我们班的制度从纪律、学习、锻炼、卫生、安全等各个方面对学生进行加分、扣分的量化评价。每天我们都把班级操行积分前 30 名的孩子名单发在班级微信群里进行表扬，大大地激发了学生学习的热情。如果有的学生本周积分太低，我们就会告知家长，请学生周末把《班级操行评分细则》读一读，反思自己本周为什么积分低，下周如何改进，并写下来，交给我们。班上的每个学生还有一个操行存折，学生把每周的积分登在存折上，达到一定的分数，就可以参加自己心仪礼物的拍卖，拍成多少分，就在存折上支取多少分，心仪的礼物都是学生自己填写，家长委员会统一购买的。

（8）运用各种奖励机制，充分调动学生积极性

每个人都喜欢得到别人的肯定与表扬，特别是小学生，利用他们的这一心理特征，我们在班上设立了许多奖项，如每学期开学后的假日之星、写作星、制作星，每周评选出各个方面都表现得好的优秀个人、小明星，每月评选阅读小明星等，期末我们还会评选三好学生、创三好、上进星、优秀班干部、书写星、写作星、语文优秀生、数学优秀生等。

（9）建立帮扶小组

在一个班里，由于个体能力、素质的差异，总有那么几个学习行为习惯差、对学习不上心、学习吃力的学困生，那怎样让这些学困生进步呢？我们让这些学困生自己选择自己的小老师，但是有一个要求，就是他们选择的这位小老师必须是班上的学优生，并且他们还得服从小老师的管教。选择完毕后，我把被选为小老师的同学叫出来开会，让他们确认了自己给谁当责任小老师，希望他们做好哪些方面的工作。经过一段时间的辅导，如果被辅导的同学进步了，要加操行分，辅导的小老师要双倍加分。

（10）召开各种形式的会

学生进入小学中高年级后，想法也多了，因此，除了经常找个别学生谈心外，分不同的形式召开学生会，对学生进行思想教育也是不错的选择。召开男生会，告诉男生要做个顶天立地的男子汉；召开女生会，对她们进行青春期性教育。召开学优生会，希望他们更优秀；召开学困生会，鼓励他们端正学习态度，教给他们正确的学习方法。

（11）通过调查表了解学生学习情况、家庭情况等

为了了解学生的学习情况、家庭情况，我们专门制作了"学生学习情况调查表""学生家庭情况调查表"，通过调查表，更好地了解学生学习中存在的问题，以及对家长、老师的不理解等，有的放矢地对学生进行辅导和教育。

3. 实践成效

自从我们在班上实行基于"互联网+"的小学中高年级学生班级自主管理量化评价后，带来了以下益处。

一是减轻了教师的负担，也更好地培养了学生的能力，让每个学生都得到了锻炼。

二是家长可随时登录校园网，了解学生的在校表现情况，还可以根据评价数据，有的放矢地对学生进行教育和帮助。

三是教师也可以通过查看校园网里的评价系统，及时进行监控，了解班委干部的管理情况和学生的表现情况，及时地调整自己的班级管理。

四是对每个学生的操行评价结果，我们都设计了一个"雷达图"，可以通过"雷达图"非常直观地了解学生发展是否均衡，哪些方面表现特别突出，哪些方面需要加强。

五是长此以往，教师坚持这种评价，就会在网络评价平台形成一个大的数据信息库，便于教师、学校领导及上级有关部门更好地掌握学生学习行为习惯方面的情况。

（资料来源：钟晓，曹虹，张莉，2018. 基于互联网+的班级自主管理量化评价 [J]. 教育科学论坛（6）：68-70.）

思考与探究

1. 什么是班级管理评价？班级管理评价的功能有哪些？
2. 班级管理评价有哪些类型？
3. 发展性班级评价的特点是什么？
4. 班级管理评价的内容有哪些？
5. 简述班级管理评价实施的程序。
6. 结合所学知识，对自己了解的小学某班的班级管理进行评价。

主要参考文献

彼得·圣吉，1998. 第五项修炼——学习型组织的艺术与实务 [M]. 郭进隆，译. 上海：上海三联书店.

曹长德，2019. 当代班级管理引论 [M]. 2 版. 合肥：中国科学技术大学出版社.

陈桂生，2000. 教育原理 [M]. 2 版. 上海：华东师范大学出版社.

陈向明，2003. 实践性知识：教师专业发展的知识基础 [J]. 北京大学教育评论（1）：104-112.

谌启标，王晞，等，2007. 班级管理与班主任工作 [M]. 福州：福建教育出版社.

程晋宽，2016. 班级管理理论与实务 [M]. 北京：高等教育出版社.

戴维·迈尔斯，2006. 社会心理学 [M]. 侯玉波，乐国安，张智勇，等译. 8 版. 北京：人民邮电出版社.

邓艳红，2016. 小学班级管理 [M]. 2 版. 上海：华东师范大学出版社.

邓艳红，邓丽红，2013. 论班规的意义与实施 [J]. 教学与管理（4）：25-27.

段作章，刘月芳，2014. 德育与班级管理 [M]. 南京：南京大学出版社.

付学成，吕炳君，2016. 班级管理的理论与实践 [M]. 北京：北京师范大学出版社.

郭娅玲，2015. 德育与班级管理 [M]. 长沙：湖南师范大学出版社.

洪明，2011. 少先队的组织属性及其变革——自组织-他组织框架下的再认识 [J]. 教育理论与实践，31（6）：42-45.

揭水平，等，2009. 小学优秀班主任素质结构研究 [J]. 西南大学学报（社会科学版）（2）：139-142.

李江，2014. 小学班级管理 [M]. 杭州：浙江大学出版社.

李希贵，2017. 为了自由呼吸的教育 [M]. 北京：教育科学出版社.

李晓东，2003. 小学生心理学 [M]. 北京：人民教育出版社.

李学农，2010. 班级管理 [M]. 2 版. 北京：高等教育出版社.

李镇西，2018. 我这样做班主任 [M]. 桂林：漓江出版社.

鲁洁，1990. 教育社会学 [M]. 北京：人民教育出版社.

罗恩·克拉克，2017. 优秀是教出来的 [M]. 汪颖，译. 北京：电子工业出版社.

罗越媚，2015. 班级管理理论与实践 [M]. 广州：暨南大学出版社.

骆小华，全君君，杨芳琳，2019. 班级管理实务 [M]. 北京：中国人民大学出版社.

马克·利普顿，2004. 愿景引领成长 [M]. 范徽，杭虹利，王凤华，等译. 广州：广东经济出版社.

庞国彬，赵小青，陈莉欣，2013. 小学班级管理 [M]. 长春：东北师范大学出版社.

庞国彬，赵小青，陈莉欣，2013. 小学班级管理 [M]. 长春：东北师范大学出版社.

齐学红，黄正平，2014. 班主任专业基本功（修订版）[M]. 南京：南京师范大学出版社.

邱国樑，1984. 马卡连柯论青少年教育 [M]. 北京：中国青年出版社.

芮明杰，2005. 管理学：现代的观点 [M]. 2 版. 上海：上海人民出版社.

斯蒂芬·P. 罗宾斯，玛丽·库尔特，2004. 管理学 [M]. 7 版. 孙健敏，黄卫伟，王凤彬，等译. 北京：中国人民大学出版社.

孙培青，2009. 中国教育史 [M]. 上海：华东师范大学出版社.

孙远刚，杨文军，2011. 小学班主任教师胜任特征模型的研究 [J]. 教育科学（6）：79-82.

覃吉春，王静萍，2016. 班级管理智慧 [M]. 北京：清华大学出版社.

陶行知，2008. 陶行知文集 [M]. 修订本. 南京：江苏教育出版社.

王天一，2003. 苏霍姆林斯基教育理论体系 [M]. 2 版. 北京：人民教育出版社.

吴成业，吴理姆，2016. 班委会成员再平衡艺术 [J]. 教学与管理（23）：16.

吴明隆，2006. 班级经营与教学新趋势 [M]. 上海：华东师范大学出版社.

吴小霞，2018．班主任微创意：59 招让班级管理脑洞大开［M］．上海：华东师范大学出版社．

习近平．做党和人民满意的好老师——同北京师范大学师生代表座谈时的讲话［EB/OL］．（2014-09-10）［2021-03-24］．http://www.gov.cn/xinwen/2014-09/10/content_2747765.htm.

徐长江，宋秋前，2010．班级管理实务［M］．北京：高等教育出版社．

杨培禾，2011．儿童生理与卫生学基础［M］．北京：首都师范大学出版社．

殷炳江，2003．小学生心理健康教育［M］．北京：人民教育出版社．

岳瑛，2002．我国家校合作的现状及影响因素［J］．天津市教科院学报（6）：50-53.

张宝书，2015．中学班级管理［M］．北京：北京大学出版社．

张道祥，2012．小学班主任工作艺术［M］．北京：首都师范大学出版社．

珍妮特·沃斯，戈登·德莱顿，1998．学习的革命：通向 21 世纪的个人护照［M］．顾瑞荣，陈标，许静，译．修订版．上海：上海三联书店．

中华人民共和国教育部，2006．教育部关于进一步加强中小学班主任工作的意见（教基〔2006〕13 号）［EB/OL］．（2006-06-04）［2021-03-24］．http://www.moe.gov.cn/srcsite/A06/s3325/200606/t20060604_81917.html.

中华人民共和国教育部，2009．教育部关于印发《中小学班主任工作规定》的通知（教基一〔2009〕12 号）［EB/OL］．（2009-08-12）［2021-03-24］．http://old.moe.gov.cn/publicfiles/business/htmlfiles/moe/moe_2800/201001/xxgk_81878.html.

朱智贤，2003．儿童心理学［M］．北京：人民教育出版社．